잔느 귀용의 **순전한 사랑**

MADAME GUYON
AN AUTOBIOGRAPHY

By Madame Guyon

잔느 귀용의 자서전은 1772년 영국의 브리스톨에서 처음으로 영역판이 발간되었고, 1806년에야 런던에서 T.T. 알렌에 의해 2권으로 완역되어 출간되었다. 이 책은 1992년 미국 무디 출판사에서 출간한 *Madame Guyon: An Autobiography*를 대본으로 하여 완역한 것이다.

Korean Copyright ⓒ 1996 by Tyrannus Press 95 Seobingko-Dong, Yongsan-Ku, Seoul, Korea

잔느 귀용의 순전한 사랑

지은이 | 잔느 귀용
옮긴이 | 유평애
초판발행 | 1996. 8. 10.
개정 45쇄 발행 | 2024. 5. 14.
등록번호 | 제 3-203호
등록된 곳 | 서울시 용산구 서빙고동 95번지
발행처 | 사단법인 두란노서원
영업부 | 749-1059 FAX 080-749-3705
출판부 | 794-5100(#340)

▮책값은 뒤표지에 있습니다.
ISBN 89-531-0692-3 03230

▮독자의 의견을 기다립니다.
tpress@tyrannus.co.kr http://www.Duranno.com

> 두란노서원은 사도행전19장 8-20절의 정신에 따라 첫째 목회자를 돕는 사역과 평신도를 훈련시키는 사역, 둘째 세계선교(TIM)와 문서선교(단행본·잡지)사역, 셋째 예수문화 및 경배와 찬양 사역, 그리고 가정·상담 사역 등을 감당하고 있습니다. 1980년 12월 22일에 창립된 두란노서원은 주님 오실 때까지 이 사역들을 계속할 것입니다.

잔느 귀용의
순전한 사랑

잔느 귀용 지음 · 유평애 옮김

두란노

차 례

추 천 사 • 8
「잔느귀용의 순전한 사랑」을 내면서 • 10
프롤로그 • 12

Part 1 산을 옮긴
        진실한 믿음 • 18

1장 하나님이 원하시는 방식대로 섬기라 • 20
    자신만의 날개로 날게 하라

2장 사랑의 씨앗을 키우라 • 26
    성경 암송의 축복을 누리라

3장 거짓 온유의 가면을 벗으라 • 31
    기도의 은사를 구하라

4장 사랑에는 이유가 없다 • 38
    마르지 않는 샘에서 생수를 얻으라 • 먼저 내면의 정원을 가꾸라

5장 영원한 피난처가 있다 • 45
    우리는 모두 주님이 필요하다 • 고난을 통해 인내를 배우다

6장 주님의 그림은 크고 온전하다 • 53
    죽음의 문턱에서 용기를 얻다

7장 당신은 하나님의 거룩한 신부다 • 59
    기도는 머리로 하는 것이 아니다

8장 은사보다 '은사를 주시는 분'을 사모하라 • 65
    우리는 주를 기뻐하도록 지음받았다

9장 사랑, 십자가를 감당하는 힘 • 70
    고통의 시간을 제대로 사용하라

잔느 귀용의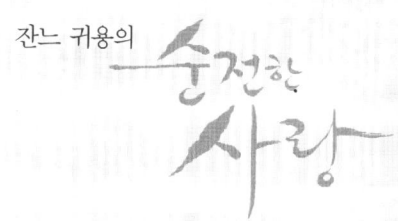

Part 2 영혼을 살린
견고한 소망 · 74

1장 나에게 맞는 십자가를 주신다 · 76
기도를 멈추지 마라

2장 타고난 기질을 사용하신다 · 83
주님의 바람은 최고의 순전함이다 · 수렁에서 기가 막히게 건지신다
상실을 통해 자유를 얻다

3장 십자가는 행복한 운명이다 · 93
청지기 인생은 복되다 · 화음을 이루는 하나의 소리 · 하나님의 위로를 기대하라

4장 주님은 우리에게 최선을 주신다 · 104
두려움의 강을 건너게 하시다 · 당신의 기도는 결코 헛되지 않다

5장 '회복의 때'를 붙잡으라 · 110
"내 은혜가 네게 족하도다"

6장 주님 안에서 자신을 발견하라 · 118
막힌 담이 허물어지다

7장 온전한 하나됨은 자유를 부른다 · 126
신랑을 기다리는 신부로 준비되라

8장 순종이 제사보다 낫다 · 132
주님은 당신을 원하신다 · 나눌수록 채워주신다 · 내려놓는 용기가 필요하다
영적 유산을 남기라

9장 성령의 감동하심을 따라 살라 · 147
생명의 빛은 점점 더 밝아진다

10장 불의 연단이 정금을 만든다 · 156
영혼을 섬기라고 복을 주신다

Part 3 주님의 마음을 움직인
순전한 사랑 · 164

1장 예수님을 닮아갈수록 평안이 임한다 · 166
사탄은 넘어뜨릴 자를 찾아다닌다

2장 혼란 속에도 우뚝 서 계시는 주님 · 177
당신만의 자리를 준비하신다

3장 주의 울타리 안에서 제자리를 지키라 · 184
타성적인 신앙을 버리라

4장 우리의 선택을 존중하신다 · 190
광야에서 베푸시는 주님의 긍휼

5장 우리 모두는 '사도' 입니다 · 199
하나님의 형상을 회복하라 · 이웃을 섬기라고 은사를 주신다
우리를 친히 명예롭게 하신다

6장 메마른 영혼아, 성령의 단비를 마시라 · 212
내면에 묻힌 지혜의 보물을 캐내라 · 자비와 정의를 함께 취하라

7장 말씀은 성령으로 세례를 준다 · 226
하나님의 오른손이 붙드신다

8장 완전의 시작은 하나됨이다 · 238
하나님과의 이별은 없다 · 하나님은 진실을 아신다
주의 종을 함부로 판단하지 마라

9장 지금은 '성령의 순교자' 시대다 · 251
핍박하는 자들을 위해 기도하라

10장 기름부음과 임재하심이 있는 인생을 살라 · 259
보이지 않는 손이 우리를 지키신다

내 은혜가 네게 족하도다
이는 내 능력이 약한 데서 온전하여짐이라
고후12:9

추천사

이 시대가 요구하는 참된 영성의 모델, 잔느 귀용

1980년대 초, 거듭남을 갓 체험하면서 영적 성장을 위해 몸부림치던 시절이 생각납니다. 그때 얼마나 신앙 성장을 갈망했던지 신앙 서적이란 서적은 손에 잡히는 대로 다 읽었습니다. 특히 신앙인의 전기를 많이 읽었지만, 이렇다 할 만한 큰 도움은 얻지 못했고 마음에 충족함도 없었습니다.

그러던 중 우연찮게 귀용의 자서전을 접하게 되었습니다. 그날 그 책을 읽으면서 나는 날이 새도록 영혼과 몸이 기쁨과 흥분으로 몹시 떨었던 기억이 납니다. 그 후 해를 거듭하면서 계속 이 책을 읽었고, 이 책을 통해 신앙과 영적 성장에 많은 도움을 얻었습니다. 나에게『잔느 귀용의 순전한 사랑』은 성경 외에 가장 중요한 신앙 지침서가 되었습니다.

그러면 귀용 부인의 무엇이 이토록 마음을 감동시키고 신앙생활에 도움을 주는 것일까요? 그것은 책 안에 영적 성장의 진수인 '십자가의 도'가 분명히 제시되어 있기 때문이라고 생각합니다.

잔느 귀용은 자서전에서 자신의 일상생활과 환경을 통해 경험한 '자아의 죽음'과 '성화', 그리고 '하나님의 연합'을 통한 '완전한 사랑'의 체험을 아주 생생하게 표현하고 있습니다. 이러한 체험은 단지 이론이나 신학적인 교리가 아닌 실생활을 통해 경험한 참된 영성의 실재이기에, 귀용 부인의 가르침은 극히 실제적이고 단순합니다. 이런 가르침

이야말로 영적 도산 위기에 있는 현시대가 요구하는 참된 영성의 모델이 아닌가 합니다.

　다만 이 책을 읽을 때 주의해야 할 점은, 귀용 부인의 글이 그 시대 가톨릭 교회의 교리를 반영하고 있기 때문에 개신교 신자가 이해하기에 다소 어려운 표현이 있을 수 있다는 점입니다. 하지만 귀용 부인의 믿음 역시 예수 그리스도의 사랑과 믿음을 기반으로 하고 있기 때문에 조금 읽다보면 글의 의미를 이해할 수 있으리라 봅니다.

　아무쪼록 이 귀한 책이 한국어로 번역되고 출판하게 되어 기쁩니다. 그리고 이 책이 주님을 따르고 사랑하는 모든 주의 자녀들에게 미칠 놀라운 감동과 영향을 생각할 때 주님께 감사하는 마음이 넘칩니다.

　마지막으로, 미국 프린스턴 신학교에 비치되어 있는 『잔느 귀용의 순전한 사랑』 원본 뒤에 어느 성도가 연필로 써 놓은 글이 생각나 이곳에 덧붙입니다.

　"이 책을 접하시는 분들은 하나님께서 특별히 택하신 복 받은 주님의 자녀들입니다."

　그렇습니다! 이 책을 읽고 있는 형제 자매님들은 정말로 복 받은 분입니다. 이 책을 통해 여러분 안에 시작된 주님을 사랑하는 마음이 '완전한 사랑'에 이르기까지 강하게 불타기를 간절히 기도합니다.

___ LA 뉴호프채플 담임 이현수 목사

「잔느귀용의 순전한 사랑」을 내면서

　귀용처럼 높은 영성에 도달한 사람은 극소수에 지나지 않는다. 몹시 타락했던 왕정, 부패한 시대에 태어났던 귀용은 당시 세상만큼이나 타락했던 교회 안에서 자랐다. 귀용의 신앙은 매단계마다 박해로 이어졌고, 그녀는 이러한 영적 황폐와 무지 속에서 하나님을 더듬어 찾았다. 그럼에도 귀용의 영성과 그리스도인으로서의 헌신은 최고의 절정에 이르렀다.

　귀용은 가톨릭 교회 안에서 살았고 죽을 때까지 그 안에 머물렀다. 그녀는 교회 안에서 오해와 부당한 대우, 끊임없는 고통과 괴롭힘을 당했고, 교회 최고 권위자들에 의해 수년 간 감옥에 갇히기까지 했다.

　귀용에게 죄가 있다면 오직 한 가지, 하나님을 사랑한 것이다. 그녀가 범했던 죄의 근거는 그리스도를 향한 헌신과 지극한 사랑 안에 있다. 사람들이 재산을 요구했을 때 그녀는 가난을 감수하면서 기꺼이 그들에게 모두 내주었다. 그저 사람들을 사랑했기 때문이다. 그녀는 성령과 하나님의 능력으로 충만해 있었기 때문에 그것이 당대 사람들을 놀라게 했고, 그 이후 세대에 계속 영향을 주고 있다.

　인간적인 입장에서 보면, 이것은 여성 홀로 왕과 궁정의 모든 책략을 좌절시킨 장엄한 사건이기도 하다. 이교도 심문이라는 명목 하에 자행되던 교황청의 갖가지 악의에 찬 계략과 가장 박식한 성직자들의 허위적 행위가 낱낱이 드러나기도 했다.

　귀용은 거룩한 그리스도교의 최고 진리를 보다 명확하게 보았을 뿐 아니라 저들이 흑암 중에 헤매는 동안 가장 밝으면서도 가장 아름다운 태양 아래서 햇빛을 흠뻑 쬐기까지 했다. 또 사람들이 어두운 무지의 미로 속에서 방황하던 저편에서 그녀는 성경의 심오하고 탁월한 진리를 자연스럽게 깨달을 수 있었다.

우리는 귀용의 자서전을 출판함에 있어서 그녀의 글 속에 깊이 배어 있는 가톨릭 교회에 대한 헌신적 태도에 대해 굳이 변호할 필요는 없을 듯하다. 귀용이야말로 신교가 아직 유아기였을 당시 진정한 가톨릭 성도였기 때문이다.

귀용이 이토록 상세하게 자기 삶을 기록할 수 있었던 것은 바로 하나님, 그분의 특별한 섭리에 의한 것임에 틀림없다. 이 글은 교회 규정에 따라, 그녀의 영적 지도자가 그녀에게 내린 명령에 순종하기 위해 기록된 것으로서 감옥 생활 중 독방에서 쓰여 졌다.

지혜로우신 하나님은 이것이 없어지지 않도록 잘 보존하셨다. 우리는 이 책이 과거에 그랬던 것보다도 앞으로 더 많은 결실을 맺으리라는 것을 결코 의심하지 않는다. 사실, 그리스도교는 이제 비로소 그녀의 글을 읽으며 그 영성을 이해하기 시작했고 기뻐하고 있다.

이 책을 펴내면서 소망하고 기도하는 바는, 귀용이 그토록 풍성하게 누렸던 하나님과의 온전한 연합과 교제를 수많은 그리스도인들 역시 동일하게 누리는 것이다.

_ _ _ E. J.

프롤로그
하나님은 채우기 위해 비우신다

"우리 안에 거룩한 성전을 세우기 위해 먼저 인간적인 힘으로 만든 모든 헛된 것을 완전히 무너뜨리신다."

나는 모든 사람이 하나님의 은총을 받으며 살아가도록 도우려는 목적을 이루기 위해 기꺼이 희생할 각오가 되어 있다. 왜냐하면 나는 여러분은 물론 모든 이들을 성화하려는 하나님의 계획을 믿고 있기 때문이다. 하지만 나는 분명히 말할 수 있다. 이것은 고통과 수고 없이는 얻을 수 없는 것이며, 하나님의 은총을 받는 것은 여러분의 태도에 달렸다고 말이다. 어찌보면 기대하고 실망하는 과정을 통해서만이 다다를 수 있는 길이다.

하나님께서는 인간에게서 어느 것도 취하지 않으시며, 아무것도 없는 상태에서 위대한 일을 이루고 계신다. 이런 사실에 대한 확고한 믿음이 있다면 여러분은 절망하지 않을 것이고, 더는 놀라지 않게 될 것이다.

하나님은 세우기 위해 무너뜨리신다. 우리 안에 거룩한 성전을 세우기 위해 먼저 인간의 기술과 힘으로 만들어 놓은 헛된 모든 것을 완전히 허무신다. 그리고 그 참혹한 폐허 위에 오직 하나님의 능력만으로 새로운 성전을 세우고 계신 것이다.

만약 여러분이 이런 신비로운 하나님의 깊은 뜻을 깨닫는다면 어린아이같은 심정을 가진 이에게만 보이시는 하나님의 섭리를 알게 될 것이다. 자신이 마치 하나님의 카운슬러라도 되는 양 거룩한 지혜에 이미 도달한 것처럼 가장하는 이들, 그리고 모든 것을 자신의 공로로 포장하며 자신을 지혜로운 사람이라 자칭하는 사람들에게는 숨기시는 바로 하나님만의 섭리를 말이다.

하나님의 지혜는 아무도 모른다. 세상의 어떤 뛰어난 천재가 하나님의 높이와 깊이, 길이와 넓이를 이해할 수 있을까? 아무리 비상한 지식과 통찰력을 지닌 사람이라도 말이다. 이런 지혜를 알고 있는 사람은 누구이며 과연 누가 우리에게 그 지혜에 대해 이야기해 줄 수 있을까? 그러나 파괴와 죽음은 지혜의 명성과 위력을 알고 있는 듯 하다. 사람이 참된 지혜를 깨닫는 순간은 모든 것을 잃은 채 하나님 앞으로 나아가 오직 그분 안에서 존재할 때이기 때문이다.

우리는 하나님께서 당신이 선택한 종을 다루는 지혜를 알지 못한다. 물론 이것은 대단히 어려운 일이다. 하지만, 그 지혜가 무엇인지 깨닫는 순간 자신이 가지고 있었던 생각보다 그 진리가 얼마나 놀라운 것인지 알게 될 것이다. 그 순간 우리는 사도 바울처럼 이렇게 외칠 것이다.

"깊도다, 하나님의 지혜와 지식의 부요함이여, 그의 판단은 측량치

못할 것이며 그의 길은 찾지 못할 것이로다" 롬 11:33

하나님의 생각은 인간의 생각과 다르다. 주님은 바리새인처럼 자신을 의롭다고 생각하는 자들을 엄격하게 심판하실 것이다. 주님에게 이런 사람은 진노의 대상이다.

예수 그리스도께서는 인간의 의가 서기관이나 바리새인의 것보다 낫지 않으면 천국에 올 자가 없다고 말씀하셨다. 우리의 의가 그들의 의보다 훨씬 의롭다고 가정해보자. 혹은 그들과 비교할 수는 없지만 그런대로 삶 속에서 선을 행하며 살아간다고 가정하자. 우리는 자신이 의로운 사람이고, 그들보다 더 교만해지지 않을 수 있다고 장담할 수 있을까? 남에게 의로운 사람으로 보이고 그렇게 인정받는 것을 좋아하지 않는 사람이 있을까? 또 자기가 하나님을 기쁘게 해드릴 만큼 충분히 의롭다고 생각하지 않을 자신이 있을까? 나는 하나님께서 이런 태도에 대해서 진노하고 계심을 보았다.

❋ 우리의 태도에 달려 있다

사랑과 온유함의 완전한 모본이신 주님은 비둘기 형상 아래 매의 마음을 숨기고 있는 위장된 온유함을 지니신 분이 아니다. 예수 그리스도께서는 스스로 의롭다고 여기는 자들을 엄하게 대하셨고, 많은 사람들 앞에서 이들을 질책하셨다.

그러나 불쌍한 죄인들에게는 자비와 사랑을 주셨다. 그분은 스스로 죄인들을 위해서 이 땅에 오셨다고 말씀하셨다. 병자에게 의사가 필요한 것처럼 이스라엘의 잃어버린 양을 구원하러 왔다고 말씀하셨다. 예수 그리스도의 이런 말이 당시 사람들에게 얼마나 이상하게 보였을까?

🕊 사랑의 근원이신 주님! 주님은 나 같은 죄인을 사랑하셨고, 나의 구원을 열망하셨습니다. 내 안의 추악함을 발견한 불쌍한 이 죄인은 절망한 채 하나님의 품속으로 뛰어듭니다. 당신의 치유의 샘에 들어가 '양털같이 희어져' 나올 것을 믿습니다.

자신이 선한 일을 많이 했다고 생각하며, 자신을 의로운 사람이라 여기는 사람은 구원이 자기 손안에 있다고 착각하면서 그 보상으로 당연히 천국이 주어진다고 생각한다. 또 죄인에게는 자비의 문이 닫혀 있고, 그들은 천국을 요구할 권리가 없다고 주장하기도 한다. 이런 사람에게 구원자가 필요할까? 이들은 이미 자신의 공로로 무거운 짐을 지고 있다. 그들은 얼마나 오랫동안 무거운 짐을 지고 있는 것일까?

반면에 자신을 죄인이라 인정하는 사람은 모든 것을 버리고 믿음과 사랑이라는 날개로 구세주의 품으로 날아간다. 이런 이들에게 하나님은 약속하신 모든 것을 기꺼이 내어 주신다.

자기 사랑으로 가득 찬 사람은 자신이 의롭다고 생각하는 사람이며, 이들에게 하나님의 사랑은 존재하지 않는다. 이들은 자신의 의로운 업적을 이용해 자신을 높이고 찬양하는 자이다. 또 자신이 바로 행복의 샘이라 생각한다. 그러나 이런 행위는 주님의 거룩한 빛 앞에 낱낱이 드러날 것이며, 그때야 비로소 그들은 자신의 행위가 얼마나 많은 부정과 추잡함으로 가득 차 있는지 알고 통회할 것이다.

막달라 마리아를 보자. 그녀는 비참한 죄인이었지만 하나님을 향한 풍성한 사랑과 믿음으로 '의롭다 함'을 얻고 구원까지 받았다. 이처럼 크나큰 진리를 이해한 사람이었던 사도 바울은 '아브라함은 그의 믿음으로 의롭다 하심을 입었다'라고 말했다.

만약 아브라함의 모든 행위가 의로웠다면 참으로 아름다웠을 것이다. 그러나 그렇지 못했다. 그래도 그는 자기 행위에 대한 자랑이나 자기중심적 성향을 버리고 앞으로 오실 그리스도께 믿음을 두었다. 그는 어떤 상황에서도 하나님 안에서 바라고 믿었다. 그리고 결국 하나님께 '의롭다 여김'을 받았다. 롬 4:18, 22 참조 물론 이것은 그의 행위로 이루어진 의로움이 아니라 하나님께서 주신 것이다.

여러분은 이 이야기가 주제에서 벗어났다고 생각할지도 모르겠다. 하지만 이는 자연스럽게 인도된 과정으로 하나님께서 회심한 죄인들과 자기 의로 가득 찬 사람들 안에서 당신의 사역을 성취하신다는 것을 보여 주는 것이다.

하나님께서는 죄인들이 과거에 지은 죄를 균형추로 사용하여 그들을 변화시킨다. 하지만 자기 의로 가득 찬 사람들이 그리스도 위가 아닌 모래 위에 세운 교만한 반석은 완전히 무너뜨리시고 그들의 의를 허무신다.

그분이 앞으로 다가올 세상에서 계획하신 궁극적인 모든 것은 현실의 인간이 만든 교만한 것을 뒤엎을 때 이루어질 수 있다. 그것은 교회를 무너뜨리심으로써 교회를 세우시는 것과 같은 이치이다. 그분은 인간의 기준으로는 이해할 수 없는 방식으로 세우시고, 그것을 합당하다고 인정하신다. 우리의 의가 하나님의 뜻과 얼마나 상충하는지 이해한다면, 지금 우리가 의지하는 모든 것을 버리게 될 것이다.

하나님께서는 보잘 것 없는 사람이라도 당신이 주신 의로운 사랑과 은사로 우리가 그들을 받아들이길 원하신다. 그리고 그것이 우리의 공로로 인한 열매가 아니라 그분을 의지한 결과라는 것을 알게 하신다.

교만으로 쌓은 것은 허물고, 무너진 것을 세우는 것은 그분의 지혜이다. 강한 것을 꺾기 위해 약한 것을 사용하신다. 이와같은 하나님의 행하심 때문에 그분을 섬기는 자들이 조롱과 경멸의 대상이 되기도 한다. 여러분이 이 책을 통해 접하게 될 나의 삶에서도 이같은 사실을 확인할 수 있을 것이다.

Madame Guyon

Part 1

산을 옮긴 진실한 믿음

1 하나님이 원하시는 방식대로 섬기라 *2* 사랑의 씨앗을 키우라
3 거짓 온유의 가면을 벗으라 *4* 사랑에는 이유가 없다
5 영원한 피난처가 있다 *6* 주님의 그림은 크고 온전하다
7 당신은 하나님의 거룩한 신부다
8 은사보다 '은사를 주시는 분'을 사모하라 *9* 사랑, 십자가를 감당하는 힘

1
하나님이 원하시는 방식대로 섬기라

"부모는 자녀가 스스로 날 수 있게 돕는 자다."

　나는 1648년 4월 18일에 태어났다. 부모님, 특히 아버지는 대단히 경건한 분이었는데 그것은 신앙인이 많았던 집안의 전통이었다.
　어머니는 나를 임신했을 때 사고로 심하게 놀라서 임신 8개월에 중절수술을 해야만 했다. 당시 이렇게 태어난 미숙아는 살아날 수 없다는 것이 통례였다. 나도 예외는 아니었다. 아주 약했고, 살 수 있으리라는 희망을 갖지 못했다. 사람들은 내가 세례도 받기 전에 죽을 것이라고 생각했다.
　사람들은 나의 병세가 호전되어 살아날 것 같은 징조만 보이면 아버지를 불렀고, 아버지는 곧바로 신부님과 함께 나에게 왔다. 하지만, 아버지와 신부님이 나에게 왔을 때에는 희망은 간 곳이 없고, 가쁘고 고통스런 숨소리만 내쉬며 모든 것이 끝난 것처럼 보였을 뿐이었다. 그처럼 나는 희망과 절망의 곡선을 오르내리며 오랜 시간 불안정한 삶을 살았다.

나는 이런 와중에 세례를 받았다. 하지만 나의 병세는 2살이 넘도록 계속되었고, 결국 나는 우르술라 수녀원Convent of the Ursuline 으로 보내져 몇 개월을 그곳에서 지냈다.

어머니는 딸을 좋아하지 않았다. 그래서 내 교육 문제를 완전히 하인들의 손에 맡겼다. 만약 그때 하나님께서 나의 보호자가 돼주지 않으셨다면 나는 사람들의 무관심 속에서 냉혹한 고통을 겪었을 것이다. 나는 잠시도 가만있지 못하는 활발한 성격때문에 어린 시절 많은 어려움을 당했다. 특히 장작더미를 쌓아 놓는 깊숙한 창고에 자주 갇히곤 했다. 하지만, 나는 그때마다 별일 없이 잘 빠져 나왔다.

내가 4살쯤 되었을 때, 몽바송 공작부인이 집에 왔다. 부인은 나를 베네딕트Benedictines 수녀회에 데려가려 했고, 부인과 친하게 지내던 아버지는 이를 허락했다. 부인은 외향적이고 왕성하게 활동하는 생기발랄한 나를 좋아했고, 나는 부인의 충실한 친구가 되었다.

하지만, 나는 수녀원에서 규칙을 자주 어겼고, 심각한 잘못을 저질러 마음이 늘 무거웠다. 그곳에는 좋은 본보기가 될 만한 사람들이 있었기 때문에 나는 자연스럽게 그들에게 마음을 주고 그들을 따랐다. 하지만 나를 바로잡아 주는 사람은 없었다. 나는 교회에 가고, 하나님 말씀을 듣고, 종교 예복을 입는 것을 좋아했다. 처음으로 지옥이 얼마나 무서운 곳인지 늘었을 때 나는 내가 지나치게 생기발랄하기 때문에 - 사람들은 그것을 재치라고 말했다 - 나를 겁주어 얌전하게 만들려는 의도로 그런 말을 했다고 생각했다.

그런데 그 다음날 밤, 나는 지옥에 관한 꿈을 꾸었다. 비록 나이는 어렸지만 시간이 지나도 무시무시했던 그 꿈에 대한 인상은 지금도 잊혀지지 않고 기억에 남아 있다. 꿈에서 본 지옥은 끔찍한 어둠뿐이었다. 영혼들은 벌을 받고 있었고 내 자리도 그곳에 있었다. 나는 슬피 울며 외쳤다.

"나의 하나님! 제게 자비를 베푸시어 조금만 더 목숨을 연장해 주신다면 다시는 주님을 거역하지 않겠습니다."

주님께서는 내 울부짖음을 들으셨고, 또래 아이들과는 다른 방식으로 주님을 섬길 수 있는 힘과 용기를 주셨다. 나는 혼자 고백실에 가고 싶었지만, 기숙생 담당 수녀님은 내가 어리다는 이유로 신부님께 고백하는 동안 옆에 있곤 했다. 나는 그 동안 믿음이 없었다고 신부님에게 말했다. 그 말에 수녀님은 매우 놀랐다. 나의 고백을 듣던 신부님이 큰 소리로 웃으며 물었다.

"너는 그 말의 의미가 무엇인지 알고 있니?"

"저는 지옥을 믿지 않았어요. 단지 저를 얌전한 아이로 만들기 위해 꾸며낸 이야기라 생각했어요. 하지만 이제는 의심하지 않아요."

내 가슴은 열정으로 불타올랐고, 순교의 고난까지 충분히 감당할 수 있을 것이라는 열망을 느꼈다.

이 말을 들은 수녀원에 같이 있던 소녀들은 내 열정을 시험하려 했다. 물론 재미삼아 그랬지만 말이다.

"네가 순교할 수 있는 기회를 줄까?"

나는 기도를 향한 열정과 기쁨을 깨달으면서 이것이 바로 하나님의 사랑에 대한 증거라고 믿었다. 이것은 나에게 놀라운 용기와 결단을 발휘하게 했다. 나는 그들에게 간청했다.

"내가 그분의 거룩한 임재로 들어갈 수 있도록 도와줘."

순간 나는 이렇게 말하고 있는 나의 태도가 위선적이라는 생각이 들었다.

'그들이 설마 나를 죽이기까지야 할까? 아니 나를 지켜주시는 하나님이 계시니까 고통 없이 순교할 수 있을 거야.'

내 마음 속에는 분명히 그런 생각이 있었을 것이다.

나는 펼쳐진 옷 위에 무릎을 꿇고 앉았다. 그들은 내 열정을 시험하기 위해 미리 준비한 커다란 칼을 내 등 뒤로 높이 올렸다. 그때 나는 소리쳤다.

"잠깐만! 아버지의 허락을 받지 않고 죽는 것은 옳지 않아!"

나는 재빨리 칼날을 피해 나왔다. 나는 더 이상 순교자가 아니었다. 그 후 나는 오랫동안 울적하게 지냈고, 어디서도 위안을 받지 못했다. '하늘나라에 갈 수 있는 기회를 나는 왜 받아들이지 않았을까' 라는 내 선택에 대한 비난의 소리가 계속 들려 왔다. 이후로 나는 자주 앓았고 결국 집으로 돌아왔다. 집에 돌아온 나는 또다시 하녀의 손에 맡겨졌다.

이것은 모든 어머니가 마음의 가책을 느껴야 할 커다란 잘못이다. 이는 어머니가 해야 할 일을 다른 약속과 다른 일을 핑계 삼아 하지 않음으로써 딸이 어머니로부터 멀어지는 고통을 겪기 때문이다. 나는 부모가 자녀를 부당하게 편애하는 것은 나쁜 일이라 강조하고 싶다. 이는 가족을 서로 갈라놓으며, 심지어 자녀를 파멸로 몰고 가기도 한다. 지녀를 공평하게 대하는 것은 자녀들의 마음을 하나로 묶어 가족의 하나 됨을 튼튼하게 해준다.

어린이는 많은 관심과 보살핌을 필요로 한다. 어린이를 부모에게서 오랫동안 떼어놓거나 돌보지 않아 고통을 주는 것은 대단히 위험한 일이다. 무관심은 어린이를 집 밖으로 내몬다.

❊ 자신만의 날개로 날게 하라

하나님의 은사를 경험한 부모는 하루 종일 교회에서 시간을 보내려 한다. 그동안 자녀는 멸망의 길을 걷고 있는데 말이다. 이는 하나님의 뜻과는 다른 것이다. 하나님은 그분 방식대로 섬겨야 한다.

자녀들은 종이 아니라 형제자매로 대해야 하며, 그들의 작은 기쁨에도 즐겁게 동참해야 한다. 그러면 자녀들은 어머니와 함께 있는 것을 피하지 않을 것이고 오히려 아주 좋아할 것이다. 자녀들이 어머니와 함께 있을 때 큰 행복을 느낀다면 다른 곳에서 행복을 찾으려 방황하지 않을 것이다. 어머니들은 자주 자녀의 자유를 속박한다. 그래서 자녀들은 자신을 가두고 있는 새장에서 벗어날 수단을 찾느라 방황한다. 그리고 마침내 그것을 발견하면 날아가 다시는 돌아오지 않는 것이다.

부모는 어린 자녀가 자신의 날개를 이용해 날 수 있게 도와주어야 한다. 아직 잘 날지 못하면 더욱 세심하게 보살펴야 한다. 이렇게 하면 설령 그들이 멀리 날아갔을지라도 다시 돌아오게 될 것이다.

이러한 작은 날갯짓은 자녀로 하여금 자신의 보금자리로 돌아오게 도와주며, 보금자리를 소중하게 여기는 습관을 만들어 준다. 그러면 그들의 보금자리, 즉 가정은 아주 즐거운 곳으로 변할 것이다. 나는 모든 부모들이 어린 자녀를 이런 방식으로 다루어야 한다고 믿는다. 자유를 누리게 해주되 절대 방심해서는 안 된다.

또한 날마다 양서를 조금씩이라도 읽고, 기도하는 시간을 갖도록 도와주어야 한다. 이렇게 아이를 지도하면 잘못되었던 것들이 빠른 시간 안에 바로잡힐 것이다. 또 이런 방식으로 성장한 자녀들이 어머니가 되었을 때 자신이 교육받은 대로 자기 자녀를 교육할 것이다.

아무리 사소한 일이라도 자녀들을 불공평하게 대해서는 안 된다. 그것은 자녀들 사이에 질투와 미움을 만들고 다툼을 일으키기 때문이다. 이런 나쁜 관계는 죽을 때까지 지속될 수도 있다. 부모의 잘못된 행동의 영향을 받은 자녀들은 그들의 부모가 하던 것처럼 자기 형제를 노예같이 대하며 절대적인 폭군처럼 행동하기도 한다. 사랑을 많이 받은 자녀가 부모님께 화를 끼치는 반면, 멸시와 미움을 받고 자란 자녀가 오히려 부모에게 힘이 되고 위로를 주는 경우가 얼마나 많은가?

나의 어머니는 교육 문제에 부족한 점이 많았다. 더구나 온통 남동생에게만 관심을 두었다. 나는 단 한순간도 어머니의 사랑을 받아 본 적이 없다고 느낄 정도였다. 나는 의도적으로 어머니와 더 멀어지려 했다. 물론 동생은 나보다 어머니에게 더욱 다정다감하게 행동했다. 지나치게 동생을 사랑하는 어머니의 태도로 인해 어머니는 나의 외향적인 좋은 성격마저도 보지 못할 정도로 눈이 멀어있었다. 나는 어머니의 보살핌이 필요했지만, 어머니는 내가 가진 사소한 결점만 찾아내곤 했을 뿐이다. 그로 인해 나는 하루 종일 하인들과 지내며 어머니와 떨어져 있는 고통을 겪어야 했고, 하인들의 대화나 행동은 나에게 많은 상처를 입혔다.

2
사랑의 씨앗을 키우라

"하나님은 작은 헌신도 결코 그냥 지나치시는 법이 없다."

아버지는 늘 사랑스런 마음과 따뜻한 말로 나를 대해주었다. 어머니가 나를 어떻게 교육시키는지 알고 있었던 아버지는 내가 7살 때 나를 우르술라 수녀회에 보냈다. 수녀회에는 언니 두 명이 있었는데, 부모님이 재혼하기 전에 각각 다른 배우자에게서 얻은 딸들이었다.

나는 아버지의 배다른 딸에게 맡겨졌다. 언니는 매우 경건한 사람이었고, 어린이 교육에 뛰어난 자질과 역량을 가지고 있었다. 언니를 내게 보내주신 것은 하나님께서 특별히 나를 사랑하시기에 배려하신 섭리였음을 확신한다.

언니는 나를 많이 사랑해 주었다. 언니에게 받은 사랑으로 인해 나는 내 몸 안에 흐르고 있는 사랑스런 자질을 발견할 수 있었다. 그런 자질은 주님께서 이미 오래 전에 내 안에 심어 놓은 것이었다. 언니는 나의 이런 자질을 키워 주려고 애썼다. 만약 이런 관심을 끊임없이 받을 수만 있다면 나는 좋은 습관을 기를 수 있으리라 생각했다.

언니는 자기 시간을 희생하면서 내 나이와 능력에 맞게 경건훈련과 신앙생활을 지도해 주었다. 언니는 그런 일에 뛰어난 능력을 가지고 있었으며, 항상 기도하는 모습을 보여줄 만큼 신앙심이 깊었다.

언니는 나를 지도하기 위해 개인적으로 좋아하는 취미를 포기했다. 언니는 나와 함께 있는 것을 다른 무엇보다 좋아했는데 그만큼 언니가 나를 사랑하기 때문이었다.

언니는 즉흥적으로 나에게 질문을 하곤 했는데, 내가 대답을 잘하면 언니는 자신의 노력에 대한 대가를 받았다고 생각했다. 이처럼 나는 언니의 사랑과 관심을 받으며 열심히 공부했다. 덕분에 장성한 귀족들도 대답하지 못하는 어려운 질문에 대답을 할 수도 있었다.

아버지는 내가 보고 싶어지면 사람을 보내 나를 데려가곤 했다. 어느 날 집에 영국 여왕이 왔었다. 내가 8살쯤 되었을 때의 일이다. 아버지는 여왕의 고해 신부에게 나를 소개해 주었다. 그 신부는 내게 여러 가지 어려운 질문을 했고, 나는 그 질문에 적절하게 대답을 했다. 신부는 나를 여왕에게 데려가 공손히 말했다.

"여왕 폐하! 이 아이와 이야기를 나누며 기분 전환을 해보시지요."

여왕 역시 나에게 몇 가지 질문을 했다. 여왕은 나의 생기발랄한 태도와 재치 있는 답변에 매우 즐거워했다.

"이 아이를 궁으로 데리고 가도 될까요?"

여왕은 밝은 표정으로 아버지에게 말했다. 그리고는 나에게 시선을 돌리며 말했다.

"네가 공주의 최고 시녀가 되어주면 좋겠구나. 너라면 아주 잘할 거야."

여왕은 인자한 표정으로 나에게 말하고 다시 아버지를 바라보았다.

하지만 아버지는 여왕의 제안을 분명한 어조로 거절했다. 만약 그때 아버지가 여왕의 제안을 단호하게 거절하지 않았다면 연약한 나는 분명 궁중의 유혹과 유희문화에 결코 저항할 수 없었을 것이다.

내가 다시 우르술라 수녀회로 돌아왔을 때, 이복언니는 변함없이 나를 사랑과 관심으로 지켜주었다. 그러나 언니는 기숙생의 책임자가 아니었다. 그래서 나는 기숙생들끼리 지내야 할 때가 많았다. 나는 게으름과 투정이 늘었고, 때때로 예배에 빠지고 하나님을 생각하지 않은 채 하루를 보내기도 했다.

하지만, 하나님은 그런 나를 여전히 바라보고 계셨다. 더구나 언니의 관심과 사랑에 둘러싸여 있었기 때문에 나쁜 버릇은 오래 가지 않았다. 나는 하나님 음성 듣는 것을 무척 좋아했고, 교회에 가는 것을 싫어하지 않았다. 기도하는 것을 좋아했으며, 가난한 사람들에게 애정을 갖고 있었다. 또 합당치 않은 교리를 주장하는 사람들을 싫어했다. 하나님께서는 내가 불성실한 순간에도 항상 이러한 은혜를 허락하셨다.

내가 머물러 있던 수녀원 건물과 연결되어 있는 정원 끝에는 아기 예수께 봉헌된 작은 제단이 있었다. 나는 그 제단에 나 자신을 봉헌했고, 종종 아침 식사를 그곳에 가져가 예수상 뒤에 숨겨 두곤 했다. 그때 나는 부끄럽게도 어린아이가 끼니를 굶는 것은 굉장한 희생이라고 생각했다. 그래서 음식을 봉헌하는 고행의 길을 선택했던 것이다. 하지만 어리석게도 나는 그런 행동이 타성에 젖은 자기애에 불과하다는 사실을 꽤 오랜 시간이 지나서야 알 수 있었다.

그럼에도 불구하고, 베풀어주시지 않고 넘어가는 법이 없는 하나님은 이 작은 헌신에도 반드시 보답하셨다.

나는 이후에도 언니와 함께 시간을 보내며 하나님에 대한 사랑과 경외심을 느꼈고, 언니와 함께 즐겁게 공부했다. 그 동안 건강이 많이 좋아지기는 했지만, 몹시 허약했던 나는 여전히 자주 앓아눕곤 했다.

❊ 성경 암송의 축복을 누리라

한번은 아주 갑작스럽게 병에 걸린 적이 있었다. 저녁과 아침에 푸르스름한 반점이 부풀어 오르더니 고열이 나며 출혈이 심해졌다. 사람들은 9살밖에 안된 나의 병세를 보며 곧 죽을 것이라고 생각했다.

병에 걸리기 직전, 언니를 질투하던 다른 언니가 나를 돌보겠다고 나선 적이 있었다. 그 언니는 모범적으로 생활하는 분이었지만, 어린이를 교육하는 데는 자질이 없어 보였다. 나를 안아 주면서 귀여워해 주었지만 그것은 나를 감동시키지 못했다.

결국 그 언니는 내가 자기를 좋아하지 않는다는 것을 알고는 태도를 바꾸었고, 이복언니와 이야기하거나 만나는 것을 허락하지 않았다. 내가 이복언니를 만났다는 사실을 알고는 회초리로 때리기까지 했다.

결국 나는 새로운 언니의 냉혹한 태도로 인해 이복언니를 만나러 가지 않게 되었다. 그럼에도 불구하고 내가 병에 걸렸을 때 이복언니의 태도는 변하지 않았고, 나를 바라보는 표정에는 여전히 사랑과 관심이 넘쳐 보였다. 하지만 나는 언니를 보면서 안타까운 마음이 생겼다. 그 때부터 나는 사랑하는 사람을 고통스럽게 하는 것이 사랑하는 사람에게 직접 고통당하는 것보다 훨씬 더 힘든 일임을 깨달았다.

✎ 나의 사랑하는 분이시여, 제 고통은 당신을 거스르는 슬픔 때문입니다. 그 고통은 너무나 큽니다. 아마 지옥에서의 가장 큰 괴로움은 주님을 기쁘게 해드리지 못하는 일일 것입니다.

아버지는 나를 집으로 데려갔다. 그때가 10살 때의 일이다. 그러나 이후 내가 집에 머물렀던 기간은 아주 잠깐이었다. 아버지의 친한 친구인 성 도미니크 수녀회의 수녀님이 나를 자기네 수녀회에 보내도록 권유하였기 때문이었다.

수녀님은 나에게 큰 애정을 갖고 있었다. 하지만 수녀회 전체를 돌봐야 하고, 수녀원에서 일어나는 여러 가지 일을 처리해야 했기 때문에 나를 돌볼만한 여유가 없어졌다. 그때 나는 수두를 앓아 3주 동안 침대에 꼼짝없이 누워 있었다.

아버지나 어머니는 내가 극진한 대접을 받고 있으리라 생각했지만, 병을 앓는 동안 나를 돌봐주는 사람은 아무도 없었다. 천연두에 대한 공포심을 가지고 있던 그곳 수녀들이 내 곁에 가까이 오려 하지 않았기 때문이었다.

나는 대부분의 시간을 혼자 지내야 했다. 정해진 시간에 식사를 날라다 주는 수녀를 제외하고는 사람을 만날 수도 없었다. 그나마 그 수녀도 식사만 넣어주고는 금방 사라지곤 했다. 그때 방에서 발견한 것이 성경이었다. 그것은 주님의 섭리였다. 그날 이후 나는 성경을 읽고 암기하는 것에서 기쁨을 느꼈다. 아침부터 밤까지 성경을 읽었다. 그 사이 나는 역사서를 전부 읽을 수 있었고, 내용도 완전하게 파악할 수 있었다.

3
거짓 온유의 가면을 벗으라

"분노는 교만의 딸이다. 겸손한 사람은 어떤 일이 있어도
자신이 화를 내게 내버려두지 않는다."

　수녀원에서 8개월 정도 지낸 후 아버지는 나를 다시 집으로 데려왔다. 어머니는 이전과는 달리 나를 잘 대해주었다. 하지만 남동생을 더 좋아하는 것은 여전했다. 심지어 내가 아플 때에도, 내가 아무리 좋아하는 것이라 하더라도 동생이 달라고 하면 내게서 빼앗아 동생에게 주었다.

　남동생은 나를 자주 괴롭혔다. 마차 꼭대기에서 밀어 떨어뜨리기도 했고, 나를 심하게 때리기도 했다. 그로인해 나는 심하게 다친 적도 있었다. 그러나 사람들은 동생의 나쁜 짓에 대해서는 늘 관대했다. 모르는 척 넘어가주기도 하고, 그럴듯한 변명에 속아주기도 했다. 이런 상황은 나를 자포자기 상태로 내몰았고, 오히려 심술궂은 사람으로 변하게 만들었다. 나는 속으로 '나는 결코 좋은 사람이 될 수 없어!'라고 말하곤 했다.

사실 나는 형편없는 사람이었다. 거짓말을 하고, 화도 잘내는 편이었다. 수녀원에서 조금 나아졌다 생각했지만 결국 이런 나쁜 습관이 다시 고개를 들고 있었다.

그러나 나는 가난한 사람에 대한 관심과 애정을 변함없이 가지고 있었다. 하나님께 열심히 기도를 드렸다. 또 사람들과 하나님에 대해 대화를 나누는 것도 좋아했고, 하나님에 관한 책을 읽는 것도 좋아했다.

나의 일관성 없는 이런 행동과 그 후 몇 해 동안 더욱 심해진 나의 태도에 대해 알게 된다면 여러분은 많이 놀랄 것이다. 이성은 점차 성장했지만, 나의 비이성적인 행위는 여전했다. 그로인해 내 안의 죄는 점점 더 커져만 갔다.

> 나의 하나님, 주님의 은혜는 그 은혜를 저버리는 저의 죄보다 더 크십니다. 그러나 저는 그 비참한 곳에서 주님을 피하려 견고한 요새를 쌓고 악한 행동을 날마다 더해 갔습니다. 마침내 저는 하나님께 둘러싸였습니다. 주님이 저를 정복하셨습니다.

나는 '우리는 은혜를 거부할 자유가 없다'라는 말을 들을 때 견딜 수가 없었다. 내 마음이 걸어온 길을 돌아볼 때 하나님께서 나를 부르시는 그 은밀한 음성을 얼마나 많이 거부했던가?

나는 민감한 어린 시절부터 질병과 핍박 때문에 불만을 느껴 왔다. 나를 돌보던 하녀는 머리를 빗어줄 때마다 때리고 화를 내거나 소리를 질렀다. 모든 상황이 내게 벌을 주기 위한 것이라 생각되었다. 하지만 이런 벌은 나를 하나님께 향하게 만들지 못했을 뿐만 아니라 오히려 내 마음을 괴롭게 하고 상하게 할 뿐이었다.

아버지는 이런 사실을 전혀 알지 못했다. 나 역시 아버지에게 이런 이야기를 한 적이 없었다. 나를 무척 사랑하시는 아버지를 괴롭게 만들고 싶지 않았기 때문이다. 또 내가 아버지를 무척 사랑한 것만큼이나 아버지를 무서워했기 때문이기도 했다.

어머니는 나에 대한 불만으로 아버지를 귀찮게 하였다. 그때마다 아버지는 "내가 더 크면 영리해질 거예요."라고 말씀하셨다. 만약 이런 경험을 하지 않았다면 나는 온순한 성격에 고분고분한 아이로 자랐을 것이다. 나에게 가장 심한 상처를 입힌 사람은 내가 너무도 사랑하는 사람이었다. 너무도 사랑하기에 같이 있기를 간절히 원했던 사람들이 나를 타락하고 망치게 만든 것이다.

11살이 되던 해, 아버지는 나의 첫 성만찬 참여의식을 위해 사순절 기간에 나를 우르술라 수녀원에 보냈다. 아버지께 부탁받은 사랑하는 언니는 나를 잘 보살펴 주었으며, 내가 예배 준비를 잘 할 수 있도록 도와주었다.

나는 진심으로 내 모든 것을 주님께 드리겠다고 결심했다. 나는 선한 의도와 나쁜 습관 사이에서 갈등하며 회개했다. 언니가 책임을 맡은 기숙생의 일원이었던 나는 대부분의 시간을 언니와 함께 있었고, 현명하고 예절 바르게 생활했다. 내 마음의 본성은 강하게 선을 추구하고 있었기 때문이다. 매우 온순해진 나는 언니가 원하는 것이면 무엇이든지 기쁘게 했다.

드디어 부활절이 되었고, 나는 마음을 다해 기쁘게 식에 참여했다. 나는 수녀원에서 오순절까지 머물렀다. 그러나 다른 언니가 두 번째 그

룹의 책임자였기 때문에 나는 일주일 동안 그 언니의 그룹에 있어야 했다.

그 언니의 태도는 나를 사랑하는 언니와 정반대였고, 내가 가진 경건한 마음은 흐트러졌다. 내 마음을 사로잡았던 새롭고 기쁜 열정은 더 이상 느낄 수 없었다. 열정을 느낀 것은 아주 잠시뿐이었다. 실수와 실패는 다시 반복되었고 나는 종교적 관심과 행위에서 멀어졌다.

나는 나이에 비해 매우 성숙하게 자랐는데, 성장하면서 점점 더 어머니를 닮아갔다. 어머니는 그런 나를 멋진 옷으로 치장을 시킨 후 어머니의 친구들에게 소개해 주었고, 해외에도 데리고 나갔다. 어머니는 하나님께 찬양과 영광을 돌려야 할 내 미모에 지나치게 자부했다. 그것이 화근이 되었다. 그것은 왜곡되었고, 교만과 허영심의 근원이 되었다.

하나님께서 나를 취하시는데 가장 큰 영향을 준 사건이 있다. 그것은 아버지의 조카가 코친차이나 Cochin China, 베트남 최남부 지방로 선교하러 떠나는 길에 우리 집을 방문한 것이다. 나는 책 읽기를 좋아해서 집 밖으로 나가는 일이 거의 없었다. 하지만 그날은 친구들과 산보를 하고 돌아왔는데, 그 사이에 아버지의 조카가 다녀간 것이다.

가족들은 아버지의 조카가 가진 위엄과 그가 했던 이야기를 나에게 전해주었다. 나는 그 말을 들으며 가슴이 요동치고 있음을 느꼈고, 그날 밤 눈물로 밤을 지새웠다.

나는 내가 알고 있는 모든 죄를 크게 뉘우치며 눈물로 정직하게 고백했다. 다른 사람에게 불쾌감을 끼치는 일이 생기면 나는 화와 교만을 누르고 상대가 누구이건 그에게 용서를 구했다. 분노는 교만의 딸이다. 진실로 겸손한 사람은 어떤 일이 있어도 자신이 화를 내도록 내버려두지 않는다. 영혼 안에서 마지막으로 죽는 것이 교만인 것처럼 외적인 행위에서 가장 파괴되지 않는 것은 열정이다. 완전히 죽은 영혼에게는 어떤 분노도 발견할 수 없다.

　은혜와 평안으로 충만한 사람들 가운데 자신이 빛과 사랑, 인내의 길에 꽤 가까이 이르렀다고 생각하는 이들이 있다. 그러나 그들은 크게 착각하는 것이다.

　먼저, 그들의 성격이 쾌활하고 다정하다면 그들은 종종 실수로 미끄러질 것이고 그때마다 고통스러움을 느낄 것이다. 그런 실수는 그들을 겸손하게 만들고, 그들의 자아를 소멸시키는 데 유익하다. 그러나 자아가 완벽하게 소멸하면 열정이 사라져 위의 상태와는 전혀 다르게 될 것이다. 또 그들은 가끔 자신 안에서 분노의 감정이 생기는 것을 느낄 것이다. 물론 은혜의 달콤함은 그들을 다시 붙잡을 것이다. 그러나 어떤 방식으로든지 감정에 치우치면 쉽게 죄를 짓게 된다.

　자신의 주변에 훼방꾼이 없어 자신에 대해 알 수 있는 기회를 갖지 못하는 사람도 있다. 이들은 자신이 매우 온유한 사람이라고 착각하기 쉽다. 하지만, 이것은 지금 내가 말하는 것과는 다른 경우이다.

　증명되지 않은 온유함은 가장된 속임수일 뿐이다. 고통 없이 편안한 일상을 보낼 때에는 거룩한 성도의 모습을 보여주던 사람이, 어렵고 고통스런 사건을 당하면 많은 결점을 드러내는 경우가 많다. 그들은 자신에게는 결점이 없으리라 착각하고 있었던 것이다. 결점이 없었던 것이 아니라 그 결점을 건드리지 않아 그저 잠재해 있던 것에 불과하다.

❄ 기도의 은사를 구하라

　나는 기도와 독서를 위해 하루종일 침묵하기도 했고, 내가 가진 모든 것을 가난한 사람들에게 나누어 주기도 했다. 심지어 식탁보까지 그들의 집에 가져다주었다. 그들에게 교리 문답을 가르쳐 주기도 하였고,

부모님이 식사하고 나면 가난한 사람들을 초대하여 그들과 함께 식사하며 융숭하게 대접했다.

나는 성 프란치스코 살레시오 St. Francis de Sales와 샹딸 Chantal 부인의 생애에 관한 책을 읽었다. 그때 처음으로 영적인 기도가 무엇인지 배웠다. 나는 곧바로 고해 신부님을 찾아 그런 기도를 가르쳐 달라고 간청했다. 하지만 신부님은 가르쳐주지 않았고, 나는 스스로 실천해보려 노력했다. 물론 혼자 힘으로 그런 기도를 하는 것은 어려웠고, 잘 되지 않았다.

나는 기도의 은사를 달라고 하나님께 꾸준히 그리고 전심으로 간구했다. 샹딸 부인의 삶은 대단히 매력적이었다. 그때만 해도 나는 너무 어수룩해서 샹딸 부인의 모든 것을 그대로 따라 해야 한다고 생각했다.

어느 날, 나는 샹딸 부인이 '너의 마음 판에 나를 봉인으로 새기라.'는 말씀에 따라 예수님의 이름을 자기 마음에 새겨 넣었다는 대목을 읽었다. 그때 샹딸 부인은 달구어진 다리미로 그 거룩한 이름을 자기의 가슴에 새겨 넣었다고 한다. 나는 샹딸 부인처럼 하지 못한다는 사실에 몹시 괴로웠다. 그러던 어느날 나는 내가 그토록 사모하는 예수님의 이름을 종이에 크게 써서 실을 꿴 바늘로 네 군데를 꿰매어 살가죽에 붙이기로 마음먹었다. 그 종이는 내 살 위에 오랫동안 붙어 있었다.

그 일이 있은 후, 나는 수녀가 되기로 마음먹었다. 그것은 성 프란치스코 살레시오에 대한 사랑 때문이었다. 나는 수녀회를 찾아가 간청했다. 아버지 몰래 집을 빠져 나와 수녀회의 허락을 받으려 여러 번 애원했다. 그들은 내 요청을 들어주고 싶었지만 그들은 내가 수녀가 되는 것을 허락하지 않았다. 아버지를 두려워했고, 나에 대한 아버지의 지극한 사랑을 너무나 잘 알고 있었기 때문이었다.

당시 수녀원에는 아버지의 질녀가 있었는데, 그녀는 내게 매우 호의

적이었다. 그녀의 아버지는 우리 아버지의 도움을 받고 있었다. 어느날 그녀는 아버지께 내가 수녀가 되고 싶어 한다는 이야기를 했다. 해외에 있던 아버지는 내 사촌을 통해 고해 신부님에게 내가 수녀회에 가는 것을 막아 달라고 부탁했다. 나는 어머니에게 수녀회에 보내 달라고 계속 졸랐다. 어머니는 해외에 계신 아버지를 화나게 하는 것이 두려웠고, 결국 내가 수녀회에 가는 것을 허락하지 않았다.

4
사랑에는 이유가 없다

"기도는 사탄이 침입할 수 없는 요새다.
평안을 원한다면 기도하라. 진흙의 수렁에서 건짐받을 것이다."

아버지는 집에 돌아오자마자 심하게 앓았다. 나는 곁에서 최선을 다해 아버지를 보살폈다. 아버지에 대한 진실한 믿음과 사랑으로 나는 하인들이 해야 할 일까지 하며 간호했다. 나는 아버지께서 내 간호를 받으며 흐뭇하게 생각했다는 사실을 의심하지 않는다. 나는 하인들도 하지 않으려 하고, 아버지 역시 기대하지 않은 궂은 일까지 직접 했다. 이것은 이복언니가 가르쳐 준 교훈과 끊임없는 기도와 찬양을 기억하고 있기 때문에 가능한 일이었다.

🙟 하나님, 제가 보는 모든 것이 저로 하여금 하나님을 예배하게 합니다. 비가 오면 저는 모든 빗방울이 주님께 대한 사랑과 찬양으로 변하기를 갈망합니다. 제 마음과 영은 주님의 사랑으로만 양분을 얻습니다.

내 사촌은 내가 이런 충만함을 누리는 데 적잖은 도움을 주었다. 나는 사촌과 함께 자주 시간을 보냈다. 사촌은 풍성한 애정과 온화함으로 나를 돌보아 주었고, 나 역시 그녀를 무척 좋아했다. 그녀가 가진 아름다운 성품이나 좋은 혈통과는 달리 삶은 비록 불운했지만 상황이 요구하는 것을 그녀는 사랑과 자비로 실천했다. 하지만, 어머니는 내가 사촌은 잘 대해주면서 당신에게는 그렇게 하지 못하는 것을 못마땅하게 여겼다.

어린 시절 나를 하인들에게 맡겨 놓고 내버려뒀던 분이 이제는 내가 집에 있기만을 바랐다. 어머니는 더는 고통당하지 않으려 했고, 그런 이유로 내가 항상 어머니와 함께 있기를 원한 것이다. 마침 사촌이 병에 걸리자 어머니는 그것을 기회 삼아 그녀를 집으로 보냈다. 이것은 내게 큰 상처가 되었고, 내 안에서 싹트기 시작하던 은혜에 충격을 주었다.

어머니는 사실 매우 덕 있는 여인이다. 그 당시 자비심 많은 여인들 가운데 한 사람이었을 것이라 생각한다. 어머니는 집에 남아 돌아가는 것은 물론 반드시 필요한 것까지도 사람들에게 나누어 주었다. 가난한 사람을 무시하지 않았고, 도움을 청하러 온 사람을 빈손으로 돌려보내는 법이 없었다.

하나님은 내가 그 거룩한 행위를 물려받아 행하는 것을 기뻐하셨다. 우리가 사는 지역에서 어머니의 유덕함을 칭찬하지 않는 사람은 단 한 사람도 없었다. 어머니는 대가족을 부양해야 함에도 불구하고 때로는 집에 남아 있는 마지막 동전까지 다 내어 주었는데, 이는 어떤 상황에서도 흔들리지 않는 믿음을 가지고 있었기 때문이었다.

나는 약 4개월 동안 학질에 걸려 무척 고생했다. 나는 상당한 인내로 그 고통을 받아들일 수 있었으며 영적인 기도를 지속했다. 그때 며칠간 시골에 내려가 시간을 보낸 적이 있었다. 아버지는 친척 중 한 분을 데리고 왔는데, 한눈에 보기에도 교양이 넘치는 젊은 신사였다. 그는 나와 결혼하고 싶어 했다. 하지만 매우 가까운 친척이기 때문에 아버지는 결혼을 반대했다.

나는 그와 함께 시간을 갖고 싶어 내 기도를 중단했다. 이것은 내가 사탄에게 틈을 허락한 계기가 되었다. 나의 영은 기도로 양분을 섭취하지 못해 시들어 가고 있었다. 나는 하나님에 대해 냉랭해졌다. 과거의 나쁜 습관이 되살아났고 지독한 교만까지 생겼다. 나 자신에 대한 애착이 내 안에 있는 하나님에 대한 사랑을 사그라들게 했다.

> 나의 하나님, 기도야말로 하나님과 친밀하게 교제할 수 있는 커다란 특권임을 안다면 모든 사람들은 기도에 충실하게 되겠지요.

※ 마르지 않는 샘에서 생수를 얻으라

기도는 사탄이 침입할 수 없는 요새이다. 사탄은 요새 주위를 포위하고 공격하며, 소란스럽게 한다. 그러나 우리가 충실하고 굳센 마음으로 기도를 하며 자신을 지키면 사탄은 우리를 해칠 수 없을 것이다.

사람들은 천국에 이르는 짧고 쉬운 길에 대해 가르쳐 주지 않는다. 하늘에 이르는 유일한 길은 기도뿐이다. 영으로 하는 기도이며, 이것은 누구나 할 수 있다. 이것은 연구의 결과나 상상력을 발휘하는 이성적인 노력이 아니다. 이성으로 하는 기도는 마음의 갈피를 잡지 못하게 만드는 각종 상념으로 가득 차있다. 그래서 하나님에 대한 사랑으로 마음을 따뜻하게 하지 못하고 오히려 냉랭하고 침체되게 만든다.

    ✒ 가난한 사람, 무지한 사람, 육신적인 사람, 누구나 기도하게 하십시오. 지식이나 이성이 아직 성숙하지 못한 어린이들도 나오게 하시고, 아무것도 품을 수 없는 우둔하고 굳은 마음의 사람들도 주님께 나와 기도하게 하십시오. 그들이 기도를 통해 주님의 지혜를 얻게 하십시오.

  누군가를 사랑할 때 왜 사랑하는지 그 이유를 아는가? 사랑이 무엇인지 다 알기 때문에 사랑하는 것인가? 그렇지 않을 것이다. 여러분의 마음이 사랑스런 것을 사랑하도록 만들어져 있기 때문이다.
    그 누구도 사랑으로부터 자유로울 수 없다. 마음 없이는 살아갈 수 없는 것처럼 사랑이 존재하지 않는 마음은 있을 수 없기 때문이다. 사랑 자체이신 분을 사랑하는 데 왜 이유를 찾으려 하는가? 이유같은 것은 찾으려 하지 말고 사랑하는 것에만 열중하자. 그러면 다른 사람들이 그 이유를 알기 전에 이미 우리의 마음은 사랑으로 가득 차 있을 것이다. 사랑을 하면 여러분은 가장 현명한 철학자보다도 더욱 지혜로워질 것이다. 다른 모든 것이 그러하듯, 사랑 역시 체험이 이론보다 더 좋은 것을 가르쳐 준다.
    사람들의 깨진 물동이에 담긴 물 대신 하나님의 샘에서 생수를 마시자. 물동이의 물은 갈증을 더욱 심하게 할 뿐이다. 그러나 하나님의 샘에서 생수를 마시면, 목마름을 채우기 위해 다른 물을 찾지 않을 것이다. 이 샘에서 물을 마시는 한 더 이상 세상을 갈망하지 않을 것이다. 그러나 이 생수를 마시지 않으면 사탄이 다가와 당신에게 독이 든 물 잔을 내밀 것이다. 그 물은 처음에는 달지만 결국 여러분의 생명을 빼앗아 간다.

중간에 기도를 멈추었을 때, 나는 그 샘에서 생수 마시는 것을 그친 셈이었고, 지나가는 모든 이가 마구 짓밟고 도둑질할 수 있도록 울타리가 무너진 포도밭 같았다.

나는 하나님 안에서 발견했던 것을 사람들에게서 찾기 시작했다. 그런 나를 하나님은 그대로 내버려두셨다. 왜냐하면 내가 먼저 그분을 떠났기 때문이다. 주님께서 내가 끔찍한 수렁 속으로 가라앉는 것을 그냥 보고 계셨던 것은 내가 기도 안에서 다시 그분께 가까이 갈 필요성을 느끼도록 하려는 것이었다.

※ 먼저 내면의 정원을 가꾸라

나는 나이가 들어가면서 점점 욕망이 강해졌고 연약한 성품이 드러났다. 하나님 은혜의 불꽃은 내 안에서 점점 꺼져 갔고, 기도 없는 무덤덤한 상태에 빠졌다.

물론 겉으로는 경건하게 행하려고 했다. 결국 나는 교회 생활에 있어 예전보다 더욱 위장된 행동을 하게 되었다. 허영심이 마음을 사로잡은 것이다. 그때부터 나는 많은 시간을 거울 앞에서 보냈다. 나는 눈에 보이는 것만 아름답게 치장했을 뿐이었다. 나는 내 영혼을 덮고 있는 내면의 더러운 것을 보지 못했다. 나는 스스로를 높이 평가한 반면, 다른 여성들의 결점을 들추어냈다. 내게서는 장점만 보고 다른 사람들에게서는 결점만 보았던 것이다. 끊임없이 변명을 했고, 나 자신을 완벽하게 보이려고 애썼다. 이 모든 것은 잘못된 것이었다.

나는 과장된 내용, 특히 로맨틱한 소설을 읽기 좋아했다. 심지어 어떤 날은 잠자는 것도 잊어버리고 밤을 새워 읽을 정도였다. 욕망을 채워 줄 무엇이 있을까 하는 바람 때문에 이야기의 결말을 알고 싶었고, 그런 책을 읽고 싶은 마음은 점점 더 커졌다. 잘못된 책은 젊음을 파괴한다. 그 책이 직접 해를 끼치지는 않는다 하더라도 귀중한 시간을 허비하는 것 그 자체만으로도 많은 것을 잃어버리는 것이 아닐까?

> 하나님, 당신은 그 풍성한 자비로 찾아오셔서 제 마음을 두드리셨습니다. 저는 가끔 너무도 쓰라린 슬픔에 젖어 많은 눈물을 흘리곤 합니다. 주님의 은밀한 임재를 기뻐하던 때와는 너무도 다른 제 자신을 보는 것이 괴롭습니다.

그러나 내 눈물은 소용없었고 슬픔은 헛될 뿐이었다. 혼자서는 이런 비참한 상태에서 빠져 나올 수 없었고, 나를 건져 줄 수 있는 자비로운 능력의 손길이 필요했다. 나에게는 능력이 없었다.

분별있는 친구가 있어서 유일한 안식인 기도를 다시 할 수 있게 해주었더라면 좋았을 것이다. 하지만, 나는 이미 빠져 나올 수 없는 깊은 수렁 속에 있었다. 내 생활을 비난하는 사람은 있었지만, 그곳에서 나를 건져 줄 만큼 친절한 사람은 없었다. 빠져 나오려고 노력할수록 더 깊이 가라앉을 뿐이었고, 이런 헛된 시도를 할 때마다 나는 더 큰 무력함을 느끼며 괴로워할 뿐이었다. 이런 슬픈 경험은 나로 하여금 죄인들에 대해 커다란 연민을 느끼게 해주었다.

평안을 원하는 사람의 유일한 처방은 기도이다. 하나님 앞에 죄인으로 서서 다시 일어설 수 있는 힘을 달라고 요청하는 것이다. 그러면 그는 곧 변할 것이고 진흙의 수렁에서 건짐받을 것이다.

사탄은 기도하는 사람들에 대해 매우 무자비하다. 기도는 자기 먹이

감을 빼앗기 때문이다. 사탄은 사람들이 원하는 모든 고행을 하게 내버려둔다. 고행을 즐기는 사람이나 행하는 사람들은 전혀 박해하지 않는다. 그러나 영적인 사람, 기도하는 사람은 십자가를 짊어질 준비를 해야 한다. 나는 비참한 상태에서도 매일 소리내어 드리는 기도를 완전히 포기하지는 않았다.

    나는 사람들이 하나님에 대해서 이야기하는 것을 좋아했고, 그런 대화에는 전혀 지치지 않았다. 그 즈음, 아버지와의 대화는 항상 하나님에 대한 것이었는데 이것은 내게 가장 커다란 기쁨을 가져다주는 것이었다. 그리고 나는 비록 결점이 많긴 했지만, 가난한 사람들을 좋아했고 동정심이 많았다. 사람들은 이런 나를 얼마나 이상하게 보았을까? 너무도 상반된 것이어서 조화를 이루는 것이 정말 어렵다고 여겼을 것이다.

5
영원한 피난처가 있다

*"무거운 십자가는 나를 하나님께 향하도록 했고,
나는 다시 기도를 시작했다."*

　우리가 파리Paris로 왔을 때, 그곳에서 내 허영심은 더욱 커져만 갔다. 그곳 생활은 그 어떤 것도 내게 유익하지 않았다. 나는 아름다움을 과시하면서 나 자신을 드러냈고 자존심을 세워 나갔다. 모든 사람들에게 사랑을 받고 싶어 하면서도 나는 아무도 사랑하려 하지 않았다. 눈에 띄게 유리한 조건을 내세운 청혼이 들어왔지만 하나님은 그런 결혼을 성사시키지 않으셨다.
　만일 내가 그 중 한 사람과 결혼했다면 자신을 과시하는데 더욱 열중했을 것이고, 내 허영심은 더욱 커졌을 것이다.

여러 해 동안 나와 결혼하기를 원했던 사람이 있었다. 그러나 아버지는 그와의 결혼을 반대했다. 그 사람은 나와는 정반대 유형의 사람이었다. 그러던 어느날 부모님은 결혼을 허락한다고 그 사람과 약속을 했다. 그 사람이 내건 조건이 좋기도 했지만, 내가 해외로 떠나지 못하게 하려는 의도로 내키지 않는 결혼을 허락한 것이다. 나와는 아무런 상의도 없었고 알려주지도 않은 채 말이다.

결혼식이 있기 이삼 일 전까지도 나는 배우자를 만나 보지 못한 상태였다. 나는 결혼 약속을 한 후부터 줄곧 이 결혼이 하나님 뜻인지를 알고 싶었고, 적어도 이 일만큼은 그분 뜻이기를 바랐다.

오, 하나님! 주님께 반항했던 저를 마치 친구처럼 대하시며, 지금도 저와 함께하시고 이렇게 담대히 기도할 수 있게 허락하시니 주님은 얼마나 선하신지요!

내 결혼식 축하연 때문에 우리가 살던 지역 전체가 떠들썩했다. 하지만 나는, 나를 축하하러 온 사람들이 다음날이 되면 나를 조롱할 것 같았다. 나는 슬피 울었다.

'수녀가 되고 싶었던 내가 왜 결혼을 했을까? 어떤 운명이기에 이러한 벼락을 맞은 걸까?'

결혼식을 마치고 남편 집에 도착하자마자 그곳이 바로 나의 초상집이라는 것을 깨달았다. 나는 어쩔 수 없이 생활 태도를 모두 바꾸어야만 했다. 시댁 식구들의 생활 방식은 친정과 전혀 달랐다. 오랫동안 과부로 지내 온 시어머니는 경제적인 것 외에는 아무것도 생각지 않았다. 친정 식구들은 귀족적이고 우아하게 살았지만, 남편이나 시어머니는 내가 정중함이라 생각하는 것을 교만이라고 여겼다. 나는 두 집의 차이에 대해 매우 놀랐다.

결혼했을 당시 나는 16살이었다. 결혼과 함께 그토록 내가 애지중지하며 얻었던 것을 잃어야 한다는 사실을 알았을 때 나는 큰 충격을 받았다. 친정에서는 점잖게 행동하고 말도 예의바르게 해야 했다. 그러면 아버지는 그런 나를 칭찬해 주었다. 그러나 시댁에서는 누구도 내 말을 들으려 하지 않았고, 오히려 내 결점만 들추어냈다. 내가 옳은 말을 하면 가르치려 든다고 할 뿐이었다. 친정에서는 자유롭게 질문하라고 아버지로부터 격려를 받았는데, 시댁에서는 질문하고 이야기하면 논쟁하려 든다고 나무랐다. 그분들은 갑작스럽고도 수치스럽게 나로 하여금 입을 다물게 했으며, 아침부터 저녁까지 나를 야단쳤다.

나는 여러분이 이 이야기를 인간적인 측면으로 듣지 않기를 바란다. 그렇게 되면 시댁 식구들이 나쁜 사람인 것처럼 비쳐질 것이기 때문이다. 모든 것을 하나님의 측면에서 보아주기를 바랄뿐이다. 하나님은 나를 구원하기 위해 이 사람들을 나에게 허락하셨다. 그분은 나를 잃고 싶지 않으셨던 것이다. 게다가 나는 너무나 교만한 사람이었다. 만약 그런 과정을 거치지 않았더라면 그 상태에 머물면서 하나님께 돌아가지 않았을 것이다.

시어머니는 매사에 나의 의견에 반대했다. 시어머니의 기질은 유난스러웠고 다른 누구와 함께 살 수가 없었다. 그분은 자신의 결점을 볼 줄 모르는 사람이었으며, 설령 보았다 해도 기도의 힘으로 해결하려 하지 않았기에 기도의 유익함을 전혀 경험하지 못했다. 안타까운 일이었다. 그분은 나에 대한 남편의 감정도 자신과 동일하게 만들었다.

나는 괴롭힘으로 생긴 고통과 슬픔 때문에 죽을 각오까지 했었다. 상황을 더욱 악화시킨 것은 과거 나에게 청혼했던 사람들에 대한 기억이었다. 그들의 온화한 성품과 태도, 나에 대한 정중하고도 호의적인 사랑, 이런 생각은 나를 더욱 견딜 수 없게 만드는 짐이 되었다.

시어머니는 친정을 비난하고 부모님에 대해 모욕적인 말을 자주 했다. 상황이 점점 나빠지면서 나는 부모님을 뵈러 갈 용기조차 나지 않았다. 물론 친정어머니는 자주 오지 않는다며 불평을 했다. 내가 남편하고만 가까이 지내며 친정 식구를 멀리한다는 것이었다.

나의 십자가를 더욱 무겁게 한 것은 친정어머니로 인해 겪은 어린시절의 고통을 이제는 시어머니로 인해 겪어야 한다는 사실이었다. 시어머니의 비난은 점점 강도가 심해졌다. 시어머니는 보통 사람이라면 참기 힘든 말도 서슴지 않았다. 어느날 시어머니가 말했다.

"너는 누군가에 의해 바꿔치기 된 아기였을 거야. 너희 부모님이나 형제들과 전혀 다른 것을 보면 알 수 있지. 네 마음 속에는 분명히 악한 영이 들어있어."

남편 역시 마찬가지였다. 내가 시어머니로 인해 고통을 받는 것을 알고 있으면서 내게 시어머니 방에 머물러 있게 하였다. 시어머니는 내게서 생기를 빼앗아 갔을 뿐만 아니라 나를 점점 바보로 만들었다. 과거에 나를 알았던 사람들조차 나를 알아보지 못했다. 나의 상황에 대해 말로만 듣던 사람들은 이렇게 말했다.

"예전에 기지와 재치가 풍부했던 사람이 이렇게 변할 수 있나? 이제는 단 두 마디 말도 제대로 못하는 걸. 마치 정교한 그림 같아. 이런……."

나는 16살도 안 되었지만 대단히 소극적인 사람이 되었다. 시어머니와 동행하지 않고는 외출도 하지 않았다. 시어머니 앞에서는 말도 제대로 하지 못했다. 사실 무슨 말을 해야 할지도 몰랐고, 말을 하는 것 자체가 두렵기도 했다.

고통을 더 심하게 하려는 듯 시어머니는 심복처럼 부리는 하녀를 내게 붙여 놓았다. 하녀는 항상 나를 감시했고, 나는 어디에서든 감시를 피할 길이 없었다. 그저 이 모든 것을 인내로 견뎌야 했다. 그러나 성급하게 말이 튀어나오기도 했고, 그 말은 곧 내가 지고 있는 십자가를 더욱 무겁게 만들었다. 시어머니는 내가 외출했다가 돌아오면 하인에게 내가 밖에서 무엇을 했는지 낱낱이 말하게 했다.

내 속마음을 알아주고, 모든 고통을 견디도록 도와줄 사람은 아무도 없었다. 나는 아무도 신뢰하지 않기로 결심했다.

❋ 우리는 모두 주님이 필요하다

사실 남편은 잔인한 사람이 아니었다. 남편은 나를 무척 사랑했다. 다만 성격이 급한 것이 흠이었다. 남편이 나에게 잔인하게 행동한 것은 시어머니가 남편의 성급한 성격을 부추겨 나에게 화를 내도록 만들었기 때문이었다.

> 나의 하나님, 이런 비참한 상황에서야 주님의 도우심이 제게 얼마나 간절히 필요한지 깨닫기 시작했습니다. 하지만 하나님께서는 저를 더욱 가까이 이끄셨고, 주님의 사랑과 십자가로 저를 굴복하게 하셨습니다.

존귀한 여자는 남편에게 의심을 사서는 안 된다고 생각했다. 그래서 나는 정중하게 만남을 청해 오는 사람에게 손을 내미는 것조차도 거절할 정도로 신중했다. 하지만, 이런 신중함이 나를 파멸로 몰고 갈 뻔한 일도 있었다. 물론 사태는 시어머니의 의도와는 정반대로 진행되었지만 말이다. 남편은 내 결백을 믿었고 시어머니가 거짓말을 한 것이라는 사실도 알게 되었다.

무거운 십자가는 나를 하나님에게 향하도록 했다. 나는 다시 기도를 시작했다. 점차 그분의 사랑이 내 마음에 되살아나는 것을 느꼈다. 하지만, 내 안에는 여전히 허영심과 자기 만족감이 남아 있었다.

내 십자가를 더욱 무겁고 고통스럽게 한 것은 역시 시어머니였다. 나는 털 깎인 양처럼 되었다. 나는 주님께 말했다.

> 주님! 이 못난 죄인이 이제야 제 잘못을 깨닫습니다. 저를 도와주십시오. 저의 피난처가 되어 주십시오. 오직 주님만을 바라보며 살겠습니다.

나는 주님께 간절히 애원했고, 주님은 나의 피난처가 되어 주셨다.

시댁 식구들과 나와는 나이 차이가 많다. 남편은 나보다 22살이나 연상이었다. 나는 오랫동안 굳어진 시댁 식구들의 기질이 변할 가능성이 없다는 것을 알았다. 내가 무슨 말을 하든 – 설령 그것이 그들을 기쁘게 만드는 말이라 하더라도 – 그분들은 예외 없이 마음에 안 들어한다는 사실을 알게 되었다.

결혼 후 6개월이 지난 어느날이었다. 슬픔과 절망의 무게에 짓눌려 있던 나는 문득 혀를 잘라 버리고 싶은 충동을 느꼈다. 그렇게 하면 내가 말할 때마다 화를 내고 원망하는 그 사람들을 더 이상 화나게 하지 않을 것이라는 생각이 들었기 때문이다.

아침부터 밤늦게까지 혹독한 감금 상태에서 그들과 함께 생활해야 한다는 것은 엄청난 고통이었다. 나는 끊임없이 다가오는 고난을 몸으로 느끼며 분노를 꾹꾹 누르려 애썼다. 어느 순간부터 삐뚤어진 마음이 생겨났다. 사실 그렇게 분노하고 참을 수 없는 고통을 느끼면서도 폭발하지 않고 극도의 자기 억제가 가능했던 것이 오히려 이상한 일이었다.

❋ 고난을 통해 인내를 배우다

내 결혼 생활은 다른 사람과 비교하면 노예 생활이나 다름없었다. 결혼 후 4개월이 지나 나는 남편이 통풍을 앓고 있다는 것을 알았다. 이 병은 어려움이 많은 질병이었다. 그는 첫 해 통풍을 두 번 앓았는데 그때마다 6주 동안 앓았다. 그 병을 앓을 때마다 남편은 침대에서 일어나지 못할 정도로 심했고, 몇 개월 동안 침대에 누워 생활해야만 했다. 나는 불평하지 않고 남편을 세심하게 보살피며 간호했다.

그러나 이런 행동도 남편이 사랑을 느끼게 하는 데는 한계가 있었다. 남편은 나에게 고마움을 느끼지 않았고, 나의 간호에도 불구하고 전혀 위안을 받지 못했다. 나는 내 생각에 그가 기뻐하는 것이라면 무엇이든 해주려고 노력했다. 남편이 나를 고통스럽게 할 때조차도 나는 행복하다고 생각했다.

하지만 이런 내 모습을 보며 친한 친구들조차 나를 보고 빈정댔다.

"환자를 돌보는 간호사가 되지 그랬니? 널 보고 있으면 안타까운 마음이 들어. 네 재능을 더욱 가치 있는 곳에 쓸 수 있을 텐데 말이야."

나는 그런 말을 들으면서도 스스로를 위로했다.

"부부는 슬거울 때나 고통스러울 때나 함께 해야 하는 거야. 어려움은 나누면 반이 되고 기쁨은 나누면 배가 된다는 말이 있어. 내 남편이 어려울 때 내가 돕는 것은 당연해."

병을 앓으면서 남편은 조금씩 변했다. 이제 남편은 누가 나를 비난하기라도 하면 심하게 화를 내었다. 하나님의 섭리였다. 약점이 많은 죄인이라는 것을 스스로 깨달은 남편을 하나님께서 구원하신 것이다. 사실 남편은 합리적인 성품을 지녔고, 나를 무척 사랑하는 사람이었다. 만약 우리 결혼 생활에 시어머니와 하녀들이 없었다면 남편과 나는 매우 행복했을 것이다. 나는 남자의 기질과 감정을 추스르면서 평온하게 지내는 것이야 말로 양식 있는 여자의 태도라 생각한다.

> 하나님, 당신의 선하심으로 명하셨기에 저는 제 허영심과 거만한 본성을 죽일 필요가 있음을 알았습니다. 그러나 완전하신 섭리로 주께서 친히 이 일을 행하시지 않으면 제 본성은 깨질 수 없습니다. 제게는 그런 능력이 없습니다.

나는 열심히 인내하며 기도했다. 하지만, 돌발적인 내 본성은 아무데서나 튀어나오곤 했다. 결국 내가 했던 결심은 무너지기 일쑤였다. 하나님께서는 이럴 때마다 나의 이기적인 자기애가 더 심해지지 않도록 인도하셨다.

6

주님의 그림은
크고 온전하다

"나는 진심으로 변화를 원했지만, 그 바람은 약하고 힘이 없었다.
내 노력에만 의지했기 때문이다."

　결혼 전 친정에서처럼 항상 박수를 받고 살았더라면 나는 감당할 수 없을 정도로 교만해졌을 것이다. 나에게도 많은 수의 여성들이 갖고 있는 공통적인 결점이 있기 때문이다. 그것은 흠이 없다고 칭찬받는 아름다운 여성에 대한 칭찬을 받아들이지 못할 뿐만 아니라 그녀에 대해서 좋게 말하는 것을 깎아 내리려고 하는 습성 즉, 질투심이다. 이것은 교만함의 열매로 오랫동안 내게 남아 있었다. 누군가를 지나치게 칭찬하는 것 역시 같은 근원에서 비롯된다.

꘡하나님, 제가 모든 것을 주님안에서 볼 수 있도록 제 눈을 열어 주십시오. 저는 주님 안에서 어떤 사람에게서도 본 적이 없는 고통을 보았습니다. 훗날 모든 것을 기쁨으로 되돌아보았을 때 힘들었던 그 모든 상황이 제게 필요한 것이었음을 분명하게 알았습니다.

시댁 식구들은 내가 첫아이를 가졌을 때 커다란 관심을 쏟으며 돌보아 주었고, 시집살이는 어느 정도 완화되는 것처럼 보였다. 그러나 그런 태도는 내가 출산을 한 후 급속도로 줄어들었다.

병 때문에 나만큼 무거운 짐을 진 사람도 없을 것이다. 나는 입맛을 잃었다. 기절도 자주 했고 심하게 앓은 것도 여러 번 이었다. 아기를 낳은 이후에도 심약한 상태가 계속되었다. 하지만, 그것은 인내를 훈련하기에 충분했다. 나는 모든 고통을 주님께 맡겼다. 한동안 고열로 몸이 많이 허약해졌다. 수 주가 지나서야 겨우 움직일 수 있었고, 병석에서 일어날 수 있었다. 겨우 몸이 회복되기 시작했을 때는 공교롭게도 가슴에 종기가 생겨 두 군데를 째야 하는 고통을 겪기도 했다.

그러나 이런 병치레는 시댁에서 겪어야 했던 고통에 비하면 아무것도 아니었다. 아무리 심한 죽을병이라 해도 삶보다 어렵고 힘들지는 않았다. 덕분에 나는 아무리 심하게 앓아도 놀라지 않게 되었다.

건강이 회복되면서 나는 아름다움을 되찾았고, 나를 바라보는 사람들의 눈길에 쾌감을 느꼈다. 드문 일이긴 했지만, 사람들이 많이 다니는 길에 나가 허영심을 뽐내며 돌아다녔고, 손을 보이기 위해 장갑을 벗기도 했다. 참으로 어리석은 짓이었다. 그렇게 돌아다니다 집에 와서는 고통스럽게 울었다. 하지만, 나는 그런 어리석은 짓을 반복했다.

남편의 사업이 어려움에 빠졌을 때의 일이다. 물론 나는 하나님께서 원하시면 얼마든지 가난하게 살 각오도 되어 있었다. 하지만 시어머니는 너무나 상심했다. 시어머니는 나에게 문제가 잘 해결되도록 하나님께 기도하라고 말했다. 그러나 나는 그렇게 할 수가 없었다. 한편으로는 시어머니에게 미안한 마음이 들었지만 어쩔 수 없었다. 내가 시댁 식구에게 받은 박해에 비하면 그것은 아무것도 아니라는 생각이었다.

"네가 이 집에 오기 전에는 이런 일이 없었어. 네가 온 후부터 집안이 점점 불행해지고 있단 말야, 알겠니?"

시어머니는 더욱 표독스러운 말로 나를 비난했다.

시댁의 사업은 계속 어려워졌다. 도시에 있는 호텔을 잃어 막대한 손해를 본 것은 물론 왕이 수입의 상당 부분을 세금으로 거두었기 때문이었다. 이런 어려움 속에서 나는 평안을 느끼거나 쉴 수 없었다. 고통을 함께 나누거나 나를 위로해 줄 사람도 없었다. 나를 가르쳤던 이복 언니는 내가 결혼하기 두 달 전에 세상을 떠났다. 이제 내가 기댈 수 있는 사람은 세상에 없어 보였다.

사실 시어머니에 대해 이야기를 하는 것이 편하지는 않다. 나 역시 부족한 사람이라는 것을 알고 있으며, 나의 무분별함, 변덕스러움, 어리석음을 잘 알기 때문이다. 나는 인내심을 가지고 십자가를 사랑하려 하지 않았고 받아들이려고도 하지 않았다. 시댁 식구를 사람의 눈이니 사람의 마음으로 받아들이지 말고 영원한 나의 유익을 위해 하나님께서 그렇게 인도하신 것임을 깨달았어야 했다.

나는 머리 모양을 평범하게 바꾸고 화장도 하지 않았다. 거울을 보는 일도 삼갔다. 나를 사로잡고 있는 허영심을 누르기 위해서였다. 도마스 아켐피스Thomas a'Kempis나 살레시오의 성 프란치스코가 쓴 책만 골라서 읽었다. 나는 하녀가 내 머리를 빗어줄 때 그녀를 위해 큰소리로 책을 읽었다. 점점 나는 내 안에 있는 허영심에서 자유로워졌다.

외모를 더 아름답게 꾸미고 싶은 욕망이나 기회는 많았다. 그러나 예쁘게 꾸미려 할수록 잘되지 않았다. 오히려 외모에 무관심할수록 나는 더욱 아름답게 보였다. 사실 하나님께 예배를 드리기 위해 교회에 간 것보다는 남에게 잘 보이기 위해서 간 적이 얼마나 많았는지 모른다.

나는 주별이나 월별로 스스로에 대한 평가를 하여 내가 얼마나 나아지고 있는지 엄격하게 평가했다. 그러나 이것은 헛되고 피곤하기만 할 뿐 별 도움이 되지 않았다. 내 노력에만 의지했기 때문이었다. 나는 진실로 변하기를 바랐지만, 그 바람은 약하고 힘이 없었다.

❈ 죽음의 문턱에서 용기를 얻다

남편이 오랫동안 집을 비운 적이 있었다. 그때 나는 남편에게 가기로 마음을 먹었다. 하지만 시어머니는 강하게 반대했었고, 나는 그때 처음으로 친정아버지의 도움을 받아 남편에게 갈 수 있었다.

남편 있는 곳에 도착했을 때 상황은 아주 나빴다. 그는 고통과 갈등으로 상당히 변해 있었다. 사업을 끝낼 수도 없었고, 잘 해결되리라는 희망도 갖지 못한 채 롱그빌르의 호텔에 숨어 지내고 있었다.

그 호텔에서 만난 롱그빌르의 부인은 나에게 무척 친절했다. 남편은 나 때문에 자신의 존재가 발각될까봐 두려워 나에게 화를 내며 집으로 돌아가라고 했다. 그러나 나는 오랫동안 떨어져 있던 그리움과 사랑으로 다른 모든 이유를 무마시켰고, 마음이 누그러진 남편은 나를 그곳에 머물도록 했다.

남편은 8일 동안 내가 자신의 시야에서 벗어나지 못하게 했다. 하지만 그렇게 갇혀 있는 것이 건강에 좋지 않을 것이라 걱정이 되었는지 정원을 산책하는 것은 허락했다. 바로 그 정원에서 나는 롱그빌르 부인을 만났고, 그 부인은 나를 만난 것을 매우 기뻐했다.

내가 그 호텔에서 받은 환대를 어떻게 다 표현해야 할지 모르겠다. 하인들은 경쟁하듯 시중을 들었고 내 외모와 행동에 대해 격찬했다. 그러나 나는 이런 지나친 관심을 항상 경계했다. 혼자 있을 때는 어떤 남자와도 대화를 나누지 않았다. 마차에 남편이 함께 타고 있지 않는 한 어떤 남자도, 심지어 친척조차도 태우지 않았다. 남편이 의심할 만한 일은 애당초 삼갔고, 다른 사람의 비방을 피하기 위해 신중하게 행동했다.

하지만, 사람들은 내 주위를 끌고 내 마음을 흩트리려 노력했다. 겉으로는 모든 것이 유쾌한 상황처럼 보였지만 남편은 굴욕감 때문에 화를 냈다. 그는 저녁 식사를 창문 밖으로 던지려 했고, 나는 차라리 나를 때리라고 무릎 꿇고 애원해야만 했다.

남편의 마음을 풀어 웃게 만든 후에야 비로소 나도 함께 웃을 수 있었다. 나의 노력과 남편의 사랑에도 불구하고 슬픔이 밀려오면 하나님은 나를 인내로 무장하게 하시고, 남편이 아무 말 없이 다시 돌아설 수 있는 은혜를 주셨다. 그러나 사탄은 나로 하여금 모욕감을 느끼도록 부추기면서 하나님의 은혜를 받은 나를 다시 혼란에 빠지도록 만들었다.

나는 롱그빌르 호텔에 폐를 끼치고 싶지 않아 숙소를 다른 곳으로 옮겼다. 병은 오래 지속되었고 점점 심해져 의사도 내 생명에 대해 절망적이라고 했다.

내 목숨이 한 시간 정도밖에 남지 않았다고 생각한 사람들은 한밤중에 와서 내게 병자성사 가톨릭에서 임종을 앞둔 환자에게 주님의 은총을 주어 천국에 이르게 하는 의식를 해주었다. 이것은 가족들과 나를 알고 있던 모든 이들에게 큰 슬픔이었다. 내 죽음에 무관심했던 사람은 나 외에 아무도 없었다. 나는 아무런 공포심 없이 죽음을 받아들였고 죽음이 임박했어도 담담했다. 남편은 내가 아무런 희망 없이 죽어 간다는 것을 알고는 어찌할 바를 몰랐다.

그런 죽음의 의식을 모두 치른 후 나는 거의 기적처럼 회복되었다. 이 사건은 훗날 내게 커다란 복을 주는 의미 있는 일이었다. 큰 고통을 참아 내는 인내심을 얻었고, 세상 모든 것이 얼마나 허무한 것인지를 체험했기 때문이다. 죽음의 문턱까지 갔던 체험은 나를 나 자신으로부터 떨어뜨려 놓았고, 전보다 더욱 달갑게 고통을 받아들일 새로운 용기를 주었다. 하나님의 사랑이 그분께 충실하고 그분을 기쁘게 해드리고 싶어하는 내 마음의 힘을 모아 준 것이다.

회복이 된 이후에도 한동안 고열이 지속되었기 때문에 나는 6개월을 더 누워있어야 했다. 물론 그때도 사람들은 내가 죽을 것이라 생각했다. 물론 내가 곧 죽으리라는 것은 사람들의 생각일 뿐이었다.

    하나님, 저를 데려갈 주님의 시간에 아직 이르지 않았습니다. 저에 대한 주님의 계획은 사람들의 생각과 얼마나 다른지요! 주님은 언제나 저를 주님의 자비로 대하셨습니다.

7
당신은 하나님의 거룩한 신부다

> "행복이 노력에 달려 있는 것처럼 무거운 삶을 짊어진 채 주님을 찾으려고 동분서주했다.
> 그러나 주님은 항상 내 마음속에 계셨다."

오랫동안 병마와 씨름을 한 후 나는 차츰 건강을 회복했다. 하지만 그 사이 친정어머니가 세상을 떠났다. 어머니는 성품도 좋았고, 특히 가난한 사람들에 대한 동정심이 많았기 때문에 하나님의 은총으로 평안하게 가셨다.

하나님, 하나님은 제 고통이 커지는 만큼 사랑과 인내도 더욱 자라게 하셨습니다. 저는 어머니께서 저보다 동생을 편애하심으로써 받았던 상처에 더이상 연연하지 않습니다. 주님이 그 모든 일의 보상이십니다.

망명한 어떤 아가씨가 친정에 오게 되었다. 아버지는 그녀에게 방을 제공했고, 그녀는 그곳에서 오랫동안 머물렀다. 그녀는 진실로 경건하고 내면으로 하나님께 헌신된 사람이었다. 내가 하나님을 진심으로 사랑하려는 것을 알게 된 그녀는 나를 매우 좋게 평가했다.

"당신의 적극적인 모습이 참 좋아요. 활기차게 생활하는 모습도 보기에 좋구요."

그러나 나는 아직도 그녀가 경험하고 있는 기도의 단순성에는 이르지 못했었다. 그 아가씨는 종종 기도에 대해 이야기를 해주었는데, 나는 그 뜻을 제대로 이해하지 못했다. 그녀의 모범적인 삶은 백 마디의 말보다도 더 많은 것을 내게 가르쳐 주었고, 나는 그녀의 표정에서 하나님의 임재를 누리는 커다란 기쁨의 흔적 같은 것을 보았다.

그 사이 아버지의 조카가 유럽의 여러 사제들을 데리고 가기 위해 코친차이나로부터 돌아왔다. 나는 그를 만나게 되어 매우 기뻤다. 그가 내게 했던 선한 일을 모두 기억하고 있었기 때문이다. 나뿐만 아니라 망명한 아가씨도 그를 만난 것에 대해 나만큼 기뻐했다.

그들은 만나자마자 즉시 서로를 이해할 수 있었고, 영적인 언어로 교제를 나누었다. 그 놀라운 교제의 아름다움은 나를 매혹시켰고, 나는 이해하지 못하면서도 그의 지속적인 기도에 탄복했다.

아버지의 조카는 내가 하나님께 더욱 가까이 갈 수 있도록 최선을 다해 도와주었다. 그는 나를 무척 사랑했다. 나는 솔직하게 내 결점을 그에게 털어놓으며 탄식했다. 그는 내게 활력을 주었고 내가 선한 노력을 기울이도록 참고 기다리며 도와주었다. 나는 기도할 때 가끔 묵상이 안 되어 초조해 했던 것을 고해 신부님에게 이야기하곤 했다.

✑ 하나님을 기쁘게 해드리고 싶었던 갈망, 흘렸던 눈물, 수많은 고통,

그런 고통과 수고에도 불구하고 열매를 거두지 못한 결과들, 이 모든 것을 주님은 아십니다. 하지만, 주님께서는 어느덧 이 고통의 바다를 저만큼 옮겨 놓으시고 계속 항해하게 하셨습니다.

마침내 하나님께서 성 프란치스코회에 있는 사제를 친정으로 보냈다. 그 사람은 원래 다른 지방에 가려고 계획했으나 하나님께서 경로를 바꾸신 것이다.

그는 도착하자마자 아버지를 만났고 아버지는 그가 온 것에 매우 기뻐했다. 그때 아버지께서는 큰 병을 앓아 생명이 위태로웠으며, 나는 곧 둘째 아이의 출산을 기다리던 중이었다. 나는 아버지에 관한 소식을 듣고는 즉시 친정으로 달려갔다. 하지만 임신한 몸으로 무리를 하다보니 나 역시 중한 병에 걸렸다. 다행스러운 것은 아버지의 병세가 회복이 되었다는 점이다. 건강을 회복하고 있는 아버지에게 나는 말했다.

"아버지, 저는 하나님을 사랑하고 싶은 아주 깊은 갈망을 가지고 있어요. 하지만 생각만큼 몸이 따라 주지 않아 너무 슬퍼요."

아버지는 내 손을 잡으며 말했다.

"성 프란치스코회에서 오신 분을 만나 보거라. 너에게 큰 도움이 될 거야."

나는 선뜻 내키지 않았다.

"하지만 저는 이미 결혼을 했고, 정숙함을 지켜야 해요. 다른 남자를 만나는 것은 하나님의 뜻과 맞지 않아요."

하지만 아버지는 여러 번 권유를 했고, 나는 아버지의 말씀을 순종해야할 명령이라 생각했다.

※ 기도는 머리로 하는 것이 아니다

성 프란치스코회에서 온 사제는 나의 출현에 당황하고 어색해 했다. 5년 동안 혼자 있는 생활에 익숙한 그 역시 낯선 여인을 만나는 것은 생경한 일이었다. 더구나 수도 생활을 마치고 처음으로 만나 대화를 나누게 된 사람이 바로 나였으니 말이다. 내가 먼저 말을 꺼냈다.

"기도하는 것이 너무 어려워요. 물론 다른 사람처럼 기도를 잘했던 적도 있었어요. 하지만 시간이 지날수록 기도가 어렵다고 느껴져요."

나는 기도할 때 느끼는 어려움과 그외 여러 이야기를 주저하지 않고 말했다. 그러자 그도 입을 열었다.

"부인, 그것은 이미 부인이 가지고 있는 것을 밖에서 찾으려 하기 때문입니다. 이미 오래 전부터 부인의 마음 안에 있었습니다. 부인의 마음을 다시 한번 돌아보세요. 그러면 하나님을 발견할 수 있을 겁니다."

그는 이렇게 말을 하고는 방에서 나가 버렸다. 하지만, 그의 말은 어둠을 격파하듯 내 마음에 깊숙이 박혔고 충격은 감미롭게 느껴졌다. 그의 말에서 나는 내가 지난 수년 동안 찾았던 것이 무엇인지 떠오르게 했다.

> 주님, 주님은 항상 제 마음속에 계셨습니다. 하지만, 저는 마치 행복이 제 노력에 달려 있기라도 한 것처럼 무거운 삶을 짊어진 채 주님을 찾으려고 동분서주했습니다! '하나님 나라는 눈으로 볼 수 있는 곳에 있지 않고……, 하나님 나라는 너희 안에 있다' 이 복음의 말씀을 어쩌면 그렇게 이해하지 못했는지요!

그가 한 말의 의미를 알고 난 후 내 마음은 달라졌다.

"신부님, 이제는 제 안에 계신 하나님을 느낄 수 있어요."

나는 그 사제에게 말했다. 주님은 내 영혼 안에 계신 주님의 임재를 체험하게 해주셨다. 그것은 어떤 개념이나 생각의 적용에 의한 것이 아니고 매우 달콤한 것에 실제로 사로잡힌 것이었다.

"네 이름이 향기로와 아름답고 네 이름이 쏟은 향기름 같으므로 처녀들이 너를 사랑하는구나" 아 1:3

나는 이 말씀을 직접 체험했다. 내 영혼 안에서 향기름 내음을 느꼈고, 그것은 내 모든 상처를 단번에 치유했다. 나는 밤새 잠을 이룰 수 없었다.

🍃 하나님, 하나님의 사랑이 달콤한 기름처럼 제게 흘러 넘쳐 남은 자아를 다 태우는 불꽃으로 타올랐습니다.

그날 이후 나는 갑자기 너무 많이 변했다. 다른 사람들은 물론 나조차도 이를 실감하지 못할 정도였다. 나는 더 이상 문제가 되었던 결점이나 거리낌을 발견하지 못했다. 그것은 마치 거대한 불 속에 타 버리듯 사라졌다.

나는 주님께서 도구로 쓰신 그 신부님이 나를 지도해 주길 바랐다. 하지만 그 좋은 신부님은 선뜻 결정을 내리지 못했다. 망설인 첫 번째 이유는 내가 19살의 젊은 여성이기 때문이었다. 신부님은 오래 전에 하나님께서 특별한 계획 때문에 허락하시는 경우를 제외하고는 여성을 지도하지 않겠다고 약속을 했다고 했다. 하지만, 나는 간절히 요청했고, 신부님은 하나님께 여쭈어 보겠다고 말했다. 그리고 얼마 후 신부님은 하나님께 '그 임무를 두려워하지 말라. 그 여인은 나의 신부니라!' 라는 응답을 받았다고 말했다.

🕮 주님, 주님의 말씀을 듣고 무척 놀랐습니다. 그토록 많은 죄를 지었고, 하나님의 한없는 은혜를 거부한 저를 신부라고 말씀해 주시다니요.

응답을 받은 후 신부님은 내 요청을 받아들였다. 나는 기도를 시작했다. 기도를 하기 시작하면 몇 시간이 마치 몇 분처럼 지나갔다. 열정은 나를 멈추게 하지 않았다. 온갖 상상력과 생각을 배제한 상태에서 오직 기쁨에 사로잡혀 기도했다. 그것은 머리로 하는 기도가 아니었다

불순물이 섞이지 않은 순결한 상태에서 어떤 말이나 행동없이 내 영혼은 기도에 집중하고 있었다. 이제 내 마음에는 오직 예수 그리스도만 존재할 뿐이었다. 어떤 이기적인 동기나 이유 없이 주님만 더 깊이 사랑할 수 있도록 다른 모든 것은 사라져 버렸다.

8

은사보다
'은사를 주시는 분'을 사모하라

"하나님을 향해 계속 나아가지 않으면
은사에 대한 애착만 갖게 되다가 결국 은사를 주신 분에 대한 참된 기쁨을 잃게 된다."

우리의 목표는 은총과 은사를 주신 분이어야 하며, 은총과 은사가 목적이 되어서는 안 된다. 바울은 '사탄이 자신을 광명의 천사로 가장하였다.'라고 말했다. 이것은 환상을 좋아하거나 지나치게 강조하는 경우에 해당한다. 환상은 영혼에게 교만을 가져다주기 쉽고, 겸손한 마음으로 오직 하나님께 향하는 것을 방해하기 때문이다.

황홀경은 감각적으로 즐기는 것을 좋아하는 사람에게서 나타나기 쉽다. 이것을 일종의 영적 감각이라고 부를 수도 있으나, 그 안에서 느끼는 달콤함에 치우치기 때문에 자기도 모르는 사이에 잘못된 길로 떨어질 수 있다. 교활한 사탄은 영혼을 함정에 빠뜨리고 교만과 자기애로 가득 차게 한다.

그런 사람들은 내면적인 것을 표현하는 용어를 구분하는데 있어서도 많이 잘못되어 있다. 사탄은 얼마든지 그런 것을 조작하여 속일 수 있다. 설령 그런 것이 선한 천사-하나님께서 말씀하신 것이 아니라-로부터 왔다고 해도 우리는 실수할 수 있고 오해할 수 있다. 하나님의 방식대로 말한다고 해도 우리는 그것을 인간적이고 육신적인 방식으로 이해하기 때문이다.

참되고 본질적인 것은 예수 그리스도 자체이며, 그분의 존재만으로 충분하다. 육체가 되신 하나님의 침묵은 표현할 수 없는 웅변이 되어 결코 오해하거나 잘못 받아들여질 수 없다. 주님은 우리의 생명이 되셨고 우리의 영혼이 되셨다. 주님의 언어는 모든 인간의 한정된 음성과 조음을 뛰어넘는 무한한 것이다. 주님의 능력은 그것을 받아들이는 영혼 안에서 강력하게 역사하여 그 영혼을 통해 다른 사람들에게 전달된다. 그리고 그것은 하나님의 영원한 생명으로 열매를 맺는다.

미래에 일어날 사건에 대한 계시 역시 매우 위험하다. 사탄도 예언을 할 수 있기 때문이다. 사탄은 인간에게 잘못된 사상과 헛된 희망과 기대를 갖게 한다.

영원하신 말씀을 통해 영혼에게 주어지는 예수 그리스도에 대한 계시는 그런 것과는 아주 다르다. 그것은 우리를 그분 안에서 새롭게 창조된 새로운 피조물로 만든다. 따라서 이러한 계시는 사탄이 속일 수 없는 것이다. 바로 여기에서 완전한 기쁨이 생기는데, 이것은 오로지 '단순한 믿음'에 의해서만 생겨날 수 있다. 하나님의 은사에만 마음을 두거나 초점을 맞추어서는 안 된다. 계속해서 하나님의 은사에 집착한다면 자기를 충분히 포기할 수 없기 때문이다. 하나님을 향하여 계속 나아가지 않으면 은사에 애착을 갖게 될 뿐 은사를 주신 분에 대한 참된 기쁨을 잃어버리기 때문이다.

> 하나님께서는 순결하고 무조건적인 사랑, 오직 하나님을 위해서 앞으로 달려가려는 열정을 제 안에 심어 놓으셨습니다. 또한 하나님을 위해서라면 고난도 기꺼이 받고자 하는 갈망을 주셨습니다. 지금까지 어쩔 수 없이 짊어졌던 십자가는 이제 저의 기쁨이 되었습니다.

우리는 주를 기뻐하도록 지음받았다

나는 내가 좋아했던 것 대신 싫어하고 혐오하던 것을 취했다. 까다로웠던 식성도 원만해져 어떤 음식도 가리지 않고 먹게 되었다. 가난한 병자의 상처나 종기를 치료하고 돌보는 일도 했다. 물론 처음 이 일을 시작했을 때는 감당하기가 무척 힘들었다. 다른 일거리를 찾을 수도 있었지만 점차 이 일에 대한 거부감이 없어졌고 힘들다는 생각도 들지 않게 되었다. 그래서 나는 그 일을 계속 할 수 있었고, 나는 하나님께서 전적으로 나를 통치하시도록 온전히 맡겼다.

언젠가 나를 지도했던 신부님이 나에게 이런 질문을 했다.

"자매님은 하나님을 얼마나 사랑하나요?"

"연인을 열렬히 사랑하는 것보다 훨씬 더 그분을 사랑합니다. 하지만 이런 말은 무의미하다는 생각이 들어요. 피조물인 인간의 사랑은 능력이나 깊이에 있어서 결코 그분의 사랑에 이를 수 없기 때문입니다."

하나님에 대한 사랑이 너무도 강하게 내 마음을 차지하고 있었기 때문에 나는 다른 것을 생각할만한 마음의 여유가 없었다.

나는 내적인 영 안으로 너무 깊이 침잠하여 소리 내어 기도할 수 없었다. 하나님 안에 침잠할 때면 다른 모든 것이 그 안에 흡수되기 때문이었다. 나는 성 베드로, 성 바울, 성 막달라 마리아, 성 테레사와 같은 성인의 이미지도 떠올릴 수 없었다. 하나님을 떠나서는 그 누구도 그 어떤 것도 생각할 수 없었다.

몇 주 후, 내 마음에 변화가 생겼다. 참으로 순수한 사랑의 화살에 깊이 찔렸기 때문에 죄로 인한 고통에서 벗어났다는 것만으로는 만족할 수 없었다.

사랑의 하나님, 저는 주님을 위해 어떤 고통도 기꺼이 감수하겠습니다. 고통의 가치를 모르는 사람들은 단순히 고통에서 벗어나기를 원합니다. 그러나, 저에게는 주님을 위해 고통 당하는 것 외에는 다른 아무런 즐거움이 없습니다.

나는 이런 느낌을 받아보았다는 사람의 이야기를 들어본 적이 없기 때문에 혹시 내가 잘못된 것이 아닌가 두려워 다시 생각해 보았다. 그러나 소용이 없었다. 무엇을 해야 좋을지 모르는 채 나는 주님께 나를 맡겼다. 나는 친구들과의 모든 만남을 끊었다. 오락, 댄스 파티, 불필요한 나들이와 그밖에 그저 즐기기 위한 모든 것과 작별했다. 심지어 2년 동안 머리 손질조차 하지 않았다.

이제 유일한 기쁨은 시간을 내어 오직 저의 유일한 사랑, 하나님과 단둘이 있는 것입니다.

나는 하나님과의 연합에서 사랑하는 존재에 대한 기쁨을 형언할 수 없을 만큼 달콤하게 맛보았다. 이 행복한 경험을 하면서 나는 내 영혼이 하나님을 기뻐하도록 창조되었음을 깨닫게 되었다. 하나님과 하나 된 의지는 혼의 본성과 그 힘을 없애버린다. 이것을 보통 혼적인 힘의 소멸이라고 부른다. 물론 혼적인 힘은 여전히 남아 있다. 하지만 사랑이 불타오르는 만큼 우리에게서 소멸된다.

피조물인 인간의 의지가 창조주이신 하나님 의지에 전적으로 합하여 오직 그분의 뜻에 일치하도록 순종할 때, 고난은 사랑에 의해서 완전히 극복될 수 있다. 하나님 안에서 완전히 죽은 영혼은 더 이상 자기를 발견하지 않는다. 이런 경우 믿음은 영혼을 순수한 빛 가운데 있게 하기 위해 다른 모든 빛을 잃게 만든다.

사도 요한의 말처럼, 사랑 안에 거하는 자는 하나님 안에 거하는 것이니, 하나님은 사랑이시다. 요일 4:16 참조

> 하나님, 주님과 저의 하나됨, 형언할 수 없는 하나님의 임재는 너무도 달콤하고 강력합니다. 저는 아주 사소한 잘못에 대해서까지도 엄격하게 대하시는 주님의 감미로운 능력에 항복하지 않을 수 없습니다.

9

사랑, 십자가를 감당하는 힘

"정욕을 이길 수 있는 방법은 주 안에 잠잠히 머무는 것이다."

겉으로 보기에만 금욕 생활을 하며 그것에 만족하는 사람은 자기의 내적 욕구를 자연스럽고 어쩔 수 없는 것으로 여기기 때문에 영원히 그것에 얽매이게 된다. 아무리 엄격하게 지키는 금욕이라 해도 내적 욕망을 정복하는 것은 어려운 일이다. 내적인 힘을 파괴하는 가장 효과적인 수단은 욕망이나 쓰라린 감정이 없어질 때까지 내적 감각이 즐거워하는 것을 온전히 거부하고 끝까지 인내하는 것이다.

영적 전쟁을 하는 동안 사소한 욕구를 허용하는 것은 굶어 죽어야 하는 형을 선고받은 사람에게 육체적인 에너지를 공급하려고 시간에 맞춰 약간의 음식을 제공하는 것과 같다. 그 사람에게 음식은 죽음을 늦추는 고문일 뿐이다. 바울은 우리가 이런 상태에 머물지 않도록 하기 위해 죽은 상태이면서 동시에 하나님 안에서 그리스도와 함께 감추어져 있는 생명을 지닌 상태를 분명하게 구별하고 있다. 우리가 하나님 안에서 해야 할 것은 오직 자아를 전적으로 죽이는 것 뿐이다.

죽음을 통해 욕망을 완전히 제거하지 않은 채, 단지 지속적으로 억제하면서 육체의 욕망을 정복했다고 생각하는 사람은 착각에 빠져 있는 것이다. 그런 사람은 여전히 육체의 활동에 매달린다.

이런 사람들은 아주 깊은 기도가 필요하다. 하나님 안에 잠잠히 머무는 것이야말로 우리가 육체적 욕구를 정복할 수 있는 가장 중요한 수단이다. 그것은 우리를 육체적 욕구로부터 분리시키며, 욕구가 우리에게 미치는 영향의 근본적인 원인을 무너뜨린다.

주님, 주님의 사랑이 십자가를 쉽게 감당하도록 만듭니다.

여러분의 마음 안에서 하나님을 찾는다면 모든 문제는 곧 해결될 것이고, 십자가가 커지는 만큼 기쁨도 커질 것이다.

하나님의 사랑이 내 마음을 너무도 밝게 비추고 아주 은밀한 샘처럼 스며들었기에 아주 작은 흠까지도 모두 드러났다. 말을 하려다가도 무엇인가 잘못된 것이 있다는 것을 마음으로 느끼면 입을 다물고 침묵하지 않을 수 없었다. 침묵과 함께 내 결함은 즉시 덮어졌다.

내 모든 행위에는 결함이 있다. 인내, 참회, 구제 활동에도 잘못된 것이 있었다. 걸을 때도, 말할 때도 내게 교만이 있었음을 시인하지 않을 수 없다.

☀ 고통의 시간을 제대로 사용하라

내 의지를 하나님께 맡겼기 때문에 그분을 향한 내 관심은 쉼없이 지속되었다. 나는 계속해서 그분을 기다릴 수 있었다. 그분은 끊임없이 나를 살피시며 섭리대로 인도하셨다. 그래서 나는 다른 모든 것을 잊을 수 있었다. 나는 그저 한 가지 목적에만 사로잡혀 형언할 수 없는 평안에 잠겨있었다. 나를 완전히 사로잡고 있는 분이 바로 하나님이라는 것을 알았기 때문이었다. 하지만 나는 그 이유에 대해서는 알고 싶지도 알려고 하지도 않았다.

하지만 하나님께서 당신을 사랑한다고 해서 자신이 지은 죄를 벌하지 않은 채 그냥 넘어가셨다고 추측하면 안 된다.

❧ 주님께서는 사랑하는 자녀일수록 얼마나 더 엄격하게 징계하시는지요! 그 징계는 눈에 보이는 것이 아닙니다.

하나님은 근본적으로 정결케 하려는 영혼에 대해서는 아주 작은 결점까지도 그냥 두지 않으신다. 이러한 징계는 영혼에게 기쁨과 신선함을 준다. 하나님께서 당신이 선택하신 사람들의 잘못을 엄격하게 고쳐주시는 것을 무서운 것이라 생각해서는 안 된다. 그 느낌은 경험한 사람이 아니면 이해할 수 없을 것이다.

우리의 죄를 깨끗하게 씻어주시기 위해 하나님께서는 불을 보내신다. 그 불은 엄청난 고통을 주며 죄가 깨끗해질 때까지 안에서 타오르게 된다. 그것은 마치 어긋난 뼈가 제 자리에 맞춰질 때까지 겪는 고통과 같다. 이럴 때 사람들은 다른 사람에게 가서 상황을 설명하며 위로를 얻으려고 한다. 그러나 그것은 그 사람에 대한 하나님의 계획을 망치는 일에 불과하다. 하나님께서는 그 고통을 사용하려 하시기 때문이며, 고통을 제대로 사용하는 것은 대단히 중요한 일이다.

마음이 괴롭고, 슬프고, 어두울 때 우리는 하나님과 함께해야 한다. 고통을 없애거나 더하려고 하지 말고 그 고통이 다할 때까지 견뎌야 하는 것이다. 그렇게 고통을 견디며 머물러 있는 것은 매우 어렵고, 용기가 필요한 일이다. 그러나 조급하게 성장하려고 애쓰거나 위로의 수단을 찾으려고 하는 사람은 실패할 것이 분명하다.

Madame Guyon

Part 2

영혼을 살린 견고한 소망

1 나에게 맞는 십자가를 주신다　2 타고난 기질을 사용하신다
3 십자가는 행복한 운명이다　4 주님은 우리에게 최선을 주신다
5 '회복의 때'를 붙잡으라　6 주님 안에서 자신을 발견하라
7 온전한 하나됨은 자유를 부른다　8 순종이 제사보다 낫다
9 성령의 감동하심을 따라 살라　10 불의 연단이 정금을 만든다

1
나에게 맞는
십자가를 주신다

"기도의 영은 기도를 방해하는 것으로부터
에너지를 공급받으면서 성장한다."

나는 하녀 때문에 큰 고통을 겪어야 했다. 내가 하녀의 시중을 드는 것인지 하녀가 내 시중을 드는 것인지 좀처럼 구분할 수가 없었다.

어느날, 그녀가 옷 입는 것을 도와줄 때의 일이다. 그녀의 행동이 너무도 무례하고 거칠었다. 나는 그냥 참고 넘어가려 했지만 도저히 참을 수가 없었다.

"내가 네 행동을 참고 넘기는 것은 사람들 앞에서 너를 야단치며 모욕을 주고 싶지 않아서야. 아무리 큰 잘못을 했다고 해도 그렇게 하는 것은 옳지 않기 때문이지. 하지만, 너는 하나님의 뜻을 거스르고 있어!"

하지만 그녀는 즉시 남편에게 달려가 내가 하지도 않은 말까지 꾸며가며 고자질을 했다.

"마님께서는 저를 너무도 부당하게 대우하세요. 그리고 제가 주인님의 병간호를 하는 것도 아주 싫어하시구요. 이 상태로는 더 이상 이곳에 있을 수 없어요."

성격이 급한 남편은 불같이 화를 냈다. 하녀가 내 방에서 그렇게 나가 버린 후 나는 다른 하녀들도 내 방에 오지 못하게 했다.

어느날 남편이 성난 사자처럼 달려왔다. 남편이 그렇게 화내는 것은 처음 보았다. 그는 목발을 치켜들고는 나를 내리칠 듯 위협했다. 나는 하나님 품속으로 파고들며 침착하게 행동했다. 남편이 들고 있던 목발을 던지자, 내 가까이 떨어졌다. 그리고 그는 가장 악한 사람에게나 할 수 있는 말을 퍼부어댔다. 나는 침묵을 지키며 주님 안에 깊이 잠겨버렸다.

그때 그 하녀가 들어왔다. 그녀를 보자 남편은 더욱 화를 내며 그녀에게 용서를 구하라고 명령했다. 나는 기꺼이 용서를 빌었고, 남편은 화를 누그러뜨렸다. 나는 남편의 말을 들은 것이 아니라 거룩하신 주님께서 명령하시는 대로 따랐을 뿐이다. 그녀는 당황스런 표정을 지었지만 워낙 마음이 강퍅하게 굳어 있어 마음을 풀지는 않았다. 그날 이후에도 나는 자주 그 하녀에게 용서를 구해야 했다.

하녀는 환자를 돌보는 뛰어난 능력이 있었다. 오랫동안 앓고 있던 남편은 그녀의 간호를 좋아했다. 하녀는 남편 앞에서는 나에게 정중하게 행동했다. 하지만, 남편에게 자신을 대하는 내 태도에 대해 불평하며 자신의 처지를 하소연했다. 그 말을 들은 시어머니와 남편은 나에게 화를 냈다. 마음의 상처로 나는 자주 앓아 누웠다.

나는 고해 신부님의 맹목적인 태도를 보고 놀란 적이 있었다. 신부님은 그 하녀가 사실과 전혀 다르게 고백하는 것을 묵인했기 때문이다. 신부님은 나에게 그녀를 성녀라고 했다. 나는 그 말을 듣고 아무 말도 할 수 없었다. 그저 마음속 깊이 침묵하며 모든 것을 하나님께 올려 드렸다.

남편은 나의 경건심을 조롱하기도 하고, 우리 부부의 사랑에 대해 비관적인 말을 하기도 했다.

"당신은 하나님을 사랑할 뿐이야. 나를 더 이상 사랑하지 않아"

남편은 부부의 참된 사랑은 주님이 영혼 속에 친히 만들어 주시는 것임을 이해하지 못하고 있었다. 그러나 나는 어떤 경우에도 남편에게 정중히 대했으며, 그가 요구하는 것은 무엇이든 기쁘게 하려고 애썼다. 이렇게 할 수 있었던 것은 하나님께서 내 영혼을 깨끗하게 해주셨기 때문이다.

"이제는 내가 산 것이 아니요 오직 내 안에 그리스도께서 사신 것이라" 갈 2:20

바울이 한 말을 그대로 경험하는 것 같았다. 그 말씀은 너무도 강력하고 너무도 달콤하다. 그 은밀함을 한꺼번에 표현할 수가 없다.

※ 기도를 멈추지 마라

얼마 후 시댁의 사업 때문에 시골로 내려가게 되었다. 매일 새벽 4시에 일어나 교회로 갔다. 그곳으로 가는 길은 상당히 멀었다. 더구나 가파른 언덕이 있어 마차를 타고 가는 것도 불가능했다. 하지만 이 정도의 수고는 기도를 위해 지불해야 하는 댓가로는 아무것도 아니었다. 선하신 단 한 분, 하나님을 만나고 싶은 갈망이 너무도 컸기 때문이다. 하나님은 곤고한 피조물에게 자신을 기꺼이 내어 주시는 분이다.

사람들은 세상 여인들과 너무도 다르게 사는 나를 바보라고 불렀다. 나를 어리석다고 생각했다. 사람들 사이에는 의심과 조롱의 말이 떠돌아다니고 있었다.

"저렇게 사는 것이 대체 무슨 의미가 있지? 어떤 사람들은 재능이 많은 여인이라고 하던데, 전혀 그런 것 같지 않아."

나는 그 누구와도 말을 할 수가 없었다. 하물며 친한 친구도 마찬가지였다. 주님과 너무도 깊이 연합되어 다른 어떤 것에도 주의를 기울일 수가 없었기 때문이다. 내 마음에 있는 단 한 가지 때문에 어떠한 일에도 마음을 두지 못한 것이다.

나는 세상 사람들에게 이런 하나님의 사랑을 알려 주고 싶었다. 그들이 원하기만 한다면 그들 역시 내가 느꼈던 것과 동일한 느낌을 받을 수 있으리라 생각했다. 그 후 주님께서는 많은 영혼을 구원하시는 데 나를 사용하셨다.

내가 고해 신부님에게 알리지 않은 나의 변화에 대해 이야기하자 그는 공공연히 나에 대해 나쁘게 이야기했다. 수도회의 수사들 역시 나를 박해했다. 그들은 공개적으로 나에 대해 나쁘게 말했고 나를 착각에 빠진 사람이라고 했다. 고해 신부님에 대해 무관심했던 남편과 시어머니는 갑자기 그 신부님의 의견에 동의하며 내게 기도와 경건 생활을 하지 못하도록 명령했다. 그러나 나는 그럴 수 없었다. 내 안에는 더 크신 분의 명령이 있었기 때문이다. 나는 겉으로 드러내지 않으려고 애를 썼으나 너무도 위대하신 주님의 임재는 그 자체만으로 드러날 수밖에 없었다. 심지어 내 얼굴 표정에도 명확하게 드러날 정도였다. 나의 온 마음은 주님을 향해 있었기 때문에 식사를 해도 무엇을 먹었는지 몰랐고, 아무것도 먹지 않았지만 맛있는 고기를 먹은 것처럼 느껴졌다.

기도와 십자가는 내 마음과 생활 속에서 서로 떨어질 수 없는 선물이었다. 여러분의 영혼 안에서 영원의 불꽃이 피어날 때 여러분과 나는 하나가 될 수 있다. 나는 하나님을 내 삶에 초대한 순간부터 십자가를 벗어나 본 적이 없었다. 기도하지 못하도록 방해받았던 그 오랜 고통스러운 시간에도 나는 기도를 중단하지 않았다.

남편과 시어머니가 아침부터 저녁까지 나를 감시했기 때문에 나는 시어머니 방이나 남편의 침대 곁에서 자리를 뜰 엄두조차 내지 못했다. 가끔 빛이 들어오면 더 잘 보인다는 핑계를 대며 창가로 일거리를 가져가 약간의 휴식을 취하는 정도가 자유의 전부였다. 시어머니와 남편의 감시는 지나칠 정도였다. 카드놀이를 하면서도 나를 살필 정도였으니 말이다. 어쩌다 내가 기도하고 있는 것을 발견하면 몇 시간 동안이나 불같이 화를 내곤 했다.

어느날 나는 용기를 내어 남편에게 말했다.

"당신을 위해 항상 최선을 다하는데 왜 나를 그렇게 감시하는 거죠? 당신이 없을 때는 내가 하고 싶은 일을 하면 안 되나요?"

남편을 설득하려 말을 했지만 소용이 없었다. 그는 내 말에 수긍하려 들지 않고, 오히려 자기가 없을 때 더욱 기도하면 안 된다고 말했다.

🌿하나님, 주님을 사랑하지 못하도록 저들이 방해하지만 제 사랑은 더욱 커져 갑니다. 저들이 기도하는 것을 막는 동안 주님은 침묵 속으로 저를 이끄셨습니다. 저들이 주님에게서 저를 떼어놓으려고 애쓸수록 주님은 저를 더욱 가까이 이끄셨습니다. 그 사랑의 불꽃은 환하게 밝혀졌고 그것은 무엇으로도 끌 수 없습니다.

나의 영혼 안에는 불꽃이 타오르고 있었다. 그 불꽃에는 사람들이 사랑이라고 말하는 뜨거움은 있었지만 성급함은 전혀 없었다. 불꽃이 열렬해질수록 더 평온해졌다. 이 불꽃은 그것을 눌러 끄려는 모든 것으로 인해서 더욱 세차게 타올랐다.

　기도의 영은 기도를 방해하는 것으로부터 에너지를 공급받으며 더욱 성장한다. 나는 어떤 동기나 이유 없이 그저 하나님을 사랑했다. 내 영혼의 가장 깊숙한 곳에는 많은 것이 있었다. 어떤 보상이나 선물과 같은 호의는 바라지 않았다. 내 마음을 사로잡고 내가 가장 사랑했던 유일한 대상은 바로 하나님이었다.

　나는 그분의 품성에 대해 묵상조차 할 수 없었다. 사랑과 고통 외에는 아무것도 몰랐기 때문이었다. 참된 무지는 어떤 박사의 학문보다 더욱 배울 만한 것이며, 십자가에 못박히신 예수 그리스도에 대해 잘 가르쳐 주었고 나로 하여금 그분의 거룩하신 십자가를 사랑하도록 인도해 주었다.

　주님이 영혼 안에서 일하고 계시다는 사실을 전에는 전혀 몰랐기 때문에 내가 혹시 잘못 생각하거나 착각에 빠진 것이 아닌가 두렵기도 했다. 내가 읽은 책은 성 프란치스코 살레시오, 토마스 아 켐피스의 책, 그리고 성경이 전부였다.

　소중히 여기면서 높게만 평가했던 흥미 거리나 즐거움은 이제 지루하고 무미건조하게 보였다. 과거에 어떻게 그런 것을 즐겼는지 의아스러울 정도였다. 그 이후에는 하나님이 아닌 그 어떤 것에도 만족이나 기쁨을 느끼지 못했다. 예수 그리스도를 위해 생명을 내놓은 순교자들이 그분을 위해 고통받을 특권을 누린 것이 부러웠다. 그러나 곧 내 영혼에게 적합한 십자가를 보내실 수 있는 분은 오직 하나님 한 분이시라는 것을 알게 되었다.

　전에는 매우 소심했지만 이제 나는 어느것도 두렵지 않았다.

　"내 멍에는 쉽고 내 짐은 가벼움이라" 마 11:30

주님에 대한 사랑이 점점 더 커져 흘러넘칠수록 내 안에서는 소리 없는 기도가 계속되었다. 마치 예수 그리스도, 그분의 기도 같았다. 말씀 자체이신 성령으로 하는 기도 말이다. 사도 바울은 성령께서 하나님의 뜻대로 성도를 위하여 간구하신다고 말한다. 롬 8:26-27참조

2
타고난 기질을
사용하신다

"하나님은 믿음을 확인하고 단련시키기 위해
잠시 우리를 내버려두기도 하신다."

시댁에서 나에게 주는 십자가는 더욱 무거워졌다. 내가 자유롭게 할 수 있는 유일한 일은 병들고 가난한 사람들에게 관심을 기울이고 그들을 방문하여 돌보고 간호하는 일뿐이었다. 기도 시간이 점점 고통스러워졌다. 모든 위로와 위안을 빼앗겼지만 나는 기도를 계속 했다.

나는 마치 꺼지기 직전에 더욱 활활 타오르는 불꽃같았다. 내가 가야 할 길에는 많은 함정이 놓여 있었다. 나는 한 걸음 발길을 내디딜 때마다 함정을 만났고, 그때마다 하나님을 배신했다. 주님은 이런 나를 그대로 두지 않았다. 내 불충실함을 엄하게 징계하신 것이다. 쓸데없이 시선을 돌리는 것조차 용납하지 않으셨다. 무심결에, 심지어 내 의지와 상관없이 저질러진 잘못에도 나는 많은 눈물을 흘려야 했다. 그러나 불충실함을 치유하시기 위한 주님의 엄한 연단을 나는 기쁘게 받았다.

주님께서는 자식을 불쌍히 여기는 아버지처럼 나를 다루셨고, 내가 실수를 저질렀을 때도 나를 안아 주셨다. 내가 주님께 무심할 때에도 주님은 언제나 나를 받아주실 준비를 하고 계신다는 것을 알게 되었다.

하나님께 불평할 이유가 정말 있을까? 하나님 앞에 죄인인 인간이 말이다. 당신에게 정직한 면이 남아 있고 진실로 죄를 고백하려면 모든 잘못의 원인이 바로 당신 자신 때문이라는 것을 인정해야 한다. 그분에게서 멀어지는 것은 그분의 부르심에 순종하지 않는 것이다.

듣지 못하는 귀로 그분의 음성을 들으려 한다면 끝내 듣지 못할 것이다. 하나님께서 자신에게는 말씀하지 않는다고 말하는 사람이 있다. 그분은 큰소리로 그 사람을 부르고 계신다. 음성을 듣지 못하는 것은 매일 하나님을 거역하며 귀머거리가 되어가기 때문이다.

내가 파리에 있을 때, 그곳 신부님들은 내가 너무 젊어서 놀라워했다. 나는 그 신부님들에게 내 이야기를 했다. 그러자 신부님들이 나에게 말했다.

"하나님이 자매님에게 베푸신 은혜는 아무리 감사 드려도 충분치 않을 것입니다. 늘 감사하는 마음을 가지세요."

어떤 이들은 내 이야기를 듣고 의심하는 사람도 있었다. 하나님께서 그토록 가까이 이끄시고 맑은 양심을 허락한 여인이 정말 있을 수 있는지 의아해 한 것이다.

"나의 계명을 지키는 자라야 나를 사랑하는 자니 나를 사랑하는 자는 내 아버지께 사랑을 받을 것이요 나도 그를 사랑하여 그에게 나를 나타내리라" 요 14:21

하나님께서는 내게 끊임없이 관심을 가지셨고, 그분의 임재를 느끼게 하셨으며 내 모든 일에 관여하셨다. 나는 선지자들이 했던 이 말을 확신하게 되었다.

"여호와께서 성을 지키지 아니하시면 파수꾼의 경성함이 허사로다"시 127:1

> 나의 사랑, 주님은 저의 신실하신 보호자십니다. 주님은 수많은 원수들로부터 제 마음을 지켜 주셨고, 작은 실수까지도 막아 주시며, 제 성격으로 인해 저질러진 문제를 친히 해결해 주셨습니다.

자신의 공로로 승리했다고 생각하는 사람들도 있다. 그러나 나에게는 주님의 사랑 외에 다른 어떤 것에도 내 승리의 근거가 없다. 걱정거리를 스스로 떠맡을 때마다 주님이 없는 나라에 사는 사람은 어떤 존재인지 자주 경험했다.

※ 주님의 바람은 최고의 순전함이다

파리에 머무는 동안 나는 마음이 해이해져서 여러 잘못을 범했다. 사람들이 내게 큰 호의를 베풀어 주었는데도 마땅히 해야 할 감사 표시를 하지 않음으로써 그들의 마음을 상하게 했다. 또 다른 여인만큼은 아니었지만 목이 파인 옷을 입고 다녔다.

나는 내가 너무 태만하다는 생각이 들어 고통스러웠다. 그러면서도 가슴속에서 타오르는 그분에 대한 사랑으로 그분께 외쳤다.

'가장 사랑하는 주님께서 제 곁에 계셔서 이 모든 재난으로부터 저를 건지셨습니다!'

내가 그분께 외쳤다고 말하는 것은 다만 내 표현일 뿐이다. 사실 이 모든 것은 침묵 속에서 진행되었다. 내 가슴에는 소리 없이 말하는 언어가 있다. 이 언어는 하나님께서 내 영혼 가장 깊숙한 곳에서 끊임없이 하시는 말씀을 이해하듯 그분의 언어를 알아들을 수 있는 것이다. 그것은 영혼 안에 있는 소리 없는 표현이다.

그분은 말씀을 멈추지 않으시는 것처럼 일하심을 멈추지 않으신다. 그분의 인도하심에 전적으로 맡겨진 영혼 안에서 일하시는 주님의 손길을 경험해 본 사람은 경외감으로 충만하게 될 것이다.

파리에 있는 동안 사람들과의 타협으로 내 영혼의 순수함이 얼룩진 것처럼 느껴졌다. 나는 하루라도 빨리 파리를 떠나기 위해 일을 서둘러 마쳤다. 진실하신 주님은 내가 죄를 범하지 않도록 힘을 주셨다. 그러나 나는 종종 사람들이 베푸는 가식적인 친절과 나를 올가미 씌울 여러 구실을 지혜롭게 거부하지 못한 채 그런 것에 끌려나녔다.

내가 잘못을 범한 뒤에 느꼈던 고통은 이루 말할 수가 없을 정도이다. 내 영혼을 깨끗하게 만들기 위해 그리고 내가 저지른 잘못을 태워버리기 위해 그치지 않고 타는 불길에 화상을 입는 것과 같은 고통이었다. 그것은 사랑하는 분에게서 내 영혼이 추방당하는 것 같은 고통이었다. 나는 그분께 다가갈 수 없었고 어떤 평안도 얻지 못했다. 무엇을 어떻게 해야 할지 몰랐다. 땅에서 안식을 찾지 못하고 다시 방주로 돌아오는 비둘기와 같았다. 그러나 들어갈 창문은 이미 닫혀 있어 창문 밖에서 날고 있을 수밖에 없었다. 가책과 고통스러움으로 하나님께 외쳤다.

'나의 아버지, 이런 것은 아버지께서 원하시는 것이 아닙니다. 주님 외에 어느것도 제게 참된 기쁨을 줄 수 없습니다!'

얼마 후 나는 성 클라우드 St. Cloud 축일에 몇몇 여인들과 함께 파티에 초대받아 갔었다. 나는 또 다시 허영심에 너무도 무기력하게 굴복한 것이다. 그때 얼마나 많은 눈물을 흘렸는지 모른다. 나의 사랑이신 하나님께서는 그분의 임재를 3개월이 넘도록 내게서 거둬 가셨고, 나는 하나님의 진노 외에는 아무것도 볼 수 없었다.

천연두를 앓은 지 얼마 되지 않았을 때 남편과 함께 뚜렌느Touraine 지방을 여행한 적이 있었다. 나는 하인을 동반하고 교회로 가는 길에 가난한 사람을 만났다. 나는 그에게 구호품을 주려 했지만 그는 감사의 인사만 건넬 뿐 나의 호의를 정중히 거절했다. 나는 그가 하나님의 거룩한 사람이라 느꼈다. 그는 지옥을 피하는 것만으로는 충분하지 않다는 것과 주님께서는 내게 최고의 순수함과 최고의 완전함을 요구하고 계시다는 것을 말해 주었다. 나는 그의 책망을 기꺼이 받아들이며 정중하고 조용히 그의 말을 경청했다. 그의 말 한마디 한마디가 내 영혼 깊숙이 박혔다.

✻ 수렁에서 기가 막히게 건지신다

내가 집에 돌아왔을 때 어린 딸은 천연두에 걸려 곧 죽을 것처럼 심하게 앓고 있었다. 큰아들 역시 천연두를 앓아서 얼굴이 흉하게 변해 있었다. 천연두가 집안에 퍼지고 있다는 것을 알았을 때 나 역시 천연두에 걸렸을 지도 모른다는 생각이 들었다.

그랑제 수녀님은 내게 집을 떠나라고 했다. 친정아버지도 둘째 아들을 데리고 집으로 오라고 했다. 그러나 시어머니는 그것을 허락하지 않았다.

시어머니는 결국 나와 둘째 아들 제프타를 희생시킨 셈이 되었다. 물론 고의는 아니라고 생각한다. 무슨 일이 일어날지 알았다면 시어머니는 그렇게 하지 않았을 것이다.

지역 전체가 이 일로 인해 술렁거렸다. 사람들은 모두 나를 집 밖으로 피신시키라고 시어머니에게 간곡히 충고했다.

"마님과 도련님을 이대로 두면 큰일 납니다. 빨리 안전한 곳으로 옮겨야 합니다."

하지만 시어머니는 요지부동이었다.

내가 선택할 수 있는 것은 없었다. 그저 이 고난이 나와 아들을 피해 가기만을 바랄 수밖에 없었다. 나는 시어머니의 허락 없이는 움직이지 않았다. 나에게 있어 시어머니의 반대는 하늘의 명령과 같은 것이었다.

나는 모든 것을 하나님께서 결정하시기를 기다리며 나 자신을 완전히 포기하고 희생하는 마음으로 집에 머물러 있었다. 그때 나의 심정은 말로 하기 어려울 정도로 고통스러웠다. 죽을 것을 확실히 알면서도 아무런 대책을 세우지 못하는 사람의 심정과 같았다.

세상의 모든 어머니가 다 그렇겠지만 나 역시 나보다는 둘째 아들이 더 염려되었다. 시어머니는 큰아들을 맹목적으로 애지중지했을 뿐 나와 둘째 아들에 대해서는 무관심했다.

하나님께서는 타고난 인간의 기질을 사용하신다. 사람들의 부당하고 굴욕적인 행동을 발견할 때, 나는 하나님께로 더욱 가까이 다가가 그분의 자비하심과 공의로우심을 생각하곤 한다. 그분의 공의는 자비로 충만하기 때문이다.

나 역시 천연두라고 하는 무서운 질병을 피할 수는 없는 일이었다. 나는 남편에게 말했다.

"위가 많이 아파요. 아무래도 천연두에 걸린 것 같아요."

그러자 남편은 대수롭지 않다는 표정을 지으며 말했다.

"나쁜 상황을 애써 상상하지 말아요. 주변에 병자가 많아 그런 생각이 하는 것뿐일 테니."

하지만 나는 사태의 심각성을 짐작할 수 있었다. 나는 그랑제 수녀님에게 내가 처한 상황을 알렸다. 수녀님은 따뜻한 심성에서 나오는 사랑으로 나를 대해 주었고, 자신을 주님께 온전히 드리라고 격려해 주었다. 나는 다른 길이 없다는 것을 깨달았다.

어느새 증세가 심하게 나타나기 시작했다. 머리와 위에 굉장한 통증이 찾아왔고, 오한이 났다. 하지만 시댁 식구들은 내가 아프다는 것을 믿지 않았다. 몇 시간이 지나 병이 상당히 진전된 후에야 비로소 내 생명이 위태롭다는 것을 알았다.

나는 폐에도 염증이 있었는데, 그 처방은 천연두를 치료하기 위한 처방과 정반대였다.

적절한 치료를 받지 못한 나는 거의 죽음 직전에 이르렀다.

나는 아무 말도 하지 않았고, 어떤 작은 동요도 내보이지 않았다. 그저 삶과 죽음은 하나님께로부터 오는 것이라 생각했다. 하나님께 나를 완전히 맡겼고 하나님께서는 나를 은혜로 붙드셨다. 그때 나는 고통을 잊을 만큼 커다란 평안을 누릴 수 있었다.

주님의 보호는 정말 놀라웠다. 내가 극한 상황에 처할 때마다 나를 지켜 주셨다. 그때도 그랬다. 마침 과거에 나를 치료한 적이 있는 의사가 우리 집 앞을 지나게 되었다. 그는 사람들에게 내 안부를 물었고, 내 상태에 관해 듣고는 즉시 나를 찾아왔다.

그 의사는 내 상태를 보고 매우 놀랐다. 밖으로 발산되지 못한 천연두가 내 코 위에 강하게 자리 잡고 있었고, 그것은 깊게 변해 곧 곪아 터질 것처럼 보였다. 더구나 내 눈은 두 개의 숯덩이 같았다.

의사는 환자가 피가 모자라 죽게 되었는데도 그냥 내버려두었다고 화를 내며 시어머니를 엄하게 나무랐다.

그 의사가 내게 말했다.

"당신만 괜찮다면 내 피를 당신에게 수혈하겠소. 의사로서 당신을 이대로 그냥 내버려 둘 수는 없소."

나는 엄청나게 부어 있는 팔을 그에게 내밀었고, 그는 수혈을 했다. 그 모습을 본 시어머니는 감정이 격해졌다. 의사는 저녁에 다시 한 번 수혈해야 한다고 말했다. 그러나 시어머니는 받아들이지 않았다.

나는 자아를 완전히 포기하고 하나님께 의지하는 것이 얼마나 유익한지 잘 알고 있었다. 하나님은 우리의 믿음을 확인하고 또 단련시키기 위해 잠시 우리를 내버려두기도 한다. 그러나 반드시 필요하고 절박한 상황에서는 결코 실패하지 않고 우리를 건져주신다.

내 코에 검게 부어올랐던 자국은 이내 사라졌다. 그때 수혈을 더 받았더라면 곧 나아졌을 것이다. 하지만, 피가 부족하여 건강이 다시 나빠졌다. 이번에는 천연두가 눈에 번져 염증을 일으켰는데 통증이 매우 심했다. 나는 두 눈을 잃게 되리라고 짐작했다. 2-3주 동안 나는 엄청난 통증에 시달려 거의 잠을 잘 수 없었다. 눈은 천연두로 가득 차있어 뜰 수도 감을 수도 없는 상태였다. 목과 입천장과 잇몸은 헐어서 국물이 있는 음식은 마실 수가 없었고, 음식을 먹을 때마다 통증 때문에 너무 괴로웠다.

몸 전체가 마치 문둥병 환자 같았다. 사람들은 모두 이처럼 끔찍한 모습은 본 적이 없다고 말했다. 그러나 내 영혼은 설명할 수 없는 만족감을 누리고 있었다. 나를 노예 상태로 빠뜨렸던 외모의 아름다움을 잃어버림으로써 이제 자유로울 수 있다는 희망이 있었기 때문이었다. 이 세상에서 가장 행복한 왕자와도 지금 이 상황을 바꾸고 싶지 않았다.

✳ 상실을 통해 자유를 얻다

나는 깊은 침묵 속에서 하나님을 찬양하였다. 나는 상실을 통해 얻은 내적 자유에 기뻐하고 감사했다. 그러나 사람들은 지금 내가 고통을 겪는 것은 나의 커다란 죄 때문이라고 해석했다.

막내아들도 나와 같이 병에 걸렸는데 제대로 돌봐 주는 사람이 없어 끝내 죽고 말았다. 이 일은 커다란 충격이었다. 그러나 연약함 가운데 힘을 내어 하나님께 막내아들을 바치며 욥처럼 말했다.

"주께서 주신 것이오니 제게서 취해 가시는 것도 주님이십니다. 주님의 거룩한 이름을 찬양합니다!" 욥 1:21 참조

큰아들 역시 위독한 상태에서 벗어나지 못하고 있었기 때문에 나는 자식들, 몸이 불편한 남편 그리고 나까지 모두 죽을 지도 모른다는 생각을 했다.

마침내 시어머니가 잘 아는 의사가 도착했다. 그러나 그때는 이미 늦어 그의 치료는 큰 도움이 되지 못했다. 내 눈에서 이상한 염증을 본 그 의사는 내게 여러 번 수혈을 했다. 이 역시 너무 늦어 그 의사의 치료는 오히려 해가 되었다. 무엇이든 때가 있는 법이다. 내 상태는 수혈하는 것도 어려울 정도로 많이 나빴다. 이미 수혈을 하기에는 적절하지 않는 시점이었고, 오히려 생명이 위험할 수도 있는 상황이었다.

나는 이 상황을 가장 큰 복이라 생각하며 죽음을 기다리고 있었다. 그러나 복은 주어지지 않았다. 나는 그렇게 좋은 복을 받는 대신에 삶의 시련을 견디기 위한 준비를 해야만 했다.

큰아들은 회복이 되어 병석에서 일어날 수 있었다. 그는 병석에서 일어나자마자 내 방으로 왔다. 나는 달라진 아들의 얼굴을 보고 깜짝 놀랐다. 그렇게 곱고 아름다웠던 그 애의 얼굴이 울퉁불퉁 깊이 패여

있었다. 나도 그 모습과 같으리라 생각을 했다. 하나님께서 내 얼굴의 아름다움을 제하실 거라 생각했지만, 막상 그렇게 되었다 생각하니 커다란 충격이었다.

'주님은 나에게 이 모든 유익을 주셨건만 나는 주님께 무엇을 드려야 할까? 나는 구원의 잔을 높이 들고 주님의 이름을 부르리라!'

🌿 하나님, 주님을 위해서 고통 받는 것 외에 가장 하고 싶은 것이 있다면 아무런 저항 없이 주님의 거룩하신 뜻에 제 자신을 완전히 순복시키는 것입니다.

사람들은 천연두로 얽은 자국을 메워 미모를 회복하도록 포마드를 보내 주었다. 천연두 자국에 효과가 있다는 말을 들었기 때문에 나는 그것을 사용하려 했다. 그때 하나님의 음성이 들려왔다.

"만일 내가 너를 아름답게 하려고 했다면 나는 너를 전처럼 만들었을 것이다."

나는 모든 처방을 옆으로 치워 두고 밖으로 나갔다. 공기는 얽은 자국의 상처를 더욱 심하게 만들었다. 나는 교만으로 기세등등했던 곳에서 굴욕으로 승리하기 위하여 천연두 흉터가 더 심해져 발갛게 되었을 때 거리에 나가 나를 노출시켰다.

🌿 하나님, 하나님만이 저를 변함없이 대해 주셨습니다. 주님께서는 외적인 제 십자가가 더 무거워질수록 더 큰 은혜를 베풀어 주셨습니다.

3

십자가는 행복한 운명이다

"기도는 모든 두려움을 사라지게 하며,
그분과 거룩하고 완전한 관계를 맺게 한다."

　시댁 식구들과 함께 시골에 갔을 때 나는 실수를 많이 했다. 남편이 건물을 짓는 데 관심을 쏟고 있어서 나는 혼자 시간을 가져도 된다고 생각했기 때문에 벌어진 일이다. 남편은 나와 떨어져 있는 것을 싫어했다.
　기도할 수 있는 시간이 허락되지 않았을 때는 대체로 아침 7시까지 잘 수 있었다. 그러나 나는 새벽 4시에 몰래 일어나 침대에서 무릎을 꿇고 기도를 했다. 물론 남편을 거스르고 싶지 않았고 언제나 시간을 지키며 근면하려 노력했다. 그러나 이것은 건강에 해가 되었고, 눈에 무리가 되어 시력이 나빠졌다. 천연두를 앓은 지 8개월밖에 되지 않았을 때의 일이었다. 휴식을 취하지 못한 것이 커다란 고통을 초래한 원인이었다. 제 시간에 못 일어날지도 모른다는 두려움 때문에 깊은 잠을 못 잤고, 어느 때는 기도하다가 졸기도 했다.

당시에는 가까운 곳에 교회가 없었기 때문에 남편 허락 없이는 기도나 성찬식에 참석하러 가지 못했고, 남편은 일요일이나 휴일을 제외하고는 교회에 가는 것을 허락하지 않았다. 더구나 마차를 타고 갈 수 없는 상황이었기 때문에 나는 다른 방법을 찾아야 했다. 미사 시간에 맞춰 도착하기 위해 아침 일찍 집에서 나와야 했고, 허약해진 몸으로 기듯이 걸어갔다. 거리는 1.2킬로미터 정도 되었다. 하나님께서 지켜 주신 덕분에 내가 기도를 마치고 집으로 돌아올 때까지 남편은 자고 있었다.

새벽에 날이 흐려 있으면 나와 함께 가는 하녀는 비가 올 것 같다며 기도하러 가는 것을 말렸다. 하지만 나는 "하나님께서 우리를 도우실 거야."라고 말했다. 그 말은 언제나 맞았다. 실제로 교회에 도착할 때까지는 비는 내리지 않았다. 그리고 기도하는 동안 비가 억세게 내리다가도 내가 집으로 돌아갈 때 즈음이면 언제나 비가 그쳤다. 그리고 내가 집에 도착하면 다시 폭우가 쏟아졌다. 이렇게 여러 해를 보내는 동안 내 믿음은 흔들리지 않았다.

교회에 나 혼자만 있던 어느날이었다. 신부님이 내게 와서 성찬식을 해주겠다고 했다. 하나님께서 내게 주신 기회를 거절할 마음은 없었기 때문에 나는 그 제안을 받아들였다. 신부님들의 마음을 움직이신 분은 바로 하나님이심을 의심하지 않았기 때문이었다.

나는 교회에 가고 싶은 마음에 갑자기 잠에서 깨어나곤 했는데 그때마다 하녀는 "미사도 없을텐데요."라고 말하며 헛걸음하지 말라고 말렸다. 미사 시간은 정해져 있지 않았다. 그러나 나는 믿음을 가지고 교회에 갔고, 내가 도착하면 그때 막 미사를 시작하고 있었다.

그후에도 내게 주어진 놀라운 섭리를 열거하자면 이 책 전체를 다 채우고도 남을 것이다. 그랑제 수녀님 소식을 듣고 싶은 마음이 들면 가끔 대문 앞으로 나가곤 했다. 그러면 마침 그랑제 수녀님의 편지를 가지고 오는 사람을 만났다. 이것은 내게 주어졌던 주님의 섭리에 관한 작은 예에 불과하다.

그랑제 수녀님은 내가 마음 열고 이야기를 나눌 수 있는 유일한 사람이었다. 그러나 그 수녀님을 만나기 위해서는 너무나 커다란 어려움을 겪어야 했고, 오로지 하나님의 도우심을 통해서만 가능했다. 나의 고해 신부님과 남편이 그 수녀님을 만나지 못하게 했기 때문이었다.

어느날, 나는 시댁 식구들에게 친정 아버지를 만나러 간다고 하고는 - 사실 말을 한 것은 아니었다. 다만 그들이 그렇게 생각했을 뿐이다. - 실제로는 그랑제 수녀님에게 간 일이 있었다. 그것이 나중에 알려져 나는 큰 댓가를 지불해야만 했었다. 나에 대한 그들의 분노는 믿어지지 않을 만큼 극에 달해 있었다. 그후로는 수녀님에게 편지를 쓰는 것조차 너무나 어려웠다.

그 당시 가장 고통스러웠던 십자가는 아들이 내게 반항하는 것이었다. 시댁 식구들의 영향을 받아 나를 무시하는 아들을 대할 때마다 나는 고통스러웠다. 시댁 어른들은 내가 친구들과 함께 방에 있으면 아들을 보내 우리가 무슨 얘기를 하는지 엿듣게 했다. 게다가 아들은 여러 거짓말을 꾸며 그들에게 전달했다.

내가 왜 거짓말을 하느냐고 꾸짖으면 아들은 이렇게 말했다.

"할머니는 엄마가 더 큰 거짓말쟁이라고 했어요!"

나는 아들을 붙들고 타일렀다.

"그래, 그래서 나는 거짓말하는 것이 얼마나 나쁜 것인지, 그런 나쁜 버릇이 들면 그 버릇을 고치기가 얼마나 어려운지를 알고 있단다.

나는 네가 그런 어려움을 겪지 않기를 바라는 거야."

내가 시어머니와 남편 앞에서 매우 두려워하는 모습을 아들에게 보여주었기 때문에 내가 그들이 없는 틈을 타 꾸중을 하거나 충고라도 하면 아들은 오히려 내게 모욕적인 말을 하며 비난했다.

어느날, 아들이 친정 아버지에게 가서 마치 할머니에게 하듯 나에 대한 비난을 거칠게 한 적이 있었다. 그런 아들의 태도를 보고 친정 아버지는 눈물을 흘리며 시름에 잠겼었다. 그리고 시댁 식구들을 찾아와 내 아들을 올바르게 가르치기 바란다는 말을 하고 돌아갔다. 나는 그런 나쁜 교육의 결과에 대해 너무도 두려웠다.

또 다른 커다란 십자가는 남편이었다. 남편이 내가 자기와 함께 있지 않으면 싫어하는 사람이었다. 그러나 우리가 함께 있다고 해서 그가 즐거워하는 것은 아니었다. 남편은 내가 하는 일마다 무시하는 태도로 거절하기만 했다. 하지만, 내가 남편에게 주의를 기울이지 않으면 남편은 화를 냈다.

> 하나님, 당신이 아니셨다면 얼마나 쓰라리고 슬픈 인생이었을까요!
> 하나님께서 제 삶을 달콤하게 하셨고 저를 삶과 화해시켜 주셨습니다.

❄ 청지기 인생은 복되다

내가 천연두를 앓고 회복된 지 8, 9개월 되었을 무렵, 라 콩브LaCombe 신부님이 나를 찾아와 라 모트de la Motte 신부님의 편지를 전해 주었다. 라 모트 신부님은 편지를 통해서 라 콩브 신부님을 소개하며 그 신부님과 깊은 우정을 나누고 있다고 말했다. 나는 새로운 사람과 만나는 것을 매우 꺼렸기 때문에 처음에는 많이 망설였다. 하지만, 잠시 대화를 나누면서 나는 그 신부님과 더 깊이 교제할 수 있는 기회를 갖고 싶어졌다. 그 신부님은 하나님을 사랑하거나 아니면 사랑하도록 예정되어 있는 사람이라는 생각이 들었다. 나는 모든 사람이 하나님을 사랑하길 원한다.

어느날, 그 신부님과 이야기할 수 있는 길이 열렸다. 신부님은 내게서 하나님의 깊은 내재하심과 임재를 느꼈기 때문에 나를 다시 만나고 싶었다고 말했다. 하나님께서는 그 신부님에게 영혼의 내적인 길을 열게 하시고 보잘것없는 나를 통해 큰 은혜를 허락하셨다. 신부님을 완전히 다른 사람으로 변하게 하신 것이다.

나는 아무것도 모르는 채 계속해서 기도를 했다. 하나님의 임재는 내 안에서 더욱 강력해져 갔고, 그 충만한 임재의 느낌이 너무도 강해 나는 아무런 저항을 할 수 없었다. 사랑은 내게서 자유를 모두 거두어 갔다. 하나님의 부재의 고통 외에는 아무것도 느낄 수 없었고, 이 고통은 너무나 예리하게 느껴졌다. 하나님의 임재가 매우 분명했기 때문이었다. 이러한 상황에서 나는 모든 걱정과 고통을 잊었다.

그분이 계시지 않다고 느낄 때 그분의 임재는 다시 되돌아올 것 같지 않아 보였고, 그분이 물러가신 것은 내 잘못 때문이라고 생각되어 위로받을 길이 없는 것처럼 보였다. 그것이 내가 겪어야할 필수 과정이라는 것을 진작 알았더라면 나는 그렇게 고통스러워하지 않았을 것이다. 하나님의 뜻을 더 깊이 사랑했다면 내게 모든 것이 쉬웠을 것이다.

기도는 하나님의 말씀을 사랑하게 하며, 위험이든 천둥이든 넝이는 죽음이든 어느것도 두려워하지 않으면서 그분과 거룩하고도 완전한 관계를 맺게 해준다. 또한 기도는 우리의 자아를 우리의 관심이나 명성으로부터 멀어지게 하고 하나님 뜻만을 존중하게 만들어 준다.

하나님께서는 십자가를 갈망하는 사람의 능력에 맞추어 어느 정도 무게의 십자가를 지워야 하는지 잘 알고 계신다. 나는 더욱 인내했고, 결국 십자가가 없는 상태나 십자가를 갈망하는 부족한 상태가 풍족한 상태보다도 더 유익하다는 것을 이해할 수 있었다. 풍족한 상태는 자기애만 살찌운다. 그러면 우리 자신은 결코 죽을 수 없을 것이다. 자기애는 너무도 간교하고 위험하게 모든 것에 엉겨 붙어 있다.

내가 어둠과 십자가를 거쳐야 할 시간에 나를 가장 방해했던 것은 서두르는 나의 태도였다. 어떤 일에 대해 내가 무의식적으로 변명을 하면 시댁 식구들은 내가 죽을죄에 빠졌다고 말했다. 나의 변명은 나를 낮추는 데 도움이 되지 못했다. 그들의 엄격한 태도가 오히려 내게 더 필요한 것이었다. 나는 아주 정열적이었으며, 천성적인 유머 감각이 방해가 될 정도로 뛰어났다. 그것이 지나쳐 때로는 내 방식대로만 일을 처리하려 했고, 다른 사람보다는 내 논리대로 생각하고 행동하려 했다.

> 주님! 죄가 늘어갈수록 저는 주님께 사랑의 빚을 지고 있으며, 제 자신에게 선이 없다는 사실을 더욱 분명하게 봅니다. 하나님께서 주신 거룩함을 사람에게 속한 것으로 보다니 인간들은 얼마나 눈이 멀었는지요!

나는 구제하는 일에 매우 열심이었다. 가난한 사람들에게 그들이 필요로 하는 것을 모두 공급해 주고 싶을 만큼 애정이 깊었다. 할 수 있는 만큼 내가 가진 모든 것으로 그들을 도왔다. 식탁에 올려진 좋은 음식도 함께 나누었다. 내가 살던 지역의 가난한 사람들 거의 모두에게 내 손길이 미쳤다.

> 주님, 저는 단지 청지기일 뿐입니다. 저는 주님의 뜻에 따라서 그것

을 나누어 줄 따름입니다.

은밀하게 구호품을 나누어주는 사람이 있었기에 나는 나를 드러내지 않고 가난한 사람들의 괴로움을 덜어 줄 수 있었다. 나는 가난한 이들처럼 옷을 입었고 젊은 여성들에게 생계를 위한 돈을 벌도록 도움을 주었다. 특히 외모가 뛰어난 소녀들에게 많은 신경을 썼다. 하나님께서는 소녀들을 무절제한 생활에서 건져내시는 데 나를 사용하셨다. 나는 병든 자를 보살피고 그들의 잠자리를 마련해 주었다. 상처 입은 사람에게 약을 발라 주고 죽은 사람들을 묻어 주었다. 내 마음은 고통 중에 있는 사람들에게 활짝 열려 있었다.

하나님께서 주신 은사와 순수하지 못한 자기애가 섞일 수 있기 때문에 하나님께서는 나를 정화시키셨다. 그 기간은 매우 힘든 시간이었다. 그토록 쉽고 기뻤던 구제 행위가 점차 견딜 수 없을 만큼 무겁게 느껴지기 시작한 것이다. 내가 그런 일을 하기에 얼마나 부족한 자인지 발견했기 때문이다. 내가 하고자 했던 것이 얼마나 커다란 실패인가를 확인한 뒤, 내 마음은 모든 감각적인 즐거움으로부터 멀어졌다.

❄ 화음을 이루는 하나의 소리

한편 한쪽 눈에 천연두가 많이 퍼져 나는 시력을 잃는 것이 아닌가 두려웠다. 코와 눈 사이에 자주 염증이 생겼고, 그것을 절개할 때까지는 굉장한 통증을 느껴야 했다. 통증이 머리까지 퍼져서 베개를 벨 수가 없을 정도였다. 신경에 아주 예민해져 아주 작은 소리도 나를 더욱 고통스럽게 했다. 내가 이런 상황이었음에도 시댁 식구들은 내 방에 와서 큰 소동을 일으키곤 했다.

나는 눈을 치료하기 위해 파리로 갔다. 사실 치료 목적보다는 그랑제 수녀님이 지도 신부님으로 추천해 주신 베르토트 Bertot 신부님을 만나고 싶은 마음이 더 컸다. 신부님은 하나님을 깊이 체험하신 분이었다.

파리로 떠나기 전, 친정 아버지에게 인사를 드리러 갔다. 아버지는 이것이 마지막 인사가 되리라고는 전혀 생각지 못하셨지만, 각별한 애정으로 나를 포옹해 주었다.

이제 파리는 이전처럼 두려운 곳이 아니었다. 붐비는 군중은 나를 더 깊이 하나님께 침잠하도록 도와주었고, 거리의 소음은 내면의 기도를 더 많이 할 수 있도록 해주었다. 베르토트 신부님을 만났지만 사실 그 만남은 별다른 도움이 되지 못했다. 하지만, 이 역시 나에게 유익한 것이 되었다. 하나님을 제외한 누구에게도 기대지 않고, 오직 하나님 앞에서 내 자아가 진정으로 죽을 수 있게 되었기 때문이다.

나는 부활절부터 40일째 되는 날부터 열흘 간 파리에서 20킬로미터 떨어진 수녀원에서 보냈다. 이곳에서 나는 하나님과 더 깊이, 더 지속적으로 연합할 수 있었다. 그 연합은 단순하면서도 친근한 것이었다.

어느날 나는 새벽 4시에 잠이 깨었다. 친정 아버지가 돌아가셨을지도 모른다는 느낌이 강하게 들었기 때문이었다. 내 영혼은 아버지에 대한 사랑과 연민으로 온 몸에 힘이 빠졌다. 매일매일 갑작스럽게 닥치는 충격과 고통을 겪다 보니 내 의지는 언제나 하나님께 즉각 굴복할 수밖에 없었고, 하나님의 의지와 하나인 것처럼 보였다. 유일한 대상인 주님을 기쁘게 해드리는 것, 그것만을 바랄 뿐이었다.

내가 바라는 것은 두 개의 악기가 조화를 이루며 연주하듯 내 의지가 주님의 의지와 연합되는 것이다. 두 악기는 같은 음의 똑같은 소리를 내는 것은 아니지만 화음을 이루어 아름다운 하나의 소리를 낸다. 이것은 완전한 평화 안에서 세워진 의지의 연합이다.

본인 스스로 세상의 모든 것에 집착하고 있는 자신의 모습을 본다면, 그리고 자신의 욕망에 대해 알게 되어 모든 것에 마음을 두지 않는 사람이라면 자신이 소유한 모든 것을 놓게 될 것이다.

수녀원에 있던 그날 오후, 나는 수녀님에게 아버지께서 돌아가셨을 것 같은 예감이 점점 강해진다고 말했다. 그런 말을 하면서 나는 너무 힘들고 마음이 아팠다. 그때 어떤 사람이 원장 수녀님을 찾아 왔다.

"손님이 찾아 오셨는데요. 지금 응접실에서 기다리고 계십니다."

나는 불길한 생각이 들었다. 잠시 후 문이 열리더니 원장 수녀님이 들어와 쪽지를 나에게 건넸다.

"아버님께서 편찮으시다는 남편의 전갈입니다."

친정 아버지는 12시간 정도 앓다가 내가 편찮으시다는 전갈을 받은 바로 그 시간에 돌아가신 것이다.

❋ 하나님의 위로를 기대하라

나는 사람을 파리로 보내 마차를 불렀다. 그리고 밤 9시에 서둘러 친정으로 출발했다. 사람들은 내게 무리라고 염려했지만, 그렇다고 친정에 가지 않을 수는 없는 일이었다.

"자매님은 지금 아버지의 죽음 때문에 마음이 너무 격해져 있어요. 그리고 마차로 더구나 여자 혼자서 가기에는 길이 너무 험하고 위험해요. 내일 밝을 때 출발하세요."

수녀님은 출발을 연기하라고 했다.

"제가 아버지를 뵈러가는 것은 당연히 해야할 일이에요. 아무리 위험한 길이라 해도 저는 가야 해요."

나는 하나님께 모든 것을 맡긴 채 모르는 사람들 사이에 끼어 길을 떠났다. 사실 나는 기력이 너무 떨어져 마차의 의자 위에 앉아 있는 것도 힘든 상태였다. 수녀님의 말대로 길은 너무도 험했다. 이따금 의자에서 떨어질 정도로 말이다.

내가 도착했을 때 아버지의 시신은 이미 땅에 묻혀 있었다. 날씨가 무더웠기 때문이라고 했다. 그때가 밤 10시쯤 되었는데 사람들은 여전히 장례식 복장을 하고 있었다. 밤낮으로 145킬로미터를 달려 왔고, 허약해질대로 허약해진 몸에 한끼도 먹지 못한 나는 집에 도착하자마자 그대로 쓰러지고 말았다.

그날 새벽 2시경 남편이 방으로 들어와 딸아이가 죽었다고 외쳤다. 내적으로나 외적으로나 큰 은혜를 받아서 누구든지 그 아이를 보면 사랑하지 않을 수 없었던 외동딸이 죽은 것이다.

딸아이는 하나님을 사랑했다. 종종 한 모퉁이에서 기도하는 것이 눈에 띌 정도였다. 내가 기도하고 있으면 딸아이는 얼른 내 옆으로 와서 무릎 꿇고 함께 기도를 하곤 했었다. 내가 혼자서 기도를 하로 있으면 '엄마는 기도하는데 나는 안하고 있다.' 라며 울기도 했다. 내가 눈을 감고 있으면 그 아이는 이렇게 속삭이곤 했다.

"엄마! 자고 있어? 아, 아니구나! 엄마는 사랑하는 예수님께 기도하고 있구나!"

그 아이는 어린 천사처럼 순진하고 겸손했으며 자기 의무에 충실했다. 그리고 아주 예뻤다. 남편도 그 아이를 애지중지했었다.

나는 그 아이의 뛰어난 외모보다 성품을 더 사랑했고, 그 아이는 지구상에서 유일한 나의 위로자라고 생각했었다. 아들이 나를 몹시 싫어하고 무례하게 굴은 반면 딸은 나를 몹시 사랑했기 때문이었다. 그러나 상황이 이렇게 된 마당에 무슨 말을 할 수 있을까?

이제 내게 남은 것은 내 슬픔의 아들 하나뿐이었다. 그 아들 역시 건강이 몹시 안 좋았는데, 그랑제 수녀님의 기도로 회복되었다. 수녀님은 내게 큰 위로자였다. 나는 이제 아버지보다 아이의 죽음 때문에 더 울 수가 없었다. 그렇게 아버지와 딸아이 모두 1672년 7월에 하나님 곁으로 갔다.

어느날, 안팎으로 져야 할 무거운 십자가 때문에 큰 슬픔에 잠긴 나는 골방으로 들어갔다. 문득 베르토트 신부님이 생각났다. 신부님이 내가 겪고 있는 고통을 알고 느낄 수 있었으면 좋겠다는 생각이 들었다. 신부님은 편지를 쓰지 않는 분이었기 때문에 신부님의 편지를 받는 일은 거의 없었다.

그런데 바로 그날 소인이 찍힌 신부님의 편지가 내게 왔다. 그날 신부님의 편지는 많은 위로가 되었다. 계속되는 십자가로 인해 너무나 무겁게 눌린 내 영혼은 이따금 위안이 되는 것을 찾곤 했었다. 단 한마디 위로의 말, 단 한 번의 한숨, 사소한 말 한마디, 혹은 내 슬픔을 이해하는 사람이 있다는 것을 알기만 했어도 내게는 위로가 되었을 것이다. 그러나 그런 것은 주어지지 않았다. 사랑이 너무도 가까이 나를 붙들고 있었기에 내 본성은 어떤 양분이나 지지를 공급받지 못한 채 비참하게 사라졌다.

> 나의 목자시여! 주님은 지팡이와 막대기로, 십자가에 못박힌 사랑으로 저를 안위하셨습니다. 그것이 끝까지 살아 남으려고 발버둥치는 제 본성을 완전히 죽이시기 위함임을 이제서야 알게 되었습니다.

4
주님은 우리에게
최선을 주신다

"때로는 기도가 메마르고 아무런 결실이 없는 것처럼 보일지라도
그것은 결코 헛되지 않다."

    남편과 나는 함께 짧은 여행을 떠났다. 포기와 겸허함은 우리 부부로 하여금 아무 어려움이나 강요 없이 하나님의 은혜를 체험할 수 있도록 도와주었다. 여행 도중에 우리가 강에 빠져 죽을 상황에 처했을 때의 일이다. 같이 갔던 사람들이 모두 놀라 모래 늪에 가라앉는 마차에서 뛰어내렸다. 하지만 나는 위험에서 벗어나려 노력하지 않았다. 왜냐하면 하나님께서 나를 위험에서 구출해 주실 것이라 믿었기 때문이었다. 결국 하나님은 그렇게 하셨다.

    만일 하나님께서 허락하셨다면 물에 빠져 죽는 것도 상당히 만족스러웠을 것이다. 이렇게 말하는 내가 경솔하다고 생각할런지도 모른다. 그러나 나는 그렇게 믿고 있다. 자신을 의지하여 살려고 발버둥치느니 하나님을 신뢰하며 죽는 편을 택하겠다는 것이 내 신념이기 때문이다. 모든 사람은 육체적으로 죽음을 맞이하게 된다. 하나님에 대한 신뢰가 부족한 사람은 육체의 죽음을 거부하려 애쓰지만, 죽음은 하나님의 뜻이다.

남편의 병이 나날이 더 심해져서 우리는 성 렌느 성당에 가기로 결정했다. 남편은 나 외에 다른 누구와도 같이 있고 싶어하지 않는 것 같았다. 어느날 남편이 나에게 말했다.

"사람들이 당신에 대해 나쁘게 말하지 않았으면 좋겠소. 만약 그렇게 될 수만 있다면 나도 편할 것이고 당신도 더 행복해 질거요."

나는 남편의 변화에 대해 놀랐다.

남편은 성 렌느 성당에서 돌아오는 길에 성 에드망 성당에도 들렀다. 이제 자녀라고는 큰아들밖에 남지 않았고, 큰아들마저도 죽음의 문턱을 드나들 만큼 건강이 나빴기 때문에 남편은 상속자를 원했다. 나는 그것을 위해 진지하게 기도했다. 하나님께서는 남편의 소원을 들으시고 내게 둘째 아들을 주셨다.

> 하나님, 저는 제가 잃은 것을 주님께 기도하는 시간으로 보상받았고 주님과 함께 있기 위해서 노력했습니다. 그때마다 주님께서는 저를 버려 두지 않으셨습니다. 저는 이미 천국 가운데 있는 것 같습니다.

두려움의 강을 건너게 하시다

이 시기는 그 후 몇 년 간 아무런 위로를 받지 못하며 보내야 할 시간을 위해 주님께서 나를 위해 준비한 행복한 시간이었다. 그러나 이 시간을 위해 나는 대단히 소중한 것을 대가로 지불해야 했다.

그 대가는 하나님 다음으로 나의 유일한 위로자였던 그랑제 수녀님의 죽음으로 시작되었다. 나는 성 렌느 성당에서 돌아오기 전에 그랑제 수녀님이 돌아가셨다는 소식을 들었다. 그 소식은 내가 받았던 것 중에 가장 큰 고통을 안겨주었다. 그랑제 수녀님이 돌아가시기 몇 달 전, 내가 수녀님을 자주 만나지 못해 괴로워할 때 나는 수녀님에게 인간적으로 의지하고 있다는 것을 알게 되었다. 주님께서는 수녀님을 데려가시는 것이 나에게 더 유익하다는 것을 알려주신 것이다. 그러나 그것이 수녀님의 죽음일 것이라고는 생각지 않았다.

수녀님을 내게서 데려가시던 때는 내 길이 완전히 막혀 시련을 겪을 때였다. 수녀님이 살아 있었더라면 나의 외롭고도 어려운 길을 인도해 주었을 것이다. 하지만 수녀님과의 동행은 마치 벼랑처럼 끝이 났고, 내 앞에는 찔레와 가시덤불만 뒤엉켜 있었다.

내 동생은 나에 대해 품고 있던 좋지 않은 마음을 공공연하게 드러냈다. 동생이 오를레앙에서 결혼을 하게 되어 결혼식에 참석하던 때의 일이다. 당시 남편의 건강은 너무도 안 좋았고, 그곳까지 가는 길은 원래 나빴다. 더구나 그날은 눈까지 쌓여서 우리가 탄 마차는 수없이 뒤집힐 뻔한 위기를 넘겨야 했다. 그런 남편의 성의를 무시한 채 동생은 아무 이유 없이 전보다 더 심하게 남편과 다투었다. 덕분에 나는 양쪽 모두에게 미움의 표적이 되었다.

그 이후 동생의 마음이 하나님께로 향하면서 서서히 좋은 방향으로 변했다. 그러나 여전히 나에게는 마음을 열지 않았다. 그것은 하나님께서 내 영혼에 대해 세우신 특별한 계획이 있었기 때문이었다. 하나님께서는 내가 동생뿐 아니라 다른 사람들에게 핍박받고, 그것을 통해 하나님께 영광 돌리게 하는 충실한 종으로 만들기로 결정하신 것이었다.

동생과의 좋지 않은 일이 있은 후에 매우 당혹스러운 일이 생겼다. 남편에게 악의를 품고 있던 어떤 사람이 남편을 파멸시키려는 결심을 하고는 내 동생에게 접근했다. 그는 왕의 형제의 이름으로 20만 리브르livres, 옛 프랑스의 통화 단위를 빌릴 수 있는 세력이 있었는데, 그것을 동생과 내가 빚진 것처럼 꾸민 것이다. 동생은 자신에게는 어떤 책임도 없다는 확인을 받은 후 서류에 서명을 했다.

나는 동생이 세상을 잘 몰라서 자기가 무슨 일을 하는지도 모르는 채 이 일에 연루되었다고 생각하고 있다. 이 일로 남편이 얼마나 상심했던지······. 이 때문에 남편이 더 빨리 죽게 된 것이 아닌가 하는 생각이 들기도 한다. 남편은 너무나 화가 나서 내게 화를 내는 것을 제외하고는 어떤 말도 하지 못했다. 나는 남편이 일의 정황을 자세히 설명해 주지 않아 처음에는 영문을 몰랐다. 분노가 극에 달했을 때 남편은 더 이상 개입하지 않고 싶다며 내 몫의 재산을 줄 테니 알아서 살아가라고 했다. 하지만, 동생은 이 일에 대해 아무런 가책도 느끼지 않았고 고민하지도 않았다.

그러던 어느날, 나는 기도를 한 후 내가 직접 법관을 찾아가야 한다는 생각을 하게 되었다. 이 일을 어떻게 처리해야 좋을지 전혀 모르는 채 법관을 찾아간 것이다. 하지만 나는 놀랍게도 이 사건의 조작 여부를 밝히고 해명할 수 있도록 도움을 받았다.

하나님은 이 사건을 명확히 밝힐 수 있도록 내 말에 능력을 주셨다. 행정사무관은 내가 적절한 시간에 와주어 이 일을 바르게 처리할 수 있었다며 감사를 표했다. 만약 내가 그에게 사건의 정황을 알려주지 않았다면 그는 재판에서 패했을 것이라고 말했다.

사건의 전모가 드러났다. 만약 이 사건에 이름을 빌려 준 사람이 왕의 형제만 아니었다면 법관들은 원고인 왕의 형제들에게 모든 비용을 다 지불하도록 판결을 내렸을 것이다. 그러나 왕자의 명예를 위해 법관들은 우리에게 50크라운crowns, 북유럽 여러 나라의 화폐 단위을 지불하도록 명령했다. 어찌되었든 지불해야 할 돈은 20만 리브르에서 150리브르로 줄었다. 남편은 내가 한 일을 듣고 상당히 기뻐했다. 그러나 동생은 마치 내가 자신의 돈을 잃게 했다는 듯 눈에 띄게 나를 미워했다. 이렇게 해서 크고 두려웠던 사건이 해결되었다.

❋ 당신의 기도는 결코 헛되지 않다

나는 모든 것을 완전히 잃어버린 상태로 7년이라는 시간을 보냈다. 마치 느부갓네살 왕처럼 짐승들 사이에서 살도록 버려진 것 같았다. 후회 막급한 세월이었지만 하나님의 지혜로 유익한 시간을 보냈다. 공허하고 어둡고 무력한 상태는 내가 그때까지 겪었던 시련을 훨씬 넘어서는 것이었다. 하지만 나는 내 기도가 아무리 메마르고 아무런 결실이 없는 것처럼 보일지라도 능력이 있고 헛되지 않다는 것을 체험하는 중이었다.

하나님께서는 우리에게 최선의 것을 주신다. 물론 그것은 우리가 기뻐하는 것이나 바라는 것이 아닐 수도 있다. 만약 사람들이 이 진리를 확신한다면 어떠한 고난도 불평하지 않을 것이다. 그분은 죽음을 통해 우리에게 생명을 공급하신다. .

그분의 영에 완전히 의지할 때 모든 것이 놀라울 정도로 우리에게 주어진다. 연약함으로 인식되던 것도 그분 안에서는 겸손이라는 것이 입증된다. 만일 영혼이 하나님께서 기쁘게 하시든 고통스럽게 하시든 그분의 일하심을 받아들이고 자기 자신을 온전히 주님께 맡긴다면, 순간순간 그분의 손길과 섭리로 인해 죽음의 고통을 겪으면서도 전혀 불평하지 않을 것이다. 주님께서 주신 것 외에는 아무것도 갈망하지 않는다면 – 비록 하나님께서 행하시는 길과 방법을 그 순간에는 모른다 할지라도 – 곧 영원한 진리를 경험하게 될 것이다. 그러나, 사람들은 자신의 뜻을 포기하지 않고, 하나님을 자신의 뜻대로 인도하려 한다.

언젠가 마음속에 생긴 갈등이 나를 괴롭힌 적이 있었다. 이로 인해 나는 많은 눈물을 흘렸고 내 마음은 황량한 벌판 같았다.

'내가 하나님으로부터 엄청난 은혜와 사랑을 받은 것이 이 모든 것을 다 잃어버리기 위함이었을까? 내가 그분을 그토록 엄청난 열정으로 사랑한 것이 결국 그분을 영원히 빼앗기기 위해서였을까?'

나는 전처럼 기도할 수 없었다. 하늘 문은 닫혀 있는 것 같았지만, 그것은 당연한 일이라 생각되었다. 아무런 위로도 받을 수 없었고 어떤 불평도 할 수 없었다. 모든 존재로부터 버림을 당한 채, 어느곳에서도 피난처를 발견하지 못하고 어떠한 지지도 받지 못한다는 것을 알았다. 그 이후 나는 더 이상 어떤 것도 베풀지 못했다.

'불덩이 같던 심령이 어떻게 얼음처럼 되어 버릴 수 있을까!'

나는 가끔 모든 만물이 힘을 모아 나를 대적하고 있다는 생각이 들었다. 과거의 죄와 새로운 죄의 무게에 짓눌렸다. 눈물이 내 음료수였고 슬픔이 내 음식이었다. 그때까지 내가 경험한 것으로는 이해할 수 없는 고통이었다.

교회에 갔을 때조차도 평안을 얻지 못했다. 설교에도 집중할 수 없었고, 어떤 도움이나 신선함도 얻지 못했다.

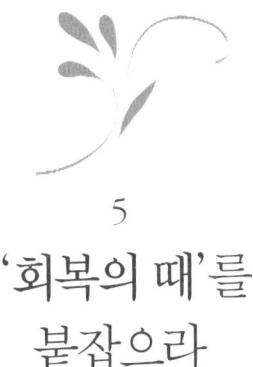

5
'회복의 때'를 붙잡으라

"십자가는 상상할 수 없을 만큼 위대한 것이다.
그것을 제외한 다른 것은 아무 가치가 없다."

    남편은 죽음에 가까이 가는 순간까지 병치레가 끊이지 않았다. 어떤 병에서 회복되면 또 다른 병에 걸리곤 했다. 남편은 엄청난 고통을 인내로 참으면서 모든 것을 하나님께 올려 드렸다. 남편은 그것을 유익하게 사용하는 것처럼 보였다. 그러나 나에 대한 남편의 미움은 더욱 심해졌다. 나에 대한 소문이 남편의 화를 더욱 돋우었다. 물론 남편 자신에 관한 이야기도 그를 화나게 했다.
    죽음 직전에 있으면서도 남편은 시골에 작은 성당을 지었다. 우리는 그곳에서 여름날을 보냈다. 덕분에 나는 날마다 기도와 성만찬을 할 수 있었다. 사람들은 교회를 헌정하는 봉헌식을 거행했다. 5시간 넘게 봉헌식이 진행되는 동안 나는 내 모든 것이 그분께 사로잡히는 느낌을 받았다. 주님께서는 내가 나 자신을 새롭게 바칠 수 있는 기회를 허락하셨다. 나는 영원히 그분께 봉헌된 성전처럼 느껴졌다.

> 이 성전이 결코 더럽혀지지 않게 하소서! 이 성전에서 하나님의 찬양 소리가 영원히 계속되기를 원합니다!

12년 4개월의 결혼 생활 동안 나는 수많은 어려움을 겪었다. 그러나 경제적으로는 풍요를 주셨다. 내 삶에 십자가가 더욱 늘어났다. 하나가 옮겨지면 또 다른 십자가가 다가왔고, 시간이 흐를수록 점점 무거운 것이 그 자리를 대신했다.

내가 그처럼 고통당하고 있을 때 사람들은 말했다.

"죽음으로 갚아야 할 정도의 중죄를 지었기 때문에 저런 고통을 당하는거야."

모든 것을 잃었다. 하나님은 하나님 다음으로 중요한 것을 하나씩 모두 거둬 가셨고, 당신마저도 내게서 멀어졌다. 내게는 아무것도 남아 있지 않았다. 마치 슬픔을 완성시키시려는 듯 하나님은 내가 그토록 깊은 슬픔에 빠져있을 때 나를 버리고 떠나신 것이다.

남편의 병은 나날이 심해졌다. 남편은 스스로 죽음이 가까이 온 것을 알고 있었고, 죽음을 원하기까지 했다. 죽음에 대한 마음이 너무나 커진 까닭에 생명력은 점점 약화되었다. 남편이 오래 살지 못하리라는 것을 알고 있었기 때문에 시어머니는 나를 남편에게서 떼놓으려 했다. 나는 참으로 고통스러웠다. 나는 남편이 나를 미워하는 상태에서 생명을 마치는 것이 두려웠다. 시어머니가 나간 후 나는 남편의 침대 옆에 무릎을 꿇고 앉아 용서를 구했다.

"당신을 불쾌하게 한 것이 있다면 용서해 주세요. 그것은 제가 원하는 것이 아니었어요."

남편은 내 말에 감동하는 듯 했다.

"아니오. 용서를 구할 사람은 바로 나요. 그 동안 잘 대해주지 못해 미안하오."

그 이후부터 남편은 나와 함께 있는 것을 기뻐했다. 남편은 자신이 죽은 후 내가 해야 할 일에 대해서도 알려 주었다. 그리고 중요한 한마디도 잊지 않았다

"절대로 사람에게 의지하며 살지 마시오."

그는 8일 동안 인내로 지냈다. 나는 파리로 사람을 보내어 유명한 외과 의사를 불러 오게 했다. 그러나 의사가 도착했을 때 남편은 이미 세상을 떠난 후였다.

어떤 사람도 남편처럼 신실한 마음으로 그리스도인답게 용기를 갖고 죽을 수는 없을 것이다. 남편은 숨을 거두기 직전 나를 밖으로 내보냈기 때문에 임종의 자리를 지킬 수는 없었다. 나는 그것이 나를 위한 남편의 마지막 배려라는 것을 잘 알고 있다. 남편은 20시간 정도 무의식 속에서 사경을 헤매다 죽어야 하는 고통을 겪었다. 그 와중에 남편은 잠깐 정신이 돌아온 틈을 타 괴로워하는 나를 밖으로 내보낸 것이다. 결국 그렇게 남편은 1676년 7월 21일 아침, 세상을 떠났다.

다음날 내가 골방에 들어갔을 때 나의 거룩한 남편이신 주 예수 그리스도께서 거기에 계셨다. 나는 영원한 정결 서원을 했다. 내 마음은 기쁨으로 충만했다. 아주 오랫동안 깊은 쓰라림 속에 잠겨 있었던 나는 그 순간 새로움을 느끼게 된 것이다.

🕊 하나님, 하나님께서 제 사슬을 끊으셨습니다. 주님께 찬양의 제사를 드립니다!

나는 남편이 죽기 420일 전부터 남편 곁에서 밤을 지샜다. 딸을 잃은 지 얼마 되지도 않은 때였다. 그때 나는 피로에서 회복된 지 1년쯤 되었을 무렵이었고, 몸과 마음은 상당히 지치고 약해져 있었다. 어리석음과 메마름과 낙담이 나를 무겁게 내리눌렀기에 아무 말을 할 수가 없었다. 그러던 나는 어느 순간 하나님의 선하심에 감탄하게 되었다.

🕊 하나님! 여전히 저는 시어머니 옆에 있어야 했으므로 제 십자가는 덜어지지 않았습니다. 또 아이에게 여전히 묶여 있는 상태였습니다. 그러나 이는 하나님의 지혜임이 분명합니다. 만일 제게 큰아들만 남았더라면 그 아들을 대학에 보낸 후 저는 베네딕트 수녀회로 들어가 버렸을 것이고, 그러면 저에 대한 하나님의 모든 계획이 좌절되었을 것입니다.

나는 남편에게 경의를 표하는 뜻에서 장례식을 성대하게 치르려고 했고, 이를 위해 남편이 남긴 재산을 모두 모아 들였다. 그러나 시어미니는 내가 이득을 챙기려 한다면서 반대했다.
나는 사업에 무지했고, 나의 오빠는 조그만 도움조차 주려 하지 않았다. 그러나 하나님께서 도우셨기에, 나는 모든 일을 잘 판단해서 처리할 수 있었다. 물론 온전히 하나님의 말씀을 따랐기 때문에 가능한 일이있다. 누구의 도움 없었지만 모든 서류를 검토할 수 있었고 얼마 후 사업을 정상으로 되돌려 놓게 되었다. 남편은 많은 양의 서류를 갖고 있었다. 나는 소유주를 파악하여 그 서류를 주인에게 돌려 보냈다. 이 일로 인해 나는 사업 수완이 뛰어난 여인이라는 평판까지 받게 되었다.

수년 동안 법정 시비를 벌이던 사람들이 해결해 달라고 남편에게 의뢰한 중요한 사건이 하나 있었다. 이 일에 관련된 사람 22명이 스무 번 가량 오고가며 일이 진행되었고, 그동안 새로운 사건은 계속 일어났다. 따라서 그들의 서로 다른 의견을 모두 처리하는 것은 불가능한 일이었다. 남편은 그 일을 맡은 후 변호사에게 서류를 검토하게 하려 했지만 그 모든 절차를 끝내기도 전에 죽은 것이다.

남편이 죽은 후, 나는 그들에게 서류를 되돌려 주려고 했으나, 그들은 서류를 받으려 하지 않았다. 오히려 그 일을 처리하여 자기들이 망하는 것을 막아 달라고 나에게 애원하기까지 하였다. 나는 하나님의 능력과 지혜에 의지할 수밖에 없었다. 나는 그 일을 하기로 했다. 그때부터 나는 이 일을 위해 예배드리는 시간과 밥 먹는 시간을 제외하고는 아무데도 가지 않고 30일 동안 그 일에 몰두했다. 마침내 중재안을 만들 수 있었고, 그들은 서류를 보지도 않고 모두 서명했다. 그들은 일의 결과에 만족했다. 그 일이 해결이 된 것에 대해 그들은 아주 오랫동안 이야기를 했고, 장안의 화제가 되었다.

나는 이 일을 하신 분은 하나님이라 생각하고 있다. 그 일이 해결된 후 나는 그 일에 대해 더 이상 아는 것이 없었고, 그 일에 대한 이야기를 들으면 다른 먼 나라 말처럼 들릴 뿐이었다.

※ "내 은혜가 네게 족하도다"

어떤 사람은 이제 과부가 되었으니 내 십자가가 가벼워졌으리라고 생각하겠지만, 사실 더욱 늘어났을 뿐이었다.

하녀의 반항은 더욱 심해졌다. 그녀는 오랫동안 병자인 남편을 수발하면서 술을 마시게 되었다. 일이 힘들어 술기운에 지탱해 온 것이다.

하지만 그것이 습관이 되었고, 나이가 들고 몸이 약해지면서 이제는 술을 조금만 마셔도 취할 정도에 이르렀다. 나는 이것을 감춰 주려고 했지만, 정도가 점점 심해져 더 이상 감추는 것은 불가능했다. 시어머니 역시 그녀의 무절제한 과음을 참을 수 없어서 때로는 내게 불평을 하기도 했다. 그러나 얼마 안 가서 그녀와 합세하여 나를 비난하였고, 그 일로 인해 그녀의 과음에 정당성을 부여해 주었다.

그녀는 집에 손님이 오기만 하면 내가 자기를 멸시했고 절망에 빠뜨렸으며, 나로 인하여 자기가 저주받게 되었다고 소리를 지르곤 했다. 하나님께서는 나에게 한량없는 인내를 허락하셨다. 나는 그녀의 격한 욕설에 온유한 사랑으로 애정을 표시했다.

나는 이 모든 일이 주님의 뜻이라는 것을 알았다. 주님의 허락이 없었다면 그녀가 그런 행동을 할 수는 없었을 것이다. 그녀는 자신의 잘못을 깨닫지 못했고 항상 자기가 옳다고 생각했다. 자기가 그렇게 함으로써 주님을 섬긴다고 생각하고 있었다.

남편이 죽기 전, 나는 베르토트 신부님을 만나려고 파리에 간 적이 있다. 그분은 나의 지도 신부라는 임무를 귀찮게 여겼고, 나 또한 신부님에게 별다른 도움을 받지 못했다. 나는 베르토트 신부님, C 부인과 함께 피정 가톨릭 신자들이 일정 기간 동안 일상적인 생활의 모든 업무에서 벗어나 묵상과 기도 등을 할 수 있는 고요한 곳으로 물러나는 것 - 역주의 시간을 가졌다. 그때 신부님이 나에게 이야기한 시간은 15분 정도밖에 되지 않았다. 나는 신부님에게 무엇을 이야기해야 좋을지 몰랐다.

신부님은 가장 성숙된 은혜를 받았다고 생각하는 사람에게만 이야기를 건넸다. 하지만 나에게는 할 말이 없어 보였고, 나 혼자 내버려 두었다. 신부님은 내 기도에는 영이 없다고 생각했다. 나에 대한 그랑제 수녀님의 견해가 잘못되었다고 생각하는 듯 했다.

피정을 하는 동안 신부님에게 닫혀 있던 마음은 침묵 속으로 침잠하고 있었다. 한편으로 안심이 되기도 했지만 지도 신부님의 명령을 어기는 것이 두렵기도 했다. 이 두려움 때문에 혹시 내가 주님의 은혜에서 멀어진 것이 아닌가 하는 생각까지 들었다.

내 기도 생활이 비록 보잘 것 없었지만, 나는 다른 사람의 높은 경지를 질투하지 않았다. 스스로를 무가치하다고 여기며 무無의 상태에 나 자신을 가두었다. 내 마음은 하나님의 뜻을 행하고 그분을 기쁘게 해드리고 싶은 갈망이 있었지만 그것을 이루기에는 모든 것이 절망적인 것처럼 느껴졌다.

내가 살던 곳에는 여러 해 동안 교리적으로 의심받던 사람이 있었다. 그 사람은 교회에서 권위가 있는 사람이었는데 그는 나에게 자기를 따르라고 강요하곤 했다. 그 사람은 내 이야기에 단 한마디도 제대로 답변하지 못했다. 반면에 질투심으로 인해 점점 더 나를 이기려 했고, 그 때문에 나와 우정을 맺으려 했다. 그의 그런 노력은 2년 반이나 계속되었다.

그는 매우 정중했고 학식과 친절함을 겸비하고 있었다. 처음에 나는 그를 신뢰했고 심지어 그가 회심했으면 좋겠다는 소망까지 품었다. 그러나 얼마 지나지 않아 내가 잘못 생각했다는 것을 알게 되었고, 이후 나는 그에게 가까이 가는 것을 삼갔다. 어느날 그가 나에게 말했다.

"왜 나에게 오지 않는 거죠? 나는 항상 당신이 오기만을 기다리고 있어요."

당시 그는 병든 내 남편에게 매우 친절했고 큰 관심을 보였다. 그래서 나는 그 사람과 만나지 않아야 한다고 생각했지만 그를 피하는 것은 어려운 일이었다. 결국 남편이 죽은 후에야 그 사람과의 만남을 끝낼 수 있었다.

그 사람은 더 이상 나를 설득할 가능성이 없다고 판단되자 주위 사람들과 함께 나를 강하게 비난했다. 당시 그런 부류의 사람들은 누가 자기편이고 누가 반대편인지를 분명하게 알고 있었다. 그러나 나는 고통스럽지 않았다. 나는 앞으로 끊기 어려운 친밀한 관계는 그 누구와도 맺지 않겠다고 결심하며 새롭게 얻은 자유를 기뻐했다.

그는 여러 번 나를 겨냥해서 매우 모욕적인 설교를 했다. 그 설교는 나를 무겁게 내리누르기에 충분했다. 하지만 나는 고통스럽지 않았다. 그 사람이 비난하는 것보다 나는 훨씬 엄격한 평가 수단을 가지고 있었다.

'나는 저 사람의 비난 보다 더 심한 비난을 받아 마땅한 사람이야.'

아마도 모든 사람이 나에 대한 모든 것을 알게 된다면 그들은 나를 짓밟았을 것이다. 그는 나를 무조건 미워하도록 하기 위해서 믿음 있는 사람들을 설득했다. 나는 그 사람과 그의 편에 있는 사람들의 말에 긍정하면서 모든 것을 당연하게 받아들였다.

내가 선한 일을 하여 의롭게 보이려고 하면 '너의 진짜 모습과 다른 모습만을 보여주는 위선자'라며 내 마음이 나를 은밀하게 꾸짖었다. 그리고 하나님께서도 그런 일을 하는 것을 허락하지 않으셨다. 하나님의 십자가는 상상할 수 없을 만큼 위대한 것이다. 그것을 제외한 다른 것은 아무 가치가 없다.

나는 여전히 자주 앓았고, 그때마다 침대 위에서 꼼짝하지 못했으며, 죽음 근처에까지 이르렀다. 나를 알고 있는 사람들은 그 사람이 나에 대해 퍼뜨린 말과 비난을 적어 편지로 보냈다. 그러나 나는 그것에 대해 아무런 변명도 하지 않았다. 그렇게 절망과 비탄 속에 있던 어느 날, 신약 성경의 한 구절이 내게 평안을 주었다.

"내 은혜가 네게 족하도다 이는 내 능력이 약한 데서 온전하여짐이라" 고후 12:9

6
주님 안에서
자신을 발견하라

"구원은 하늘과 땅을 지으신 주님만이 하실 수 있으며,
그분을 통해서만 받을 수 있다."

　하나님께서는 너무나 멀리 계시고 나를 싫어하시는 것 같았고, 내 잘못 때문에 그분의 복된 임재를 잃어버린 것 같은 슬픔만 남아 있었다. 나에 대한 평판도 갈수록 더 나빠졌다. 나 자신을 변명하거나 연민에 빠지는 것이 허락되지 않았지만 이 문제는 내 마음에 계속 남아 있었다.
　나는 무력감에 빠져 가난한 사람들을 도우러 가지도 못했고, 교회에 머물지도 못했으며, 암송 기도도 못했다. 발길을 잘못 내디딜 때마다 하나님께서 더욱 냉랭해져 가는 것을 민감하게 느낄 수 있었다. 이 모든 것으로 인해 나는 물론 다른 사람들 역시 내가 무너지고 있는 것처럼 보였다.

내게 청혼했던 사람들 중 매우 정중한 신사들조차도 상식적으로 나를 이해할 수 없을 정도였다. 그들은 내가 깊은 절망에 빠져 있을 때 다가왔다. 처음에는 그들과의 만남이 슬픔에서 벗어날 수 있는 수단이 될 것이라 생각했다. 그러나 몸과 마음은 여전히 고통스러울 뿐이었다. 내게 청혼한 사람이 왕이라 할지라도 하나님께서는 나를 홀로 두시려했으므로 나는 하나님과 함께 있기 위해 그 청혼을 기꺼이 거절했을 것이다.

만일 주님께서 저를 받아들이지 않으신다 해도, 저는 힘을 다하여 주님께 충실했다는 사실만으로 위안을 받을 것입니다. 나의 하나님, 제가 하나님을 위해 재혼하는 것을 포기했다는 것과 그들 가운데 신분이 좋고 외모도 특출한 멋진 사람과 재혼했더라면 그것이 제 허영심을 더욱 부추겼으리라는 것을 하나님께서 아시는 것만으로 저는 족합니다.

5, 6주 동안 극한 상태는 계속되었다. 나는 아무것도 먹을 수 없었다. 어느날은 수프를 한 숟가락 먹고 기절할 정도였다. 소리도 낼 수 없어 사람들이 내 입가에 귀를 갖다 대어도 내가 하는 말을 알아들을 수가 없었다. 구원이라는 희망은 찾아 볼 수도 없었다. 나는 그저 죽고 싶은 마음만 들었다. 하루하루 살아갈수록 죄를 짓는다는 생각에 마음이 무거웠다. 나는 이렇게 계속 죄를 짓느니 차라리 지옥을 택하는 것이 낫다고 생각했다.

하나님께서 베푸셨던 모든 선한 것이 나로 인해 악과 잘못으로 비쳐졌다. 기도와 참회와 구제 사업이 모두 나를 거부하고 나를 호되게 정죄하는 것 같았다. 나는 젊은이들이 저지를 수 있는 일반적인 죄보다 내가 했던 선한 일과 내가 품었던 악한 생각의 이중성 때문에 더 고통스러웠다.

> 나의 하나님, 저는 주님께서 우리의 의를 심판하신다는 말씀이 진리인 것을 느꼈습니다. 주님은 얼마나 순전하신지요! 누가 그것을 이해할 수 있을까요?

나는 구원을 갈망하고 있었다. 어느 길로 내게 구원이 다가올까 사방을 둘러 보곤 했다. 구원은 하늘과 땅을 지으신 그분만이 하실 수 있으며, 그분을 통해서만 받을 수 있다. 나는 어떤 안전 장치를 가지고 있지 않았고, 영적 건강함도 갖추지 못하고 있었다. 그러므로 내가 안식이나 구원에 이를 선이 없다는 사실을 깨달으며 나는 비밀스런 평온함을 누릴 수 있었다.

내 자신이 점점 부서지면서 나는 하나님 안에서 발견되었고, 그분에 대한 신뢰가 더욱 커졌다. 마치 나에게 부족했던 것을 예수 그리스도 안에서, 그리고 그분을 통해서 모두 소유한 것 같았다.

용기 있는 의로운 사람들이여! 자신이 하나님의 영광을 위해 행한 것에 대해 스스로 얼마나 기뻐하고 있는지 생각해 보자. 나는 내 연약함 안에서만 그분을 영광스럽게 해 드릴 수 있다. 연약함은 나로 하여금 놀라우신 구세주를 받아들이게 하는 것이기 때문이다.

나와 같은 경험을 한 사람이 있다는 이야기를 들었다면 나는 안심했을 것이다. 영적인 책을 읽으면 오히려 더 고통스러웠다. 책에서도 나와 같은 경험을 한 사람을 만나지 못했기 때문이다. 사람들이 겪는 어떤 고통도 나의 고통과는 멀게 느껴졌다. 죄와 죄라고 혼동되는 것을 구분하고, 내가 하나님을 거스르지 않았다는 것만 알아도 나는 모든 것이 수월했을 것이다.

✳ 막힌 담이 허물어지다

하나님께서 나를 이끌기 위해 나에게 보내셨던 첫 번째 신부님에게 편지를 보냈다. 그 신부님의 답변은 너무도 명료했다.

"자매님은 지금 깊은 절망에 빠져 있습니다. 하지만 절망은 하나님께서 주시는 선물입니다. 자매님은 그 선물을 제대로 보지 못하고 있습니다. 그것은 하나님의 마음을 상하게 만드는 일입니다. 앞으로는 이런 일로 편지를 보내지 않았으면 좋겠습니다."

또 나를 높게 평가해주었던 예수회의 한 신부님도 비슷한 내용의 편지를 보내왔다.

그것은 하나님의 뜻이었다. 그렇게 함으로써 그들은 내가 절망의 끝에 이르는 데 기여했다. 나는 그들의 사랑에 감사했고 그들의 기도에 온전히 나를 맡겼다.

나는 메마름과 상실감에 익숙해져 있었다. 차라리 그런 상태가 풍족한 상태보다 더 좋았다. 무엇보다도 하나님을 추구해야 한다는 것을 알았기 때문이다. 나는 처음부터 하나님을 따르기 위해 모든 것, 하나님의 은사까지도 내려놓는 내적인 영혼의 본능을 지니고 있었다. 이때 나의 영과 감각은 나를 무자비하게 부수고자 하셨던 하나님의 뜻으로 인해 많은 충격을 받았다. 시간이 갈수록 나는 모든 것이 죄처럼 보였다.

나는 색유리를 통해 모든 것을 바라보고 있는 것처럼 느꼈다. 이전처럼 구제 활동도 하고 죄를 참회할 수 있었다면 마음이 훨씬 가벼웠을 것이다. 그러나 나는 내 안에서 두려울 정도로 심한 사악함을 느꼈기 때문에 그렇게 하는 것이 불가능해 보였다.

주님께서 내게 베푸신 은혜와 내가 지나온 험난한 길에 대해 이야기하지 못한 것이 많지만 단 한 가지 공통점이 있다. 나는 오직 주님을 아는 지식 안에서 주님 아닌 다른 모든 것을 다 내려놓았다.

나의 내적인 비천함 때문에 사람들과 멀어진 것도 더 이상 고통스럽지 않았다. 나의 오빠는 만나 본 적도 없는 사람들과 합세하면서까지 나를 비난했다.

사업 때문에 시어머니의 가까운 친척들이 살고 있는 도시를 방문한 일이 있었다. 전에는 이집 저집 돌아가면서 융숭하게 대접했고 정중하고 친절하게 나를 환대했다. 그런데 이번 방문 때는 전혀 달랐다. 나를 지극히 멸시하는 것을 물론 내가 친척들을 괴롭혔으므로 자신들도 나에게 복수를 하겠다고 했다. 나는 사태가 매우 나빠져 있다는 것을 느꼈다. 그래서 친척들에게 시어머니와의 관계를 설명하기로 마음먹었다.

나는 시어머니를 존중한다고 했다. 하지만 아무리 노력해도 내가 시어머니를 나쁘게 대한다는 소문만 나돌 뿐이라며, 만약 그 소문이 사실이라고 믿는다면 시어머니와 내가 따로 살도록 허락해 달라고 말했다.

나는 한겨울에 아이들과 간호사를 데리고 급히 집을 나와야 했다. 베네딕트 수녀회에서 내게 아파트를 내주었다. 그때 나는 몹시 곤란스러웠다. 한편으로는 내가 십자가를 의도적으로 피하는 것이 아닌가 하는 두려움이 있었고, 또 다른 한편으로는 나를 고통스럽게 하는 시어머니 곁에 머물러 있는 것은 옳지 않다는 생각을 했기 때문이었다.

시어머니를 기쁘게 해드리기 위해서 내가 했던 모든 일은 오히려 시어머니 마음을 더욱 상하게 할 뿐이었다. 시어머니의 본 마음은 착했다. 하지만, 아주 까다로운 성격 때문에 스스로 마음고생을 해야만 했다. 그렇다고 내가 시어머니에 대한 의무를 소홀하게 한 것은 결단코 아니었다.

어느 크리스마스에 시어머니와 함께 시간을 보낸 적이 있었다. 나는 시어머니에게 따뜻하게 말을 건넸다.

"어머니, 오늘은 우리에게 평안을 주시기 위해 평강의 왕이 태어나신 날이에요. 그분의 이름으로 평안하시기를 빕니다."

그때 시어머니는 겉으로 내색하지 않았지만 그 말이 시어머니의 마음을 흔들어 놓은 듯 했다.

내가 집을 떠날 준비를 하고 있을 때, 시어머니 친구분 가운데 나를 정중하게 대해 주던 한 신사가 소식을 듣고 찾아왔다. 그는 내가 이 도시를 아예 떠날까 봐 걱정스러워 했다. 내가 하던 구제 사업이 중지되면 자기 지방에 큰 손실이 될 것이라 우려했기 때문이었다.

그 신사는 부드러운 태도로 나를 내보내지 말라고 시어머니를 설득했다. 시어머니는 말했다.

"나는 보내고 싶지 않지만 본인이 원한다면 잡을 마음이 없어요."

그 신사는 시어머니와 말을 마치고는 나에게 와서 말했다.

"시어머니와 화해를 하세요. 먼저 사과를 하고 마음을 풀어드리면 시어머니께서도 받아 주실 겁니다."

나는 그 신사분에게 말했다.

"어머니를 기쁘게 해드릴 수만 있다면 무엇이든지 기꺼이 하겠습니다. 그러나 제가 하는 모든 것이 계속 어머니를 불편하게 만드니 저로서는 더 이상 어떻게 해야 할지 모르겠어요. 저는 어머니께 아무런 불만이 없습니다. 단지 함께 있으면서 어머니를 고통스럽게 하는 것은 옳지 않은 일이고, 어머니를 편안하게 해드리는 것이 제 도리라고 생각합니다."

그 신사는 자신과 직접 시어머니에게 가서 이야기를 하자고 했다. 나는 마지막일지도 모른다는 생각을 하며 신사를 따라 시어머니에게 정중히 말했다.

"어머니, 저로 인해 불편해 하신 일에 대해 죄송하게 생각합니다. 하지만 제가 잘못을 저질렀다 해도 그것은 의도적인 것이 아니에요. 어머니 그것만은 믿어주셨으면 좋겠어요. 그리고 앞으로는 어머니의 마음을 불편하게 해드리는 일은 없을 거예요. 제가 어머니의 마음을 불편하게 하는 것이 무엇인지 말씀해 주세요. 저는 정말 몰랐어요. 제가 알았다면 절대 그렇게 하지 않았을 거예요."

나는 마지막일지도 모른다는 생각에 더욱 간절하게 이야기했다.

"네가 나를 거슬러서 괴로워한 것이 아니다. 또 네가 무슨 불평을 해서 그런 것도 아니다. 다만 내 생각에 너는 나를 사랑하지 않고 내가 죽기만을 바라는 것처럼 느껴졌기 때문이야."

나는 시어머니의 말에 충격을 받았다. 사실 시어머니의 생각은 내 마음과는 너무도 달랐다.

"어머니, 절대 그렇지 않아요. 저는 어머니를 존중하고 사랑해요. 그리고 오래오래 함께 사시길 바래요."

어머니는 눈을 동그랗게 뜨고 바라보았다.

"어머니는 저에 대한 나쁜 말만 들으셨어요. 그것만 믿으셨구요. 저에 대해 좋은 점도 봐주세요. 어머니가 저에 관한 나쁜 이야기만 들으신다고 생각했기 때문에 저는 어떤 이야기도 드릴 수 없었어요. 내가 어떤 말씀을 드려도 믿지 않으리라 생각했거든요."

어머니의 표정이 조금 누구러졌다. 나는 하녀에 대한 이야기도 했다.

"그리고 하녀는 주인인 저를 대접하지 않았어요. 경의를 표하기는 커녕 나를 너무도 함부로 대했고, 나와 마주치면 밀치기까지 했어요. 교회에서조차 경멸스러운 눈으로 나를 쳐다보았고, 방에서는 아주 심한 말로 나를 괴롭혔어요. 하지만 어머니께서는 그 하녀의 말만 들었어요. 제 생각에는 어머니께서도 언젠가는 그 하녀 때문에 어려움을 당하실 거예요."

　나는 마음에 쌓아두었던 이야기를 했다. 시어머니도 내 말에 수긍을 하는 듯 했다. 시어머니와 나는 서로 포옹을 하고 헤어졌다.

　얼마 후 내가 시골에서 지내고 있을 때였다. 그 사이 하녀는 내게 했던 것처럼 시어머니에게도 똑같이 무례하게 행동했다. 그것을 참을 수 없었던 시어머니는 결국 하녀를 쫓아냈다.

　시어머니는 몇 가지 결점을 제외하고는 양식 있고 덕망 있으며 성품이 좋은 분이었다. 나는 본의 아니게 시어머니에게 십자가를 지워드렸고 시어머니 역시 자신도 모르는 사이에 내게 그리했을 것이다.

　나의 이 글로 인해, 누구의 마음도 상하게 하지 않고 이러한 문제를 하나님 안에서 잘 바라보고 원만히 해결할 수 있게 되기를 바란다.

7
온전한 하나됨은 자유를 부른다

"내 영혼이 주님께로 나아가 그분과 완전히 하나가 되었다.
작은 한 방울의 물일지라도 바다로 흘러가면 바다의 한 부분을 이루게 되듯이…"

하인 중 한 사람이 바르나바Barnabite 수도회의 수도자가 되기를 원해서 나는 라 모트 신부에게 편지를 보냈다. 신부님은 토농Tonon의 바르나바 수도회 원장인 라 콩브 신부님에게 직접 편지를 보내라고 답장이 왔다. 나는 라 콩브 신부님께 편지를 보냈다. 그 신부님은 하나님 은혜 가운데 있는 분으로 나는 평소 그분에게 존경심과 경의를 품고 있었다. 그런 분께 기도를 부탁드릴 수 있는 기회를 갖게 되어 무척 기뻤다.

나는 이미 하나님의 은혜에서 멀어졌고, 그분의 은혜를 저버렸다고 편지를 썼다. 또한 내 자신이 비참하고 가련하게 느껴지며, 나는 더 이상 하나님께 나아가지 못하고 하나님께로부터 완전히 소외되어 있다고 써서 보냈다. 신부님은 내 끔찍한 상태를 마치 초자연적인 빛에 의해서 이미 알고 있었던 것처럼 답장을 보내 왔다. 이런 가운데 문득 제네바 Geneva란 도시가 머리 속에 떠올랐고 그것이 나를 두렵게 만들었다.

'하나님, 정말 저를 완전히 비난받게 하려고 그러십니까? 저더러 그토록 불경건하고 배교로 믿음을 저버린 곳으로 가라구요?' 제네바의 주민들은 대체로 칼빈파 프로테스탄트들이었다. 나 자신을 믿을 수 없었고 감히 아무것도 바랄 수 없으면서 여러 가지 이유로 두려움에 떨었다. 그러던 중 라 콩브 신부님에게서 받은 편지로 평안과 평온을 되찾았다. 신부님 역시 나와 비슷한 경험을 했다며 그 당시의 자기 마음을 설명해 준 것이다.

나는 하나님의 은혜에 무척 충실한 그 신부님과 내가 내적으로 일치되어 있다는 것을 느꼈다. 그후에 신부님의 꿈 이야기를 듣게 되었다. 하늘에서 내려온 듯한 어떤 여인이 나타나 내게 하나님께서 제네바로 가라셨다고 명하는 꿈이었다는 것이다.

1680년 성녀 막달레나 축일 St. Magdalene's day 열흘 전쯤, 나는 라 콩브 신부님에게 편지를 보냈다. 만일 편지를 그 축일 전에 받으면 특별히 나를 위해서 기도해 달라고 부탁했다. 신부님이 내 편지를 받은 것은 막달레나 축일 바로 전날 밤이었다.

다음날, 신부님은 나를 위해 기도를 해주었다. 나중에 알게 되었지만 기도를 하던 중 신부님은 음성을 듣게 되었다고 했다.

'너희 둘은 같은 장소에 거하게 되리라!'

신부님은 그 강력한 음성을 세 번이나 들었다고 했다. 신부님은 그런 내면의 말씀을 들어 본 적이 없었기 때문에 무척 놀랐다고 말했다.

> 하나님, 신부님과 제가 비록 서로 떨어져 있으나 내적인 감각과 경험 안에서 그리고 똑같이 당하게 될 십자가에서의 못박힘 안에서 우리가 매우 비슷하다는 것을 증명해 주신 것이라 믿습니다. 우리는 우리의 거처가 되신 주님 안에서 함께 거하고 있습니다.

신랑을 기다리는 신부로 준비되라

라 콩브 신부님에게서 첫 번째 편지를 받은 후, 내 안에서는 생명이 회복되기 시작했다. 하나님께서 말로 표현할 수 없는 장엄함과 순결함으로 내게 다시 오신 것을 알게된 나는 참으로 기뻤다.

> 하나님, 저는 하나님 안에서 그 동안 제가 잃었던 모든 것을 다시 발견했습니다. 제가 소유하게 된 평안은 거룩하고 하늘에 속한 것이기에 말로는 설명할 수가 없습니다. 제가 전에 즐겼던 모든 것은 하나님의 은사인 평안이었지만, 이제는 평안의 하나님 자체를 받았고 소유했습니다.

"현재의 고난은 장차 우리에게 나타날 영광과 족히 비교할 수 없도다" 롬 8:18

단 하루 동안의 행복은 수년 동안 받은 고통보다 훨씬 값진 것이었다. 내가 누리는 행복은 동터 오는 새벽에 불과했지만 그 동안 겪은 모든 것을 다 지불할 만큼 가치가 있었다.

선을 행하는 데서 오는 기쁨이 회복되었고, 그 기쁨은 전보다 더 크게 느껴졌다. 모든 것이 아주 자유롭고 자연스러워졌다. 나는 점점 더 광대한 자유를 느끼게 되었다. 날마다 내 안에서 하늘의 복이 점점 더 증가한다는 것을 느꼈다. 이제는 아무리 선한 일을 해도 자아의 의도가 개입되지 않았다. 자아 중심적인 생각이 떠오르면 즉시 떨쳐 버렸다. 마치 영혼 속에 차단하는 장치가 있는 것 같았다. 내 상상력은 안정되어 더 이상 문제를 만들지 않았다. 나의 청결한 생각과 순전한 마음에 나 자신도 놀랄 정도였다.

그러던 중 나는 라 콩브 신부님에게 편지를 받았다. 편지에는 하나님께서 나에 대해 큰 계획을 가지고 계시다는 내용이었다. 여전히 마음 깊은 곳에는 제네바가 있었다. 그러나 누구에게도 그것을 말하지 않았다. 나는 사탄이 개입하지 못하도록 하나님께서 내게 주님의 완전한 뜻과 두려움을 알려 주시길 기다렸다. 나 자신의 비참함과 무능력을 깨달을수록 그것들이 하나님의 계획에 맞게 나를 깨뜨렸다.

> 주님, 주께서는 주님의 일을 이루기 위해 연약한 자를 택하시고, 주님 홀로 모든 일의 주관자이심을 드러내십니다!

나는 모든 일을 하나님께 맡기고 영 안에서 침묵하고 있었다. 그분께서는 내게 요구하시는 것을 내가 수행할 수 있도록 방법까지 알려주시리라 믿었다. 하나님께서 명령하시면 무엇이든지, 생명을 내놓아야 할지라도 그 명령을 따르겠다고 결심했다.

나는 병든 사람들에게 다시 관심을 갖게 되었고 그들을 보살필 수 있는 마음이 생겼다. 하나님께서는 나로 하여금 가장 절망적인 사람들을 치유하게 하셨다. 그분은 의사도 더 이상 손쓸 수 없을 때 나를 통해 그들을 치유하셨다.

> "자기 목숨을 얻는 자는 잃을 것이요 나를 위하여 자기 목숨을 잃는 자는 얻으리라" 마 10:39 저는 모든 사람들의 도움을 다 잃고서야 비로소

순전하게 하나님만의 것이 된 저를 발견했습니다.

하나님의 은사로 살아가며 그것이 가장 은혜로운 것이고 행복한 것이라고 생각하는 사람은 불쌍하고 가련한 사람이다. 만일 그들이 은사에 마음을 뺏겨 제자리에 멈춰 서서 참된 안식에 이르지 못한 채 하나님께로 더 이상 나아가지 않는다면 그들은 더욱 불쌍하게 될 것이다.

얼마나 많은 사람들이 이런 과정에서 자기 생을 다 보내는가? 그리고 그 길의 한 가운데에 서서 자신이 높은 영적 경지에 이르렀다고 생각하는가? 그들은 자아가 십자가에 못박히도록 하나님께 내적인 고뇌의 부름을 받으면서도 죽어 있는 자아 안에서 시간을 헛되이 보낸다. 그러므로 자아의 죽음과 완전한 상실을 통해서만 갈 수 있는 하나님께 더 이상 나아가지 못하게 된다. 그들은 그럴듯한 핑계를 대며 항상 의지할 수 있는 것을 붙잡은 채 하나님의 계획에 이르기까지 결코 자기 자신을 버린 적이 없기 때문이다. 그들은 결코 하나님만으로 충만한 상태를 누리지 못한다.

> 하나님께서는 하나님의 종 욥에게 하신 것처럼 내게 취해 가신 것을 배로 돌려주셨고, 나를 모든 십자가로부터 건지셨으며 선대해 주셨습니다. 주님은 제게 사람들을 만족시켜 줄 수 있는 기적 같은 능력을 주셨습니다.

나에 대해 그토록 불만스러워하던 시어머니가 이제는 나만큼 자기에게 만족스러운 사람은 없다고 말했으니 이 얼마나 놀라운 일인가! 평소 기쁘게 해 주려고 했던 것 외에 특별한 일을 한 것도 없는데 말이다. 나를 맨 밑바닥까지 낮추던 시어머니가 이제는 그것을 후회하며 나를 칭찬하고 있다. 나에 대한 평판은 다시 좋아졌다. 나는 외적으로나 내적으로 완전한 평안 가운데 머무를 수 있었다.

내 영혼이 마치 요한계시록에 나오는 신랑을 기다리는 신부처럼 준비되었고, 더 이상 슬픔이 없는 새 예루살렘처럼 느껴졌다. 모든 것에 완전히 무관심해졌고 하나님의 뜻과 일치되었기에 내 뜻은 전부 없어진 듯 보였다. 나는 하나님께서 매일 공급하시는 양분만을 취했다. 내 영혼은 이제 전적으로 하나님께 속했고, 그것이 너무도 자연스럽고 평안한 것이었다. 이런 상태는 점점 더 견고해졌다. 나 자신에 대한 것은 모두 사라지고 큰 힘이 나를 붙잡아 내 빈자리를 채우는 것 같았다. 하나님께서 갈고리와 막대기로 인도하셨던 때와는 너무도 달랐고 그때를 더 이상 상상할 수조차 없었다. 내 영혼의 자리를 그분께 내어 드렸기 때문이다.

나는 마치 내 영혼이 하나님께로 나아가 그분과 완전히 하나로 연합된 것처럼 느껴졌다. 아무리 작은 한 방울의 물일지라도 바다로 흘러들면 그것은 바다의 한 부분을 이루게 되듯이 말이다. 그리스도와 연합하여 그분과 하나가 된 영혼을 받으시기에 합당한 분은 오직 나를 위해서 자기 몸을 버리신 예수 그리스도뿐이다.

하나님 안에서는, 상실된 영혼이 하나님과 완전한 하나를 이룬다. 이 거룩한 연합을 이룬 영혼은 하나님 안에서 그리스도와 함께 있게 된다. 이 복된 상실은 황홀경에 빠지는 순간적인 상태와는 전혀 다르다. 황홀경과 같은 상태는 나중에 영혼 고유의 기질이 되살아난다.

그리스도와 참으로 연합될 때 이 기도가 성취될 것이다.

"아버지께서 내 안에, 내가 아버지 안에 있는 것같이 저희도 다 하나가 되어 우리 안에 있게 하사 세상으로 아버지께서 나를 보내신 것을 믿게 하옵소서" 요 17:21

8

순종이 제사보다 낫다

"나를 돌아보면 하나님께서 사용하시리라는 생각을 전혀 할 수가 없다.
그러나 내가 연약할 때 오히려 그분은 나를 쓰신다."

사업차 파리에 갔을 때 한 교회에 들어간 적이 있다. 그 안은 매우 어두웠다. 나는 우선 눈에 띄는 고해 신부님에게 갔다. 그 신부님이 누군지 모르고 본 적도 없었지만, 나는 내 상태를 간략하게 고백했다. 신부님은 내 이야기를 듣고 난 뒤 조용히 말했다.

"나는 단지 주님께서 당신에게 알려 주시고 요구하신 것을 행하라 강력히 권하고 싶습니다."

"신부님, 저는 어린 자녀가 있는 과부입니다. 하나님께서 제게 어린 자녀를 돌보는 것 외에 다른 것을 요구하실 수도 있을까요?"

"그것은 나도 모릅니다. 그러나 하나님께서는 당신에게 무엇을 요구하는지 이미 보여 주셨습니다. 당신도 그게 무엇인지 분명히 알고 있고, 그분의 뜻을 방해할 수 있는 것은 이 세상에 아무것도 없습니다. 이제 자녀들 곁을 떠나야 합니다."

신부님의 말은 나를 무척 놀라게 했다. 그러나 제네바에 대해서는 신부님에게 말하지 않았다. 다만 나는 주님께서 요구하시면 모든 것을 다 내려놓고 정리하리라 마음먹었다. 그러나 나는 내 뜻과 하나님의 뜻을 구별할 수 없었다.

이러한 상황에서 한 친구가 가족들과 함께 샴Siam, 태국의 옛이름으로 가서 선교하기를 원했다. 그는 내가 사는 집에서 약 115킬로미터 떨어진 곳에 살고 있었는데 선교사로써 서약할 준비가 되었을 때 그는 그 일을 알리고자 내게 달려왔다. 그는 내 기도실에 가서 기도를 한 후 다시 내게 와서 자신의 뜻을 밝혔다.

나는 그와 깊은 이야기를 나눌 생각은 없었다. 그런데 순간적으로 오랫동안 품고 있던 제네바에 대한 생각을 말하고 싶었다. 나는 내가 초자연적인 것으로 보였던 꿈에 관한 이야기를 했다. 그리고 나는 그에게 말했다.

"당신은 샴으로 가야 합니다. 그리고 저를 도와주어야 합니다. 하나님은 그 목적 때문에 당신을 그곳으로 보내시는 것입니다. 저에게 조언해 주시기 바랍니다."

그는 사흘 후, 그 일에 대해 생각하고 주님께 여쭈어 본 다음 나에게 말했다.

"당신은 제네바로 가야 합니다. 그곳에서 주교님을 만나야 합니다. 당신은 주교님을 통해 더 큰 확신을 얻을 것입니다."

그는 만약 주교님이 내 계획에 동의하면 그것은 주님께로부터 오는 확증이고 그렇지 않으면 포기해야 한다고 덧붙여 말했다.

나는 그의 말에 동의했다. 그는 주교님을 만나러 안시Annecy로 가자고 제안했다. 나는 그가 나이가 많아 긴 여행을 할 수 있을까 생각했다. 그때 우연히 만난 두 명의 여행자에게 반가운 소식을 들었다. 주교님이 지금 파리에 있다는 것이었다.

나는 이것 또한 하나님의 섭리라고 생각했다. 그는 라 콩브 신부님이 파리에 있으니까 신부님에게 편지를 써서 기도를 부탁하라고 나에게 말했다. 라 콩브 신부님은 파리에 있는 주교님을 만나 이야기를 나누었고, 나도 파리에 가서 주교님을 만났다.

"주교님, 저는 제네바로 가서 진심으로 하나님을 섬기려는 사람들을 위해 저의 재산을 사용하고 싶습니다. 많은 주님의 종들이 그렇게 하도록 제게 용기를 주었습니다."

"제네바 근처의 제스Gex에 뉴 가톨릭 공동체New Catholics가 지금 막 형성되는 중입니다. 이것 또한 주님의 섭리군요. 주님은 정말 놀라운 분이십니다!"

"주교님, 제가 부름받은 곳은 제스가 아니라 제네바입니다."

"일단 제스로 갔다가 제네바로 가도 괜찮다고 생각합니다."

나는 내 여정을 어렵지 않게 하기 위해 하나님께서 친히 열어주신 길이라 생각했다. 주님께서 나를 통해 무엇을 얻으시려는 것인지 정확히 알 수 없었다. 하지만 주교님의 말씀을 거부하고 싶지 않았다.

'하나님께서는 그 공동체가 세워지는 과정에 내가 헌신하기를 원하시는 걸까?'

나는 파리에서 뉴 가톨릭 공동체의 원장을 만나러 갔다. 원장은 매우 기뻐하며 기꺼이 나와 함께 일하겠다고 말했다. 그녀는 매우 신실한 하나님의 종이었고, 나에게 강한 확신을 주었다. 하나님께서 그녀를 선택하신 것은 그녀의 거룩함 때문이고, 나를 선택하신 것은 나의 재산 때문이 아닌가 하는 생각이 잠깐 스쳐 지나갔다.

나 자신을 돌아보면 하나님께서 나를 사용하시리라는 생각을 전혀 할 수가 없었다. 그러나 한편으로는 내가 아무런 존재가 아닐수록 오히려 그분의 계획에 더욱 적합하다는 생각도 들었다.

그러나 나 자신이 얼마나 보잘것없고 형편없는 존재인지를 알게 되면서 그런 특별한 계획에는 뛰어난 영감이 필요할 것이라는 생각이 들어 주춤거리게 되었고 혹시 잘못 생각한 것이 아닌가 두려워졌다. 내가 하나님께 의뢰했던 구원과 완전함 때문이 아니라 너무나 열정적으로 서둘러 혹시라도 그분의 뜻을 행하지 못할까 봐 두려운 것이었다.

나는 베르토트 신부님에게 이 이야기를 하는 것은 어려웠다. 그분에게는 가까이 가는 것도 어려웠고, 신부님께서 평범하지 않고 상식적인 길에서 벗어나는 것을 얼마나 정죄할지 알고 있었기 때문이었다. 그전부터 나는 지도 신부님의 생각을 받아들였고, 순종해야 할 때는 내 견해나 판단과 다르더라도 그 말에 순종했다. 지금 이 일도 대단히 중요한 것이므로 신부님에게 이야기해야 하고, 신부님 뜻을 따라야 한다고 생각했다. 나는 신부님이 하나님의 뜻대로 말해 줄 것이라는 믿음을 가지고 용기를 내어 그에게 갔다. 신부님의 말씀은 내 기대와 다르지 않았다.

"자매님의 계획은 하나님으로부터 온 것입니다. 하나님은 자매님에게 또다른 무언가를 요구하시는 것 같습니다."

나는 집에 돌아와 모든 것을 정리하기로 했다. 나는 아이들을 무척 사랑했고 그들과 함께 있는 시간은 무척 소중했다. 하지만, 주님의 뜻을 따르기 위해 아이들을 하나님께 맡겼다. 그리고 파리로 돌아오는 길에 나 자신 역시 하나님 손에 맡겼다. 성공이라는 욕심은 조금도 갖지 않았다. 앞서거나 지체함도 없이 다만 주님께서 기쁘게 지시하시는 대로 움직이겠다고 결심했다.

나는 신기한 꿈을 여러 번 꾸었지만 그 꿈은 십자가와 박해와 고통 외에는 아무것도 알려 주지 않았다. 나는 하나님을 기쁘시게 하는 것이면 무슨 일에든지 헌신할 마음이 있었다.

꿈속에서 나는 어떤 일을 하고 있었고 옆에는 죽은 것처럼 보이는 작은 동물이 있었다. 그 동물은 사람들의 질투처럼 보였다. 내가 그 동물을 안았을 때 그 동물이 나를 마구 물었다. 나는 그 동물을 쫓아 버렸으나 내 손가락에는 바늘같이 날카로운 가시들이 가득 꽂혀 있었다. 나는 평소 잘 알고 있는 사람에게 가서 가시를 뽑아 달라고 부탁했다. 그런데 그 사람은 오히려 가시가 더 깊이 박히도록 누르는 것이었다. 유덕하고 동정심 많은 어떤 신부님이 그 동물을 집게로 집어들 때까지 나는 그 상태로 있어야 했다.

나는 그 신부님을 본 적이 없었지만 그분의 얼굴 표정은 아직도 생생하게 기억할 수 있었다. 나는 죽기 전에 그 신부님을 만나리라 믿었다. 그 신부님이 재빠르게 그 이상한 동물을 잡자 내 손가락에 꽂혔던 가시들이 다 빠졌다. 그리고는 이전까지는 내가 갈 수 없을 것처럼 보였던 길을 쉽게 갈 수 있었다. 어떤 교회로 가는 도중에 허리까지 빠지는 진흙 수렁을 만났지만 나는 진흙을 전혀 묻히지 않고 그곳까지 갈 수 있었다.

✺ 주님은 당신을 원하신다

하나님께서는 앞으로 일어날 일을 알려주시기 위해 가끔 꿈을 사용하기 때문에 꿈 이야기를 잠시 했다. 신비한 꿈은 성경 여러 곳에서 발견된다. 이런 꿈은 몇 가지 속성을 가지고 있다.

첫째, 꿈들은 신기하게도 그 당시에 영향을 끼치는 효력이 있다. 둘째, 꿈 내용을 다 잊어버린다 해도 기억에 남은 인상은 결코 지워지지 않는다. 셋째, 꿈을 생각할 때마다 그 꿈이 지니는 진리의 확실성은 배로 증가한다. 넷째, 그 꿈들은 깨어났을 때 일반적으로 확실한 기름 부음이나 거룩한 느낌 또는 향취를 남긴다.

나는 여러 신자들에게 편지를 받았다. 그들은 각각 다른 곳에 사는 사람들이었고 그중에는 우리 집에서 멀리 떨어진 곳에 사는 사람들도 있었다. 그들은 내가 하나님을 섬기러 가는 것에 대해서 이야기했고, 어떤 사람은 특별히 제네바에 대해서 이야기를 했다. 어떤 분은 내가 그곳에서 십자가와 박해를 감수해야 할 것이라고 암시했고, 또 어떤 분은 소경의 눈과 앉은뱅이의 다리와 불구자의 팔이 되어야 한다고 말했다.

내가 속한 구역의 성직자나 지도 신부님은 내가 착각에 빠진 것이 아닌가 하여 매우 염려하기도 했다. 당시 내게 큰 확신을 준 것은 클로드 마르틴 Cloude Martin 신부님이 오랜 기도 후에 내게 보낸 편지였다. 그 신부님은 주님께서 내가 제네바에 가는 것을 원하시고 모든 것을 기꺼이 주님께 희생하기 원하신다는 말씀을 하셨다고 전해주었다.

나는 그 신부님에게 답장을 보냈다.

"신부님, 주님께서는 아마도 그곳에 세우실 건물을 위해 내가 헌금하기를 원하시는 것 같습니다."

그러나 신부님의 답장에는 또 내 생각이 잘못되었음을 지적하고 있었다.

"자매님, 주님께서는 우리 인간에게 물질적인 것을 원하시지 않아요. 바로 자매님을 원하시는 것입니다."

이때 나는 라 콩브 신부님에게서도 편지를 받았는데 내용은 클로드 마르틴 신부님의 편지와 같았다.

"자매님, 주님께서는 저에게 확신을 주셨습니다. 저는 자매님이 제네바로 가기를 원합니다."

내게 편지를 쓴 두 신부님은 서로 720킬로미터나 멀리 떨어져 있었다. 그런데 두 분이 동시에 같은 내용의 편지를 써 보낸 것이다 나는 놀라지 않을 수 없었다. 나는 두 분의 편지를 통해 주님의 뜻을 확신하게 되었고, 나를 붙잡아 맬 수 있는 것은 이 지상에 하나도 없다는 것을 알게 되었다. 하지만 아이들을 떼어놓아야 한다는 사실이 고통스러웠다. 사실 이 문제를 생각할 때마다 나는 의구심이 생겼다.

> 주님! 꺾여진 갈대에 기대려 한다면 그 갈대는 제 손을 찌를 것입니다. 그러나 오직 주님에게만 의지한다면 제가 무엇을 두려워하겠습니까?

주님의 종이 되는 것과 주님의 명령에 순종하는 것을 이해하지 못하는 사람들의 뜻과 상관없이 나는 무조건 떠나기로 결심했다. 주님께서는 그분의 섭리대로 내 아이들의 교육을 맡아 주실 것이라 믿었다. 주님만이 나의 인도자셨다.

❈ 나눌수록 채워주신다

나는 하나님의 뜻대로 모든 것을 정리했다. 그 과정에서 나와 연결된 사슬 고리가 생각보다 훨씬 강하고, 그것을 끊고 떠나는 것이 심하게 비난받을 만한 일처럼 느껴졌다.

그 당시 사람들은 나에게 "친정 어머니에게서 받아야할 사랑을 시어머니에게서 받았다."라고 말하곤 했었다. 시어머니는 내가 약간만 아파도 매우 걱정해 주었고, 내 미덕을 존경한다는 이야기까지 할 정도로 나의 든든한 지지자가 되어 있었다.

시어머니가 그렇게 변화된 이유는 재산이나 인격에 있어 나보다 훨씬 더 뛰어난 세 사람이 내게 청혼을 했지만, 내가 모두 거절했다는 사실이 적지 않게 작용했으리라 생각한다. 또한 시어머니는 아무리 심하게 꾸짖어도 내가 한마디 대꾸도 하지 않았던 것을 기억하고 있었다. 사실 시어머니는 내가 구박과 억압에서 벗어나기 위해 재혼할 것이라 생각했다. 또 그렇게 되면 아이들에게 큰 상처를 입힐까 두려워했다. 하지만, 나는 재혼을 하지 않았고 그로 인해 시어머니는 매우 상냥해졌다.

내가 심하게 아팠을 때의 일이다. 앓고 있는 동안 시어머니는 내 곁을 떠나지 않았다. 그때 흘린 시어머니의 눈물이 그분의 진실한 사랑을 증명해 주었다. 나는 큰 사랑을 받았고 이후 나는 시어머니를 친어머니처럼 사랑하게 되었다. 그런데 이제 이렇게 연로한 분을 두고 떠나야 할 상황이 된 것이다. 나는 심히 염려가 되었다.

그때까지 내게 큰 고통을 주었던 하녀와도 이제는 우정을 나누게 되었다. 이전에는 생각도 할 수 없는 일이었다. 그녀는 어디에 가든지 내가 최고의 미덕을 갖추었다고 격찬했으며 나를 각별하게 대했고 존중해 주었다. 그리고 그 동안 나를 괴롭힌 것에 대해 용서를 구했다. 그녀는 결국 내가 떠난 후 슬픔으로 인해 죽었다.

내가 이따금 갔던 수녀원에 한 수녀가 있었다. 그녀는 정결한 분이었다. 하지만 수녀원 사람들은 그녀를 방해자라고 생각하고는 가두어 버렸다. 그녀를 만난 사람들은 모두 그녀가 광기 혹은 침울한 상태에 빠져 있다고 했다.

나는 그녀가 독실하다는 것을 알고 있었기에 그녀를 만나고 싶다고 요청을 했다. 그녀를 만났을 때 나는 그녀가 여전히 순수함을 갈구하고 있다는 인상을 받았다. 그래서 나는 원장 수녀님에게 그녀를 그렇게 가둔 채 사람들의 구경거리가 되게 해서는 안 된다고 말하면서 내가 그녀를 돌보겠다고 말했다.

나는 변화가 일어나기를 간절히 희망했다. 어느날 나는 그녀에게 가장 큰 고통은 자신이 바보 취급당하는 것이라는 사실을 알게 되었다. 나는 그녀에게 예수 그리스도께서도 헤롯 앞에서 그런 상황을 견디셨다는 것을 말해 주고, 이 어려움을 견뎌 내라고 격려했다. 결국 그리스도의 희생은 그녀에게 평안을 주었다.

하나님께서는 그녀의 영혼을 정결케 하시고자 그녀가 가장 강하게 애착을 가졌던 모든 것들로부터 그녀를 떼어놓으셨다. 마침내 그녀는 모든 고통을 인내로 이겨냈다. 수녀원 원장은 그녀가 침울한 상태를 벗어나 전보다 더 정결한 상태에 이르렀다는 소식과 함께 내 생각이 옳았다는 내용의 편지를 보내 왔다.

주님께서는 그녀의 상태를 분별할 수 있는 눈을 나에게만 허락하신 것이다. 이 일은 분별의 은사를 확증해 주는 시작에 불과했다. 그 후에 나는 은사를 더욱 풍성하게 받았다.

내가 집을 떠나기 전인 1680년 겨울은 어느 해보다도 길고 추위가 심해서 견디기 힘들었다. 그 해에는 식량도 매우 부족하였기 때문에 내가 이웃을 도울 수 있는 기회가 주어졌다. 시어머니 역시 진심으로 이 일에 동참했다. 나는 시어머니의 변한 모습이 놀랍기도 하고 기쁘기도 했다.

우리는 매주마다 집에서 빵을 구웠고 이웃에게 나누어 주었다. 겉으로 드러나게 받는 것을 부끄러워하는 사람들에게 은밀히 배급했던 양은 훨씬 더 많았다. 그리고 가난한 소년 소녀들에게 일자리를 만들어

주었다. 주님께서 이 구제 사업에 필요한 것을 친히 공급하시는 엄청난 복을 주셨기에 우리 가정의 경제적인 부족함은 전혀 없었다.

새롭게 시작된 구제 사업은 결혼 생활 11년 동안 했던 것보다도 훨씬 더 어렵게 느껴졌다. 나를 고통스럽게 한 것은 그토록 가난한 사람들에게 언젠가는 아무것도 줄 것이 없게 될지도 모른다는 두려움이었다. 그러나 구제 사업의 규모는 줄이지 않았고 계속해 나갔다.

나는 구제 사업에 쓴 비용을 기록하지 않았다. 필요한 비용은 언제나 하나님께서 정확하게 주셨기 때문이다. 너무도 놀라운 하나님의 계획이셨다. 그것이 주님의 금고에서 나온다는 것을 믿었고, 내 것이 아니라 주님 것이기에 나는 자유로울 수 있었다.

남에게 베푸는 일이 우리의 재산을 낭비하거나 축나게 하는 것이 아니라, 오히려 하나님께서 우리에게 복을 주시고 물질을 더욱 풍성하게 채워 주시는 길이라는 것을 사람들이 안다면 얼마나 좋을까? 세상에는 많은 돈이 쓸데없이 낭비되고 있지 않은가! 그것이 가난한 사람들을 위해 넉넉하게 쓰이게 된다면, 그것을 나누는 가정에는 더욱 풍성하고 넉넉하게 보상될 것이라 믿는다.

적잖게 걱정이 되었던 것은 아이들에 대한 사랑이었다. 작은아들에 대해서 더 특별했는데, 거기에는 뜻깊은 이유가 있었다. 그 아이의 교육을 다른 사람에게 맡기는 것이 염려스러웠기 때문이었다.

딸아이는 그 당시 매우 오랫동안 열이 나서 앓고 있었지만 내가 데려갈 생각을 하고 있었다. 하나님께서는 나의 계획을 허락하셨고, 아이는 빠르게 회복되었다. 주님께서 나를 그분에게 단단히 묶으셨던 끈은 혈육의 끈보다 더 강했다.

처음엔 의구심을 갖고 머뭇거리기도 했다. 자신의 성공 기준에 따라 판단하는 사람들은 내가 겪는 고통을 보면서 하나님의 부르심이 내 착각이나 상상이라고 일축해 버리기도 했다. 하지만, 나는 그것이 그분의 뜻임을 확신한 후 다시는 의심하지 않았다. 그는 수많은 십자가를 지게 했지만 – 이 감옥 생활이 그 중 하나이다 – 오히려 그것을 통해 부르심의 신실성과 진실성이 증명되었다. 모든 것을 내려놓는 것이 하나님 뜻에 순종하는 것임을 더욱 확신하게 되었다.

※ 내려놓는 용기가 필요하다

실제로 복음은 그 자체로 진실이라는 것을 보여 주었다. 그것은 주님에 대한 사랑 때문에 모든 것을 버리는 사람들에게는 이생에서 100배로 갚아 준다는 것과 박해를 동시에 약속하고 있다. 내가 소유한 것은 잃은 것보다 더 많다. 고통과 격노의 폭풍우 한가운데서도 완전한 평온을 느꼈고, 냉혹한 포로 상태에서도 말로 표현할 수 없는 기쁨과 자유를 누렸다. 하나님의 때가 되기 전에 내 감옥 생활이 끝나지 않기를 바랄 뿐이었다.

나는 나를 묶어 놓은 쇠사슬을 사랑한다. 내 뜻은 아무것도 없기에 오직 그분에 대한 순전한 사랑만이 나를 사로잡고 있었다. 내 감각은 그분의 뜻을 좋아하지 않았지만, 내 마음은 기뻐하고 있었다. 인내는 내 것이 아니라 나의 생명이신 그분의 것이다. 나도 사도처럼 이제는 내가 사는 것이 아니라 내 안에 그리스도께서 사신다고 말할 수 있게 되었다. 살아 움직이는 내 존재를 소유하신 분은 바로 하나님이시다.

다시 앞의 이야기로 돌아가 보자. 뉴 가톨릭 공동체에 가기를 간절히 원한 것은 아니었지만 마음에 내키지 않는 것도 아니었다. 나는 방황하는 영혼들이 회심하는 일에 헌신하기를 바랐다. 성령께서는 내가 떠나기 전에 여러 가정을 회심시키는 데 나를 사용하셨다. 그 가정들 중에는 가족이 열한 명에서 열두 명이나 되는 가정도 있었다.

라 콩브 신부님은 이번에 떠나는 것을 기회로 삼으라는 편지를 보냈다. 그러나 뉴 가톨릭 공동체와 관계를 맺는 것에 대해서는 전혀 언급이 없었다. 내가 전적으로 포기하며 내 모든 일을 맡겨야 할 분은 하나님 한 분뿐이었다. 하나님께서는 내가 뉴 가톨릭 공동체와 관계 맺는 것을 막으셨다.

어느날, 나는 이 일에 대해 인간적으로 생각하면서 믿음이 흔들리고 혹시 잘못된 것이 아닌가 하는 두려움으로 위축돼 있는 나를 발견했다. 우리 집을 방문했던 어떤 성직자로부터 내 생각이 경솔하고 잘못된 것이라는 이야기를 들은 후 두려움은 더욱 커졌다. 나는 용기를 잃었고, 마음의 위안을 얻으려 성경을 펼쳤다. 이사야서의 말씀이 눈에 들어왔다.

"지렁이 같은 너 야곱아, 너희 이스라엘 사람들아 두려워 말라 나여호와가 말하노니 내가 너를 도울 것이라 네 구속자는 이스라엘의 거룩한 자니라"사 41:14

"너는 두려워 말라 내가 너를 구속하였고 내가 너를 지명하여 불렀나니 너는 내 것이라 네가 물 가운데로 지날 때에 내가 함께할 것이라" 사 43: 1-2

이 말씀은 내가 떠날 수 있도록 커다란 용기를 주었다. 하지만, 뉴 가톨릭 공동체와 관련을 맺는 것이 최선이라는 확신은 주지 못했다. 나는 뉴 가톨릭 공동체의 파리 지역 원장인 가르니에Garnier 수녀님과 만나서 서로의 계획을 이야기할 필요가 있다고 생각했다. 그러나 내가 해야 할 다른 일 때문에 파리에 갈 수가 없었다. 그 수녀님은 나를 만나러 오겠다고 했다.

> 하나님께서는 모든 것이 하나님 뜻에 이르도록 어찌나 놀랍게 이끌어 가시는지! 저는 날마다 새로운 기적을 보았고 그것은 제게 더욱더 큰 확신을 주었습니다. 주님은 저의 작은 일상까지 돌보시는 선하신 분이십니다.

영적 유산을 남기라

파리를 떠나려 할 즈음 가르니에 수녀님이 병이 났다. 그것 또한 주님께서 계획하신 일임을 나는 믿는다. 그녀가 나를 만나기 위해서 오는 동안 주님께서 어떤 일을 하셨는지 다른 사람을 통해서 내게 알려 주시기 위함이었다.

그 사람은 수녀님이 떠나기로 한 날의 날씨가 매우 덥고 습할 것이라고 알려 주었다. 나는 주님께서 바람을 불게 하여 주시고 뜨거운 태양열을 식혀 주시라고 기도했다. 그런데 내 기도가 끝나기도 전에 정말로 선선한 바람이 불었다. 수녀님이 여행하는 동안 이 신선한 바람은 멈추지 않았다고 한다.

가르니에 수녀님은 은혜와 자연적인 이해력을 모두 겸비하고 있는 분이었다. 하지만, 내가 확신했던 것 만큼 수녀님의 말은 내 영혼에게 영향을 주지 못했다. 나는 실망스러운 마음에 속으로 하나님을 찾았다. '주님, 제가 정말 수녀님과 함께 일하기를 원하고 있나요?'

가르니에 수녀님은 나흘 동안 자신의 생각을 밝히지 않았다. 그리고는 마지막 날에야 비로소 나와 함께 가지 않겠다고 말했다. 이 말을 듣고 아주 많이 놀랐다. 사실 나는 하나님께서 내 부족함 때문에 허락지 않으셨던 것을 수녀님의 덕스러움 때문에 허락하실지 모른다고 생각하고 있었기 때문이었다.

나는 용기를 내어 수녀님에게 말했다.

"수녀님, 저는 제 자신을 전적으로 주님께 드렸습니다. 그리고 수녀님을 위해 이 일에 동참하는 것이 아닙니다. 제가 수녀님과 함께 가지 않는다고 해서 제가 이 일을 포기하지는 않을 것입니다."

수녀님은 내 말에 깜짝 놀랐다. 자기가 거절하면 내가 계획을 포기하리라 생각했기 때문이었다.

나는 모든 것을 결정하고 그들과 계약서를 작성했다. 그러나 곧 마음에 커다란 혼란과 근심이 일어났다. 나는 그런 걱정을 수녀님에게 이야기했다.

"수녀님, 주님께서는 제가 제네바로 가기를 원하시고 계십니다. 저는 확신할 수 있습니다. 다만 제가 그 공동체에 속하기를 원하는지 잘 모르겠습니다. 주님께서 그 일에 대해서는 아직 보여주지 않으셨기 때문입니다."

"기도를 합시다. 그리고 예배를 드린 후에 말씀드리겠습니다. 주님께서 원하시는 것이 정말 무엇인지 말이죠."

수녀님은 내가 자기와 관계를 맺는 것이 하나님의 뜻이 아니라고 말했다. 대신 자기와 같이 왔던 자매와 같이 가야하며, 그곳에 가면 라 콩브 신부님이 – 그녀도 신부님의 편지를 읽었다 – 하나님의 뜻을 알려 줄 것이라고 말했다. 그때서야 내 마음은 다시 평온을 찾았고 내 영혼은 내적인 평화를 얻을 수 있었다.

제스에서 시작된 뉴 가톨릭 공동체에 대한 이야기를 듣기 전의 내 생각은 제네바로 직접 가는 것이었다. 당시 제네바에는 봉사하는 가톨릭 교도들이 있었고, 그렇지 않은 사람들도 있었다. 나는 그곳에서 문제를 일으키거나 나를 드러내고 싶지는 않았다.

나는 상처를 치료하기 위한 여러 가지 약을 만드는 법, 특히 그곳에

만연했던 유해물을 치료할 확실한 방법을 알고 있었다. 그래서 나는 그곳에 작은 방을 얻어 그들을 치료하고 그들과 함께 살면서 지금까지처럼 사람들을 사랑하면서 영혼을 얻길 소망했었다. 이런 바람으로 나는 충분히 성공할 것이라 확신했다. 그러나 내 생각보다는 주교님 의견에 따라야 한다고 생각했다.

🕯 주님, 제 안에서 능력을 행하고 이루시는 것은 주님의 영원하신 말씀이 아닌지요? 사람은 사람의 말을 할 뿐입니다.

후에 라 콩브 신부님은 편지를 통해서 뉴 가톨릭 공동체와 관계를 맺지 말라는 말을 하고 싶었다고 말했다. 신부님은 그것이 주님의 뜻이 아니라고 믿었다는 것이다. 그러나 신부님은 그 내용을 빠뜨린 채 편지를 보냈었다.

나를 지도했던 베르토트 신부님은 내가 떠나기 네 달 전에 세상을 떠났다. 나는 신부님의 죽음을 예상했었다. 나는 신부님이 자신의 영적 자녀들을 도울 수 있는 영적 유산을 내게 남겨 주었다고 생각했다.

나는 제네바를 위해 쓰도록 계획된 돈이 엉뚱하게 뉴 가톨릭 공동체에 쓰이는 것이 아닌가 하는 의심이 들었다. 한편으로 나는 그것이 돈을 내려놓지 못하는 본성에서 나온 생각일까 봐 두렵기도 했다. 결국 첫 번째 청원서에 따라 계약을 체결하고자 가르니에 수녀님에게 편지를 보냈다. 하나님께서는 내가 실수하는 것을 허락하셨다. 그것은 내가 그분의 보호에 더욱 민감하게 의지하도록 하시기 위함이었다.

9
성령의 감동하심을
따라 살라

"하나님께서 밤에는 불기둥으로,
낮에는 구름 기둥으로 우리를 보호해 주신다."

나는 사랑하는 가족과 이런 식으로 헤어져야 하는 지에 대한 확신이 없었다. 하지만, 결국 모든 것을 단념한 채 파리의 뉴 가톨릭 공동체로 떠났다. 이때 하나님께서는 기이한 일을 행하셨다.

그들은 계약을 체결하기 위해 공증인을 보냈다. 공증인이 계약서를 읽어 줄 때 나는 반감이 생겼다. 나는 계약서를 끝까지 들을 수가 없어 다 읽기도 전에 서명을 했다. 공증인이 어리둥절해 하는데 가르니에 수녀님이 들어와서 계약할 필요가 없다고 말하자 더욱 놀랐다.

하지만, 나는 하나님의 도우심으로 그 일을 잘 처리할 수 있었고, 성령의 감동하심으로 여러 통의 편지를 쓸 수 있었다. 전에는 경험하지 못한 것이었다. 그래도 이것은 시작에 불과했다. 그후에는 더욱 완전한 성령의 감동하심이 있었다.

내게는 두 명의 하인이 있었는데 그들을 해고시키는 것이 불가능했기에 나는 그들과 함께 올 수밖에 없었다. 그들을 남겨 두고 왔더라면 그들은 내가 떠난 것을 사람들에게 말했을 것이다. 시간이 한참 지난 후에야 나는 그들을 내보내야겠다는 생각이 들었다.

하나님께서 명령하셨기에 그들은 기꺼이 나를 따라오겠다고 했고, 얼마 후 나는 딸아이와 나를 돌봐줄 하녀 두 명과 함께 출발했다. 역마차의 자리를 예약했었지만 사람들 눈에 띄지 않기 위해 멜렝Melun까지는 배를 타기로 결정했다. 그리고 멜렝에 도착해서 마차를 기다렸다.

배 안에서 나는 딸아이가 십자가를 만들며 노는 것을 보고 놀랐다. 딸아이는 배에 탄 삼백 명 가운데 오직 내 주위에만 십자가를 늘어놓았다. 나는 딸아이가 하는 대로 놔두었다. 그 애의 행동에 어떤 의미가 담겨 있는 것 같았다. 딸아이를 말릴 수도 없고, 내게서 십자가를 떼어놓을 수도 없다고 느낀 가르니에 수녀님은 아이가 하는 일이 의미심장하다며 딸아이에게 말을 걸었다.

"귀염둥아! 내게도 십자가를 좀 주렴!"

"싫어요! 이것은 모두 사랑하는 우리 엄마를 위한 것이에요!"

딸아이는 계속해서 내 주위에만 십자가를 놓았다. 그 다음 딸아이는 물 위에 떠 있는 꽃을 갖고 싶다 했다. 나는 이번에는 또 무엇을 할까 하는 호기심에 꽃을 주었다. 딸아이는 그것으로 화관을 만들어 내 머리에 얹으며 말했다.

"십자가 후에 엄마는 이렇게 관을 쓰게 될 거예요!"

나는 딸아이의 행동에 감탄하며 기꺼이 나 자신을 희생 제물로 하나님께 드리겠다고 다시 한번 마음먹었다.

내가 파리로 떠나기 얼마 전, 하나님께 충실했던 특별한 친구가 나에 대한 비전을 보았다며 이야기해 준 것이 생각났다. 내 심장에 가시가 둘러 있는 모습이었고, 그 가운데 주님께서 매우 기뻐하시는 것 같았으며, 심장을 찢을 것 같은 가시가 오히려 심장을 더욱 아름답게 만들었다고 했었다.

코르베이Corbeil에 도착한 후, 나는 하나님께서 당신의 사랑으로 나를 강력하게 끌어당기시기 위해 처음으로 사용하셨던 신부님을 만났다. 신부님은 주님을 위해 모든 것을 맡기려는 내 생각에 찬성했다. 그러나 뉴 가톨릭 공동체와는 잘 맞지 않는다고 말해주었다. 신부님은 내게 그곳에 대해 몇 가지 이야기를 해준 후, 그들과 함께 일할 수 없을 것이라고 말했다. 신부님은 내가 주님과 동행하고 있는 생명의 길에 관해서 그들에게 이야기하지 말라고 주의를 주었다. 그들에게 말하면 오히려 박해만 받을 것이라고 했다.

그러나 하나님께서는 우리가 고난받는 것을 최선으로 여기셨다. 또한 완전히 그분께 드린 우리의 의지가 전적으로 그분의 것이 되었다면 그것을 아무리 숨기려고 해도 수용없는 일이었다.

파리에 있는 동안 갖고 있던 돈 전부를 뉴 가톨릭 공동체에 내놓았다. 단 한푼도 남겨 놓지 않았다. 나는 예수 그리스도처럼 가난하게 된 것이 기뻤다. 집에서 9,000 리브르를 가지고 있는데 모두 헌금으로 드렸다. 계약금으로는 6,000리브르를 내놓았다. 계약금은 내 아이들에게 되돌아갈 것이지만 내게는 돌아올 것이 없었다. 그러나 그것은 내게 전혀 문제가 되지 않았다. 이렇게 얻어진 가난이 나를 더욱 부요하게 만들어 줄 것이라 믿었기 때문이다.

나머지는 나와 함께 있던 수녀들에게 주어 여행 비용과 가구 등을 사는 데 쓰게 했다. 돈을 공동 기금에 맡겨 놓았기 때문에 속옷을 살 만한 돈도 남아 있지 않았다. 이제 나는 자물쇠로 잠글 금고도, 돈을 넣고 다닐 지갑도 필요 없었다.

하나님을 불신하는 일이 생길까 두려웠기에 집에서 떠나 올 때 약간의 속옷만을 가져 왔었다. 사람들은 내가 집에서 거액의 돈을 가지고 가서 라 콩브 신부님의 친구들에게 주며 다 써 버렸다는 소문을 퍼뜨렸다. 그들에게는 내가 한푼의 돈도 갖고 있지 않은 것조차 잘못된 것이었다.

안시에 도착했을 때 어떤 가난한 사람이 도움을 청했다. 나는 소매에서 단추를 떼어 주었다. 한번은 가난한 사람에게 예수 그리스도의 이름으로 무늬 없는 반지를 주었다. 그것은 예수님과의 결혼 서약 증거물로 끼고 있던 반지였다.

우리는 멜렝에서 마차를 탔고 거기에서 가르니에 수녀님과 헤어졌다. 나는 알지 못하는 다른 수녀들과 함께 출발했다. 마차 여행은 몹시 피곤했다. 긴 여행 동안 우리는 잠조차 제대로 잘 수가 없었다.

이제 겨우 5살밖에 되지 않은 예민한 딸아이는 거의 잠을 못 잤다. 하지만 건강에 아무 문제가 없었고, 엄청난 피로도 이겨낼 수 있었다. 딸아이는 매일 밤 침대에서 3시간밖에 자지 못했음에도 불구하고 한 번도 불편해 하지 않았다.

나는 숙소에 도착하자마자 교회에 가서 저녁 시간까지 머물렀다. 마차에 있는 동안에도 거룩하신 주님은 다른 사람들이 생각하거나 이해할 수 없는 방법으로 내 안에서 나와 이야기를 나누셨다. 그래서 나는 아주 위험한 상황에서도 다른 사람들을 격려할 수 있었다.

하나님께서 밤에는 불기둥으로, 낮에는 구름 기둥으로 우리를 보호해 주셨다. 리옹Lyons과 샹베리Chamberry 사이를 지날 때에는 아주 위험한 일을 겪었다. 마차가 부서지는 바람에 모두 밖으로 튀어나간 것이다. 사고가 조금만 더 일찍 발생했더라면 우리는 아마 죽었을 것이다.

1681년 막달레나 성녀 축일에 우리는 안시에 도착했다. 제네바의 주교님은 막달레나 성녀 축일에 성 프란치스코 살레시오의 무덤 앞에서 우리를 위한 미사를 거행했다. 나는 매년 해왔듯 그곳에서 구세주와의 영적 결혼 서약을 새롭게 갱신했다.

나는 주님께서 나와 하나로 연합시켜 주셨던 성 프란치스코를 회상하며 달콤함을 느꼈다. 하나님 안에 있는 영혼이 다른 성도들과 연합되는 정도는 성도들이 주님과 얼마나 더 닮았느냐에 비례한다.

안시를 떠나던 날과 그 다음날, 우리는 제네바에 기도하러 갔다. 나는 주님과 교제하며 참 기쁨을 느꼈다. 마치 하나님께서 더욱 강력하게 나를 그분과 하나 되게 하시는 것 같았다. 나는 많은 사람들의 회심을 위해 간구했다.

우리는 그날 저녁 늦게 제스에 도착했다. 뉴 가톨릭 공동체의 집은 아직 담도 쌓지 않은 상태였다. 제네바의 주교님은 그 집이 세워질 것이라 확신했고, 그것을 전혀 의심하지 않았다.

그러던 중에 나는 딸아이이 체중이 눈에 띄게 줄어드는 것을 보았다. 나는 가슴이 매우 아팠다. 딸아이를 토농에 있는 우르슬라 수녀회에 보내고 싶은 마음이 강하게 들었다. 나는 딸아이 때문에 마음이 아파 눈물을 참지 못하고 숨어서 울곤 했다. 다음날 나는 정리될 때까지 딸을 토농에 머물게 해야겠다고 말했다. 그러나 그들은 딸아이가 해골처럼 마른 것을 보고도 아주 강하게 반대했다.

라 콩브 신부님에게 이 문제를 상의하고 싶으니 방문해 달라는 편지를 보냈다. 더 이상 딸아이를 이곳에 둘 수 없었다.

❄ 생명의 빛은 점점 더 밝아진다

주님께서는 딸의 상태를 불쌍히 여기셔서 제네바의 주교님으로 하여금 라 콩브 신부님께 편지를 쓰게 하셨다. 신부님은 금방 우리에게 오셨고, 덕분에 우리는 위로를 받을 수 있었다.

나는 라 콩브 신부님에게서 교제를 통한 내적인 은혜를 느낄 수 있었다. 이러한 교제의 은혜는 이전에는 누구와도 가져 본 적이 없었다. 그것은 마치 은혜가 영혼의 가장 깊숙한 부분을 통해 신부님으로부터 내게로 넘쳐흐르는 것 같았다. 또한 반대로 신부님에게로 다시 흘러가 신부님도 같은 은혜를 느꼈다. 보이지 않는 거룩한 바다에서 은혜가 흘러 들어오고 흘러 나가는 것 같았다.

이것은 오직 하나님만이 조성하실 수 있는 순수하고도 거룩한 하나 됨이며, 여전히 존속하고 있고 점점 더 견고해지고 있다. 모든 연약함과 이기심을 배제한 이 하나됨은 사랑받는 사람이든, 십자가와 고통으로 짓눌리는 사람이든 상관없이 이러한 축복을 받은 사람들로 하여금 서로 하나 되는 것을 기뻐하게 해준다. 이 하나됨은 육체의 존재를 필요로 하지 않는다. 몸이 없다고 해서 존재하지 않는 것이 아니고, 몸이 있다고 해서 존재하는 것도 아니다. 이 하나됨은 하나님에게서 마음을 멀어지게 하는 것이 아니라 더 깊숙이 다가가게 해주었다. 이것은 내 모든 고통을 사라지게 해주었고, 나를 가장 깊은 평안 속에 세워 주었다.

하나님은 나에 대한 신부님의 마음을 활짝 열리게 하셨고, 신부님은 하나님께서 자신에게 베풀어 주신 자비와 여러 가지 놀라운 것들에 대해 이야기해 주었다. 처음에는 그 이야기를 들으며 약간의 두려움을 느꼈다. 신부님이 착각하고 있는 것이 아닌가 하는 의심도 생겼다.

그러나 은혜는 그 신부님에게서 흘러 넘쳐 내게로 밀려왔고, 나는 곧 그 두려움에서 회복되었다. 나는 그것이 겸손과 연관되어 있다는 것도 알게 되었다. 신부님은 하나님께서 기꺼이 주신 은사나 깊은 학식으로 스스로를 높이지 않았고 오히려 겸손함으로 자신을 낮게 여겼다.

신부님은 내 딸을 토농으로 데려가서 그곳에 머물게 하는 것이 최선의 방법이고 딸아이도 그곳에서 잘 지낼 것이라고 했다. 나는 신부님에게 솔직하게 말할 수 있었다.

"신부님, 저는 뉴 가톨릭 공동체의 생활 방식에 동의할 수 없습니다."

그러자 신부님은 성급하게 생각할 필요가 없다며 나에게 말했다.

"자매님은 그들과 함께 계속 이곳에 머물지 않을 겁니다. 하나님의 섭리에 의해 어디론가 인도될 것이에요. 하나님께서 그 장소를 보여 주실 때까지만 이곳에 머물 것입니다."

나는 자정이 되면 기도를 하기 위해 규칙적으로 잠에서 깨어났다. 그러던 어느날 나는 말씀이 떠올랐다.

"하나님이여 보시옵소서 두루마리 책에 나를 가리켜 기록한 것과 같이 하나님의 뜻을 행하러 왔나이다" 히 10:7

그리고는 아주 순수하게 마음을 꿰뚫는 강력한 은혜의 교제가 뒤따라왔다.

내 영혼은 새 생명 안에서 영원할 것이다. 하지만, 새로운 생명은 바로 직전의 생명과 똑같지 않았다. 새벽이 와서 해가 중천에 떠 광명에 이를 때까지 점점 더 밝아지는 것 같았다. 낮은 결코 밤을 이어 오는 것이 아니다. 생명은 죽음 안에서 죽음을 두려워하지 않고, 더 이상 두 번째 죽음으로 인해 해를 받지도 않는다. 나는 그날 자정부터 무릎을 꿇고 하나님과 달콤한 대화를 하면서 새벽 4시까지 기도를 했다. 그 다음 날도 마찬가지였다.

다음날, 라 콩브 신부님은 오랫동안 기도를 한 후 내게 말씀하셨다.

"하나님께서는 어떤 위대한 건축을 계획하고 계십니다. 그 건축물의 돌이 바로 자매님입니다. 이것은 내 이야기가 아니라 바로 하나님의 말씀입니다."

그러나 그것이 어떤 건축물인지 신부님도 나도 알지 못했다. 다만, 그것이 무엇이든 신부님의 말처럼 하나님의 거룩하신 위엄이 나를 새로운 예루살렘의 돌로 사용하실 예정이라면 그 돌은 윤을 내서는 안 되고 오직 망치로 다듬어져야 한다는 생각이 들었다. 주님은 돌 같은 굳건함과 굴복의 정신과 묵묵함, 그리고 그분의 아래에서 어려움을 감수해 낼 힘을 나에게 주셨다.

신부님은 딸아이를 토농에 있는 우르술라 수녀회에 데리고 갔다. 딸은 라 콩브 신부님을 매우 좋아했으며, 신부님은 하나님께서 보내 주신 좋은 분이라고 나에게 말했다.

그곳에서 나는 안셀무Anselm라고 부르는 사람을 만났다. 그는 그 당시 알려진 사람 중 가장 거룩한 사람이었다. 하나님께서는 제네바 출신인 그를 12살 때 기적적으로 그곳에서 끌어내셨다. 그리고 19살 때부터 성 어거스틴의 은둔처에 살게 하셨다.

또 다른 사람이 그 작은 은둔처에서 같이 살았는데, 그곳으로 예배드리러 오는 사람들 외에는 아무도 그를 본 적이 없었다. 그는 그 오두막에서 12년 동안 살면서 소금 친 콩을 먹었고, 가끔 기름을 먹었다. 일주일에 세 번 물과 빵을 먹었으며, 포도주는 입에 대지 않았고, 식사는 하루에 한 번만 했다. 마모로 얽은 옷을 입었으며, 땅바닥에서 살았다.

그는 지속적인 기도와 겸손함으로 생활했고, 하나님께서는 그를 통해 많은 기적을 행하셨다. 이 훌륭한 은둔자는 라 콩브 신부님과 나에 대한 하나님의 계획을 알고 있었다. 하나님께서는 신부님과 나를 위해 예비해 놓으신 십자가를 그에게 보여 주신 것이다. 그는 우리가 영혼들을 위해서 예비된 자들이라고 했다.

얼마 후 나는 토농이 내가 기대한 것만큼 딸아이에게 적당한 장소가 아니라는 것을 알았다. 나는 마치 아들을 희생시키러 가는 아브라함 같다는 생각이 들었다. 라 콩브 신부님은 딸아이를 아브라함의 딸이라고 불렀다. 나는 방이 없어서 딸애를 혼자 남겨 두어야 한다는 것을 알고 마음이 편치 않았다. 사람들은 불어를 잘 알아듣지 못했고, 음식도 너무 달라 딸아이는 식사를 잘 못했다.

나는 사막으로 쫓겨난 아들 이스마엘이 죽는 것을 볼 수 없어 괴로워하던 하갈과 같은 심정이었다. 위험을 감수할지라도 딸아이만큼은 위험에서 벗어나게 해야 한다고 생각했다. 교육은 오히려 둘째 문제였다. 아이의 생명까지도 위험스럽게 보였고 모든 것이 암흑처럼 보였다.

딸아이는 성품이 좋았기에 만나는 사람들을 감동시켰다. 프랑스에서 교육을 받는다면 훌륭한 사람을 만나 결혼도 할 수 있을 텐데, 이곳에서는 그럴 가망이 전혀 없었다. 건강이 회복된다 하더라도 이런 상황에는 적응하지 못할 것이라 생각했다. 주님께서는 내게 아무런 위로도 주지 않으셨다. 나를 깊은 슬픔 속에 가둬 두신 채 희생 제물을 드리리고 하셨다. 만약 딸이 죽는다면 내가 이곳까지 데려와서 죽게 만들었다며 원망하고 슬퍼할 가족들 모습이 눈에 선했다.

딸애의 타고난 은사가 화살처럼 내 심장을 찔러댔다. 하나님께서는 아직도 내 안에 있는 인간적인 애착을 정화시키기 위해 그렇게 하셨다는 것을 나는 알고 있다. 내가 토농의 우르술라 수녀회를 떠난 후 그들은 딸아이에게 맞는 음식을 주었고, 딸아이는 빠르게 회복되었다.

10
불의 연단이 정금을 만든다

"시련이 끝난 후 나 자신이 어두워진 것이 아니라 정결해졌음을 깨달았다.
나는 헤아릴 수 없을 만큼 무한한 하나님을 소유했다."

내가 프랑스를 떠난 것이 알려지자 소란이 일어났다. 라 모트 신부님은 물론 박식하고 경건한 사람들 모두가 나를 책망하고 있다는 것이다. 더구나 내 어린 아들과 아이들의 유산을 맡고있는 시어머니가 노망이 들었다는 내용도 있었다. 하지만 모두 나를 위협하기 위한 거짓이었다. 나는 성령께서 지시하시는 대로 답장을 썼다.

이후 나를 향한 그들의 책망은 감탄으로 바뀌었다. 라 모트 신부님은 나에 대한 비난을 멈추고 존중하는 태도를 취했다. 그러나 그 태도는 오래가지 않았다. 이기심이 또다시 그를 부추겼다. 신부님 앞으로 연금을 적립해 놓았으리라는 기대가 좌절되었기 때문이었다. 가르니에 수녀님 역시 무슨 이유 때문인지 태도를 바꿔 나를 비난하기 시작했다.

나는 제대로 먹지 못했고 잠도 못 잤다. 내게 나오는 유일한 음식은 오래되었고, 더운 날씨로 쉽게 상한 것이었으며 벌레마저 들끓는 것이었다. 나의 영은 더욱 그럴수록 성숙해졌다. 과거에 할 수 없었던 것을 모두 해낼 수 있는 나 자신에 대하여 스스로 놀랐다. 나를 지켜본 사람들은 내게 큰 능력이 있다고 말했다.

하지만, 나는 미약한 능력밖에 가지고 있지 않다는 것을 알고 있었다. 하나님 안에서 성령을 받은 후 나는 사도들과 같은 상태를 경험하고 있었다. 내가 알고 이해하고 납득하고 필요로 하는 것은 무엇이든지 할 수 있었으며, 선한 일이면 무엇이든지 했다. 첫 번째 아담이 죽고 난 후, 영원한 지혜이신 예수 그리스도께서는 생명이 되어 내 안에 살아 계셨다. 그분 안에는 영혼들에게 주실 온갖 선한 것들이 모두 다 있다.

내가 제스에 온 후, 제네바의 주교님은 가끔 나를 만나러 왔다. 주교님께서는 자신의 불충실함과 빗나간 실수를 터놓고 이야기했다. 내가 어떤 이야기를 하면 동의하고 그것이 사실이라고 확실하게 말했다. 내게 위엄을 입히시고 주교님에게 그렇게 말하도록 나를 움직이신 분은 바로 성령님이셨다.

주교님은 사람들을 무시하는 경향이 있었다. 주교님 자신의 선만을 추구한 나머지 다른 사람을 존중하지 못하고 자기가 틀릴 수도 있다는 가능성을 받아들이려고 하지 않았다. 이러한 연약함 때문에 주교님은 무엇이든지 자기가 직접 참여하고 주장하려고 했으며, 다른 사람이 선을 행하는 것을 가만히 보고만 있지 못했다.

내가 주교님에게 나의 지도 신부에 대해 이야기했을 때, 주교님 역시 마음속에 라 콩브 신부님을 나의 지도 신부로 정하려 했다고 말했다. 라 콩브 신부님은 하나님의 빛을 받아 신앙의 내적인 여정을 잘 이해하고 있었으며, 영혼을 평안하게 해주는 특별한 은사를 지니고 있는 분이었다. 주교님이 라 콩브 신부님을 지명했을 때 나는 무척 기뻤다. 이미 은혜 안에서 연합된 그 신부님의 영적 권위가 초자연적 생명과 하나 된 사랑의 흐름을 통해 그분이 내게 주어진 분인 것을 알게 해주었기 때문이다.

피곤함과 딸을 계속 돌보아야 하는 힘겨움으로 나는 심하게 앓았다. 심한 통증을 느꼈고 의사는 내가 위험하다고 진단했지만, 수녀님들은 내게 관심을 두지 않았다. 특히 사무장 수녀님은 너무나 인색하여 생명 유지에 필요한 필수품조차 주지 않았다. 그들은 내가 프랑스에서 가져온 돈 전부를 받았다. 따라서 내 수중에 돈이라고는 한 푼도 없었다.

그들은 라 콩브 신부님에게 만나고 싶다는 편지를 썼다. 물론 내가 많이 아프다는 내용도 포함시켰다. 내 소식을 들은 신부님은 가슴 아파하며 밤을 새워 걸어왔다. 신부님은 어디든 걸어서 다녔고, 모든 부분에서 예수 그리스도를 닮으려 노력했다.

신부님을 보자마자 내 고통은 줄어들었다. 신부님이 이마에 손을 얹고 기도하며 축복했을 때 나는 완전히 치유되었고, 의사도 크게 놀랐다. 수녀들은 딸에게 가라고 말했다. 나는 라 콩브 신부님과 함께 수녀원에서 나와 딸에게 갔다. 바다 위에서 격렬한 폭풍이 일어 배가 뒤집힐 것 같았고 나는 심하게 멀미를 했다. 그러나 하나님의 손길이 은혜를 베푸셨는데 그 손길이 너무도 크고 뚜렷해서 선원들과 승객들까지 알아볼 정도였다. 사람들은 라 콩브 신부님을 성인이라 생각하고 있었다.

우리는 토농에 도착하자마자 건강이 완전히 회복되었다. 나는 더 이상 약을 먹을 이유가 없었다. 그리고 12일 동안 조용한 곳에서 기도하며 휴양했다. 나는 하나님의 뜻과 교회에 복종하며 주님께서 기뻐하시는 태도로 예수 그리스도께 예배하겠다고 약속했고, 영원한 정결과 순종을 서약했다.

나는 주님을 향해 어떠한 망설임이나 마음의 나뉨이나 이기심 없이 완전하고도 정결한 사랑을 드리고 있는 자신을 발견할 수 있었다. 외적인 것이든 내적인 것이든 내가 가진 것 모두를 버리는 완전한 가난, 주님의 뜻에 대한 완전한 순종, 교회에의 복종, 예수 그리스도만을 사랑하며 경배하겠다고 한 서약의 능력은 곧바로 나타나기 시작했다.

우리가 자신을 버리고 모든 것을 주님께 맡기면 우리의 의지는 그리스도의 의지와 하나가 될 수 있다.

"아버지께서 내 안에, 내가 아버지 안에 있는 것같이 저희도 다 하나가 되어 우리 안에 있게 하사"요 17:21

하나됨을 위한 기도가 놀라운 것은, 그것이 가장 위대한 주님의 뜻으로 큰 기적 중 하나일 뿐만 아니라 그 기도가 실제로 그분 안에서 역사하기 때문이다. 영혼 안에서 소원을 두시는 분은 바로 주님이시기 때문에 영혼 안에서 그 소원이 실제로 능력을 일으키는 것이다.

어떤 사람들은 이렇게 말한다.

"그렇다면 왜 그토록 많은 억압을 참아야 합니까?"

"그런 능력을 갖고 있다면 왜 억압으로부터 벗어나지 않습니까?"

우리는 이렇게 대답할 수 있다.

"능력을 그렇게 사용하여 자기를 자유롭게 하는 것은 하나님의 섭리에 반대되는 육체의 의지일 뿐 하나님의 의지는 아닙니다."

나는 거의 정확하게 자정이면 잠에서 깨어 일어났다. 자명종 시계를 맞춰 놓고는 일어나지 못했을 것이다. 주님께서는 아버지와 같은 자상함과 남편과 같은 사랑으로 나를 감싸고 계시다는 것을 느꼈다. 주님은 내가 몸이 불편하거나 휴식을 필요로 할 때는 나를 깨우지 않으셨다.

나는 잠든 상태에서조차 그분께 사로잡혀 있는 것을 느낄 수 있었다. 몇 년 동안 잠을 깊이 자지 못하고 숙면을 취하지 못했지만 내 영혼은 언제나 주님을 향해 더욱 깨어 있었다.

주님께서는 내가 주님과 연합된 사실을 여러 사람에게 알리셔서 나를 많은 사람들의 어머니가 되도록 하셨다. 사람들은 그분의 선하심을 통해 부모의 사랑을 받는 어린이들처럼 내게서 부모와 같은 사랑을 받았고, 깊고 강한 사랑으로 나와 하나가 되었다. 주님께서는 그들이 필요로 하는 모든 것을 내게 주셨고, 그분께서 인도하시려는 길로 그들을 인도하셨다.

❋ 영혼을 섬기라고 복을 주신다

하나님께서는 내 글을 통해 하나님의 자녀들이 그들 방식대로가 아니라 그분 방식대로 하나님을 영광스럽게 해 드리도록 도와주실 것이다. 만일 내 이야기 중에 이해되지 않는 부분이 있다면 먼저 자신을 죽게 해보자. 직접 경험을 통해 배우는 것이 훨씬 쉽기 때문이다. 즉 아무리 생생한 이야기라도 듣는 것과 경험하는 것은 같지 않다.

시련을 무사히 넘긴 후, 나는 염려했던 것처럼 나 자신이 어두워진 것이 아니라 정결하게 되었음을 발견했다. 나는 헤아릴 수 없을 만큼 무한하게 하나님을 소유했다. 생각이나 욕망도 투명하고 솔직해졌으며, 하나님 안에서 상실된 영혼은 이기적인 움직임 없이 진실해졌다. 사고력과 감각 자체도 놀랍게 정화되었다.

가끔은 이런 내 모습을 보고 스스로 놀랍다는 생각을 하기도 했다. 전에는 끊임없이 하나님의 의지에 대해 상상했지만 이제는 그런 것으로 나를 괴롭히지 않았다. 이제 더 이상 묵상하는 것이 어렵지 않게 되었다.

그분을 향하는 의지는 어떤 것에도 제한받지 않고 그 자체만으로 단순하고 평범하며, 날마다 무한히 강해진다. 신랑이 되신 그리스도의 성품에 함께 참여한 내 영혼 역시 그분의 거대함에 참여한 것 같았다. 말하자면 나는 자신으로부터 벗어나 다시 위로부터 태어나게 된 것이다.

나는 하나님께서 나에게 복을 주시며 기뻐하셨으리라 믿는다. 주님은 새 생명이 시작될 때부터 영혼이 하나님께 나아가는 과정의 단순함과 합당한 갈망을 내가 이해하게 해 주셨다. 하지만, 그것은 나를 위한 것이 아니라 다른 영혼을 위한 것이었다.

자아가 죽을 때 영은 자아로부터 벗어나 거룩한 대상에게 넘겨진다. 나는 이것을 죽음이라고 부른다. 말하자면 죽음은 영혼이 어떤 것에서 또 다른 어떤 것으로 옮겨지는 것이다. 그것은 진정 행복한 영혼의 유월절이며 약속의 땅으로 이주하는 것이다.

하나님께서는 내 영혼이 시야에서 완전히 사라지고 더 이상 알아보지 못할 때까지 나를 가까이 끌어당기셨다. 강물이 바다로 흘러 들어갈 때, 잠깐 동안은 강물이 바닷물과 구별되는 것 같지만 점차 바다와 똑같은 물로 변하고 바다의 속성을 지니게 된다. 마찬가지로 당신의 속성을 나누어 주시는 하나님 안에서 내 영혼은 잃어버린 바 되었고, 자아로부터 완전히 벗어났다. 하나님 안에서 영혼이 사로잡히는 기쁨은 참으로 크다. '주님 안에 있는 사람들은 모두 기쁨으로 감탄한다.' 라는 서룩한 선지자의 말을 나도 경험하게 되었다. 바로 그런 자들에게 주님은 약속하신 것이다.

"너희 기쁨을 빼앗을 자가 없느니라" 요 16:22

마치 평화의 강 속에 잠긴 것 같았다. 기도는 끝이 없었고, 하나님을 사랑하고 기도하는 것을 막을 만한 것은 어떤 것도 없었다.

🕮 자비하신 주님, 자기애를 통해서는 아무것도 소유하려 하지 않을 때 저는 모든 것을 얻었습니다.

한 알의 밀알의 죽음은 100배나 많은 열매를 맺는다. 이때 영혼은 자신에게 좋은 것이든 나쁜 것이든 하나님으로부터 오는 것은 무엇이든지 똑같이 받아들인다. 무엇이든지 아무런 이기적인 감정 없이 받아들이고, 흘러가면 흘러가는 대로 놔두게 된다.

토농의 우르술라 수녀회에서 피정을 마친 후 제네바를 거쳐 돌아오는 길이었다. 교통수단이 없어서 고민을 하고 있는데 프랑스 거주자들이 말을 빌려 주었다. 나는 말을 탈 줄 몰라서 어려움을 겪었다. 하지만, 매우 얌전한 말이라는 그들의 말에 용기를 얻어 위험을 무릅쓰고 타기로 결정했다.

매우 근심 어린 시선으로 나를 바라보고 있던 대장장이는 내가 말을 타도 괜찮은지 시험하기 위해 내가 말에 올라타자마자 뒤에서 말을 때렸다. 순간 말이 거세게 높이 뛰어올랐고, 나는 땅바닥에 내동댕이쳐졌다. 나는 엄청난 충격을 받았고 사람들은 내가 죽은 줄 알았을 정도였다. 관자놀이가 땅에 부딪혔고 광대뼈와 치아 두 개가 부러졌다. 나는 보이지 않는 손길의 도움을 받아서 잠시 후에 다른 말을 탈 수 있었고, 내 옆에는 나를 보호할 사람이 동행하게 되었다.

제스에서 사람들과의 관계는 평탄했다. 파리에는 내가 기적적으로 살고 있다는 소문이 퍼졌고, 그 당시 상당히 존경받고 명성 있는 사람들 여러 명이 내게 편지를 보냈다. 드 라무와뇽 De Lamoignon 양과 어느 젊은 부인에게서도 편지를 받았다. 그 부인은 우리 집에 많은 도움을 준 사람으로, 얼마가 되든지 자기에게 연락만 하면 필요한 만큼의 돈을 보내 주겠다고 말했다.

파리 사람들은 내가 한 일을 책으로 출판하라고 했다. 그러나 무슨 이유 때문인지 그 일은 무산되었다. 사람들의 변화무쌍한 변덕 때문인지, 당시 나에 대해 그토록 많은 호의를 불러일으켰던 그 여행은 후에 내가 받아야 할 이상한 유죄 선고의 구실로 이용되었을 뿐이었다.

Madame Guyon

Part 3

주님의 마음을 움직인
순전한 사랑

1 예수님을 닮아갈수록 평안이 임한다 *2* 혼란 속에도 우뚝 서 계시는 주님
3 주의 울타리 안에서 제자리를 지키라 *4* 우리의 선택을 존중하신다
5 우리 모두는 '사도'입니다 *6* 메마른 영혼아, 성령의 단비를 마시라
7 말씀은 성령으로 세례를 준다 *8* 완전의 시작은 하나됨이다
9 지금은 '성령의 순교자' 시대다 *10* 기름부음과 임재하심이 있는 인생을 살라

1
예수님을 닮아갈수록 평안이 임한다

"믿음의 주요 또 온전케 하시는 이인 예수를 바라보자
저는 그 앞에 있는 즐거움을 위하여 십자가를 참으사 부끄러움을 개의치 아니하시더니
하나님 보좌 우편에 앉으셨느니라 히12:2"

가까운 친척들은 내가 돌아오는 것을 원하지 않았다. 내가 제스에 도착한 지 한 달 후, 그들이 내게 제안한 것은 후견인 지위를 포기하고 모든 재산을 자녀들에게 양도하라는 것이었다. 나를 위해서는 연금을 남겨 두겠다고 했다. 이 제안은 그들 자신의 이익 외에는 아무것도 고려된 것이 아니어서 보통 사람들이 생각하기에는 기분이 상하고 화가 날 수 있는 일이었다.

그러나 나는 이보다 더 현명한 방법은 없다고 생각했다. 왜냐하면 내게는 충고를 해줄 사람도, 그 일을 수행하는 방법에 대해 의견을 물어 볼 사람도 없었기 때문이다. 나는 이것을 가난하고 벌거벗기우고 모든 것을 빼앗기셨던 예수 그리스도를 닮고 싶은 내 깊은 소망이 이뤄질 기회라 생각했다. 그들은 서류로 보내 왔고, 나는 제대로 읽어보지도 않은 채 서명을 했다. 서류에는 내 아이들이 죽을 경우 재산을 친척들이 나누어 가진다고 되어 있었다. 다른 조항들 또한 내게 불리한 것뿐이었다. 하지만 나는 예수 그리스도를 닮기 위해 기쁜 마음으로 재산을 포기했다. 그것에 대해 후회도 망설임도 없었다. 주님을 위해 모든 것을 버리고 가난을 선택한 것이다. 나는 그 순간 평안의 왕국에 있었다.

내가 모든 것을 빼앗기고 새로운 생활로 접어들기 직전에 주님께서 명확한 빛을 비춰 주셨다. 나를 핍박하는 사람을 원망하거나 피할 수 없다는 것을 알게 하신 것이다. 나는 그들에게 연민을 느꼈다. 그들이 나를 고통스럽게 하는 것보다 내가 그들을 더 괴롭히고 있는 것 같아 더 고통스러웠다. 아마도 자기가 무엇을 하고 있는지 알았더라면 그들은 주님이 두려워서라도 나를 그렇게 핍박하지 않았으리라 생각한다. 나는 하나님의 손길을 느꼈고 그들의 웃음 뒤에 있는 쓴 괴로움을 보았다.

말에서 떨어지는 사고를 당하고도 놀랍게 회복되었을 때, 사탄은 자신이 나의 적수임을 공공연하게 선포하며 폭행을 가히기 시작했다.

어느날 밤, 매우 무서워 보이는 괴물 같은 것이 나타났다. 푸르스름하고 가물가물한 불빛 가운데 드러난 얼굴이었다. 아마도 불꽃이 공포스런 얼굴처럼 비쳐진 것인지도 모르겠다. 그러나 얼굴과 너무나 흡사했고 순식간에 비쳐졌기 때문에 분별할 수기 없었다. 그래도 내 영혼은 평온하고 침착했기에 사탄은 더 이상 그런 식으로 나타나지 않았다.

기도하기 위해 자정에 일어났을 때 내 골방에서 끔찍한 소리가 들려왔다. 내가 누운 후에 그 소리는 더욱 심해졌다. 침대가 25분마다 한 번씩 들썩거렸고 창틀이 전부 깨지고 부서졌다. 이러한 일이 계속되는 동안 매일 아침마다 부서지고 찢겨진 것들이 여기저기 널어져 있었다. 그러나 나는 아무런 두려움을 느끼지 않았다.

내가 데리고 왔던 한 자매가 있었는데 그녀는 매우 아름다운 소녀로 이곳에서 권위 있는 어느 성직자와 절친한 관계를 맺고 있었다. 그 성직자는 그 소녀로 하여금 나를 미워하게 만들려 했다. 왜냐하면 그 소녀가 나를 신뢰하면 나는 그 소녀에게 그 성직자를 만나지 말라고 충고할 것이라는 것을 알고 있었기 때문이었다.

그녀가 피정을 하려고 하자 그 성직자는 자기의 지도 아래 피정할 것을 권했다. 소녀의 신뢰를 얻으면 그것을 핑계삼아 자주 방문하려는 계획이었다. 그러나 제네바의 주교님께서 라 콩브 신부님을 우리 집의 지도 신부로 임명했고, 라 콩브 신부님 역시 피정을 계획하고 있었기 때문에 나는 그 소녀에게 그때를 기다리라고 말했다. 그 소녀는 그 성직자와의 피정을 포기했다. 나는 소녀에게 내적인 기도에 대해 이야기해 주었고, 그 기도를 실행할 수 있도록 이끌어 주었다. 주님께서 복을 주신 탓으로 소녀는 진지함과 온 마음을 다해 자신을 하나님께 온전히 바칠 수 있었다.

피정은 성공적이었다. 소녀는 그 성직자를 더욱 조심하며 경계하였다. 화가 난 성직자는 라 콩브 신부님과 내게 그 분노를 터뜨렸다. 이것은 후에 내가 당해야 할 핍박의 근원이 되었다.

내 골방에서 들렸던 소리는 그 성직자의 뒤를 더듬어 따라갔는지, 이런 일이 시작됨과 동시에 그쳤다. 그러나 그 성직자는 나를 상당히 멸시했고, 나에 대한 나쁜 말을 은밀하게 퍼뜨리기 시작했다. 나는 전혀 개의치 않았다.

어떤 수도자가 그 성직자를 만나러 온 적이 있었다. 그는 라 콩브 신부님의 변함없는 태도 때문에 신부님을 매우 미워하는 사람이었다. 두 사람은 서로 합세해서 나를 집에서 쫓아내고 이 집의 주인이 되려 했다. 그들은 수단과 방법을 가리지 않았다.

지금까지의 생활 태도가 그랬듯이 이 집에서도 나는 세상의 일에 대해서는 수녀들에게 맡기고 나는 전혀 개입하지 않았다. 이 집에 들어가자마자 친구인 한 부인이 가구를 사라며 내게 1,800리브르를 빌려 준 적이 있었다. 이 돈은 후에 내가 재산을 포기할 때 갚았지만 실제로 이 돈을 소유한 사람은 수녀들이었다. 수녀들은 내가 전에 내놓았던 돈은 물론 그 돈도 받았다.

나는 가끔 가톨릭교도가 되려고 오는 사람들에게 조금씩 복음을 말해 주었다. 주님께서 복을 내리셔서 내 이야기를 들은 여인들은 하나님을 알게 되었고, 경건하고 굳건하고 모범적인 사람이 되었다. 내 몫의 십자가가 내 앞에 넘치도록 쌓여가는 것이 보이는 듯 했다.

"저는 그 앞에 있는 즐거움을 위하여 십자가를 참으사" 히 12:2

나는 얼굴을 땅에 대고 오랫동안 엎드린 채 주님의 매를 모두 받아들이겠다고 온 마음을 다해 기도했다.

제스에 도착하고 며칠 지났을 때 나는 거룩하고 신비로운 꿈을 꾸었다. 라 콩브 신부님이 거대한 십자기에 묶여 있었고, 사람들은 주님께 했던 것처럼 신부님의 옷을 벗겼다. 또한 그 주위에 있던 군중들은 혼동에 빠진 듯 나를 에워싸고는 신부님에게 했던 것처럼 내게도 치욕스러움을 가했다. 라 콩브 신부님은 몹시 괴로워 보였고, 나는 신부님보다도 더욱 비난을 받는 것 같았다. 그 이후 나는 그 꿈이 완전하게 성취되는 것을 볼 수 있었다. 그 성직자는 마침내 수녀들 중 한 사람을 자기 편으로 끌어들였다. 그 수녀는 이 집의 사무장으로 수도원장 다음 지위에 있는 사람이었다.

나는 좋은 마음을 지니고 있었지만 몸은 여전히 허약했다. 내게 두 하녀가 있었지만 수녀원에서 그들을 필요로 했기 때문에 - 요리사로 혹은 집을 지키거나 다른 일을 하게 했다 - 그들이 나를 도우러 찾아오는 경우를 제외하고는 도움을 받을 수가 없었다. 그래도 나는 계속 그들에게 돈을 주어야 했고, 그해 나의 첫 번째 연금은 전부 그들에게 돌아갔다.

수녀원에서는 하녀들 중 누구도 나를 위해서 일하는 것을 허락하지 않았다. 큰 교회를 청소할 때도 나는 혼자 해야 했다. 몸이 약한 나는 기진맥진하여 여러 번 쓰러졌고, 모퉁이에서 쉬어야만 했다. 나는 그들에게 일을 도와줄 사람이 필요하다고 간청했다. 그들은 가끔 자신들이 인정한 뉴 가톨릭 교도 중 건강한 시골 처녀들에게 청소를 하게 했다.

한 번도 빨래를 해본 적이 없었던 내가 의복과 비품을 전부 빨아야 했다. 나는 일이 너무 서툴렀고, 도움을 받기 위해 하녀를 한 명 데려왔다. 그런데 수녀들이 그 하녀를 내 방에서 데리고 나가며 혼자 하라고 말했다. 나는 아무런 반박도 하지 않고 그 일을 조용히 처리해야 했다.

내가 앞에서 이야기했던 그 소녀의 신앙은 점점 더 굳건해져 혼자서도 자신이 주님께 헌신되도록 기도를 드리게 되었다. 그녀는 나에 대해 많은 연민의 정을 갖게 되었는데, 이것이 그 성직자를 더욱 화나게 했다. 그 성직자는 자신의 노력이 효과를 발휘하지 못하자 불화를 조장하여 라 콩브 신부님을 더욱 효과적으로 해치기 위해 안시로 갔다.

※ 사탄은 넘어뜨릴 자를 찾아다닌다

그 성직자는 먼저 제네바의 주교님을 찾아 갔다. 주교님은 나를 정중하고 친절하게 대해준 분이었다. 주교님을 찾아간 그 성직자는 나로 하여금 수도원장직을 맡게 하자고 말했다. 나를 그곳에 묶어 두고 내

몫으로 남아 있는 연금을 그 집의 소유로 하는 것이 좋겠다며 주교님을 설득했다.

주교님에게 자신의 생각을 전달했다고 생각한 그 성직자는 성공할 수 있다는 기대감에 부풀어 더 이상 나에 대한 예의를 지키지 않았다. 그는 내가 보내는 편지를 검열하기 시작했고, 내게 오는 편지도 가로챘다. 자신에게 힘이 있다는 것을 다른 사람들에게 과시하고 싶었기 때문이었다. 나는 상황을 이미 알고 있었지만 그렇다고 일일이 변호할 수도 없었다.

그 와중에 내가 데리고 있던 하녀 중 한 명이 돌아가기를 원했다. 그녀는 이곳에 온 후 단 하루도 쉬지 못했다. 다른 한 명은 나를 도우려 할 때마다 제지를 당해 상당히 의기소침해 있었다. 나는 라 콩브 신부님이 오시면 이 성직자의 격한 감정을 부드럽게 할 수 있으리라 기대했으며, 내게도 적절한 충고를 해주리라 믿었다.

주교님의 지원을 받으리라 생각한 성직자는 수도원장을 통해 나에게 수도원장직을 받아들이라고 강요했다. 나는 받아들일 수 없었다.

"뜻은 잘 알겠습니다. 하지만 제 소명은 다른 곳에 있습니다."

나는 정중하게 거절했다. 만약 내가 수도원장이 되려면 하나님께서 그것을 원하시는지 응답을 들어야만 했다.

"원장직을 받아들일 수 없다면 할 수 없지요. 그렇다면 이곳에는 언제까지 계실 겁니까? 만약 이곳을 떠날 생각이 있다면 지금 떠나시는 것이 최선이라 생각됩니다만."

수도원장은 나에게 차가운 표정과 냉랭한 목소리로 말했다.

"나는 떠나지 않을 겁니다. 그리고 평소와 같이 생활할 겁니다."

나는 하나님의 뜻을 받들어 그들에게 말했다.

하늘에는 구름이 점점 두터워지고 사방에서 폭풍우가 몰려드는 것을 느꼈다.

"저는 뉴 가톨릭 공동체의 생활에서 아무런 매력을 느끼지 못하고 있습니다. 무언가 음모가 가득한 것 같아요."

나는 솔직하게 말했다.

"저 역시 자매님과 생각이 같아요. 그런 음모에 찬성하지도 않구요. 하지만 그 집에 대한 신용을 얻을 필요가 있고, 파리에서 헌금을 끌어들일 필요가 있다는 그 성직자의 말에는 저도 동의를 합니다. 그 집을 살리기 위해서는 어쩔 수 없어요."

"제 생각은 원장님과 다릅니다. 우리가 올바로 나간다면 하나님께서는 결코 우리를 버리지 않으실 겁니다. 그분은 우리를 위해 기적을 일으키실 거예요. 한번 믿어보세요. 한분이신 주님을요."

나는 진지하게 말했지만 그들은 오히려 또 다른 계략을 꾸미고 있었다. 더 이상 사랑은 존재하지 않았고 점점 냉랭해져 아예 마음의 문을 닫아 버렸다.

얼마 지나지 않아 라 콩브 신부님이 이곳에 피정을 하러 오셨다. 수도원장은 나와 수도원장직 취임에 관한 대화를 한 후 라 콩브 신부님에게 편지를 썼다. 신부님이 오시기 전 수도원장에게 답장을 보냈다. 원장은 그 편지를 나에게 보여주었다.

신부님이 도착하자 수도원장이 물었다.

"신부님, 저도 제네바에 갈 수 있을까요?"

라 콩브 신부님은 개인의 생각을 말하시는 분이 아니었다. 언제나 변함없는 태도로 하나님의 말씀을 전하시는 분이었다.

"하나님께서는 원장님을 제네바에 세우지는 않을 겁니다."

라 콩브 신부님이 평소 때와 다름없는 올바른 태도로 원장에게 말했다. 그리고 얼마 후 원장은 죽었다.

사실 라 콩브 신부님의 대답을 들은 수도원장은 분노했다. 그녀는 수도원장직을 받아들이든지 아니면 이곳을 즉시 떠나라고 강요했었다. 그들은 내가 그 제안을 받아들일 것이라 믿었고, 내 편지를 계속 감시했었다.

더구나 그는 라 콩브 신부님에게 올가미를 씌울 계획으로 설교를 요청했고, 라 콩브 신부님의 설교 내용 중에서 설교에 없는 내용까지 삽입하여 설교 내용을 조작했다. 그리고 그것을 로마에 있는 친구를 통해 신앙 위원회와 종교 신문의 심리에 넘겼다. 그는 설교를 아주 나쁜 내용으로 요약했지만 로마에서는 도리어 좋은 판결을 내렸다. 그는 매우 실망했고 분을 삭이지 못해 신경질까지 부렸다.

이런 식의 대우를 받고 모욕적인 언사로 욕설을 들으면서도 라 콩브 신부님은 온유하고 겸손하게 수도원 일 때문에 안시로 갈 것이라 말했다. "만일 제네바의 주교님께 보낼 편지가 있으면 전해 주겠습니다." 그 성직자는 편지를 쓰는 동안 신부님을 기다리게 하는 무례까지 범했다. 신부님은 3시간 동안 아무 불평없이 기다려 주었다. 하지만, 성직자에게서는 아무런 전갈이 없었다. 나는 성직자에게 사람을 보내 편지가 준비되었는지 알아보라고 했다. 이미 날이 저물었기 때문에 신부님은 이동하는 중간에 하룻밤 묵어야만 했다.

내가 보낸 사람이 성직자에게 다녀와서는 전달할 편지가 없다고 했다. 그때 신부님은 말을 타고 있는 성직자의 하인을 보았다. 사실 그 하인은 신부님보다 빨리 안시에 도착해야 한다는 명령을 받고 막 출발하던 중이었다. 아마 성직자의 편지는 그 하인이 가지고 있지 않았을까 생각한다.

이것은 주교님의 마음을 자기 계획대로 움직이기 위해 시간을 벌려고 꾸민 성직자의 계략이었다. 라 콩브 신부님이 안시에 도착했을 때 주교님은 이미 그 성직자의 의도대로 마음을 정한 상태였다. 주교님은 라 콩브 신부님에게 말했다.

"그 부인이 가진 재산을 제스에 있는 그 집에 전부 내놓도록 하세요. 그리고 그 부인을 수도원장으로 삼아야 합니다."

"주교님, 그 부인이 자신의 소명에 대해 주교님께 직접 말씀드리지 않았나요? 나는 그 부인이 그렇게 할 것이라 생각하지 않습니다. 제네바로 가려는 희망으로 모든 것을 버렸습니다. 제스 공동체는 부인의 생각과 전혀 다릅니다. 그 부인을 제네바 아닌 다른 곳에 두는 것은 하나님의 계획을 막는 일입니다. 부인은 그곳 사람들이 허락한다면 다른 수녀들과 함께 기숙생으로서 머물겠다고 했습니다. 만약 그렇지 않다면 부인은 하나님께서 다른 방법을 취하실 때까지 다른 수녀원으로 옮길 수밖에 없을 것입니다."

"나도 알고 있습니다. 하지만 부인이 당신에게는 순종적이라 들었어요. 당신의 말이라면 부인은 분명히 따를 것이라 생각합니다. 내 말대로 하세요."

"주교님, 부인은 아주 적은 양의 수입 외에 자신을 위해서는 아무것도 남기지 않았습니다. 더구나 아직 세워지지 않았고 어쩌면 세워지지 않을 수도 있는 집을 위해 모든 것을 포기하라는 말을 제가 어떻게 하겠습니까? 만일 그 집이 실패하거나 더 이상 소용없게 된다면 그 부인은 어떻게 살아가겠습니까? 자선 단체로 가야 할까요?"

"그러한 이유는 합당하지 않습니다. 만일 내 말을 그 부인에게 전하지 않는다면 나는 당신을 좌천시킬 것이고, 교회법에 따라 처벌하겠소."

신부님은 주교님의 말에 놀랐다. 이런 일로 자격 정지와 같은 처벌이 내려질 수 없다는 것을 잘 알고 있었기 때문입니다.

"주교님, 저는 양심을 거스르느니 차라리 자격 정지뿐 아니라 목숨까지도 내놓을 각오가 되어 있습니다."

신부님은 이야기를 마치고 나에게 적절한 대책을 강구하라는 소식을 보냈다. 하지만 나는 다른 수녀원으로 가는 것 외에는 다른 아무런 대책이 없었다.

그 즈음 내 딸을 맡고 있던 수녀가 병이 났다며 와 달라는 편지를 보냈다. 나는 수녀들에게 편지를 보여 주며 다녀와야겠다고 말했다.

"만약 나를 더 이상 괴롭히지 않고, 라 콩브 신부님을 평안하게 놔둔다면 딸을 맡은 수녀가 회복되는 대로 돌아오겠습니다."

그러나 그들은 더 심하게 나를 핍박했고, 나를 비방하는 편지를 파리에 보냈다. 또한 내 편지를 전부 차단하고 나에 대한 이야기를 나쁘게 꾸며서 그 지역에 퍼뜨리기까지 했다.

내가 토농에 도착한 다음날, 라 콩브 신부님은 랑Lent에서 설교를 하기 위해 아우스Aoust 계곡으로 출발했다. 신부님이 나와 작별 인사를 하러 왔다. 그곳에서 바로 로마로 떠나야 하며, 만약 윗분이 자신을 억류하면 돌아오지 못할 것이라고 말했다.

"자매님에게 아무런 도움을 드리지 못해 미안합니다. 이곳에 자매님을 남겨 두고 나 혼자 떠나는 것이 가슴이 아프네요. 잘 있어요."

"신부님, 저는 이것을 고통이라고 생각하지 않습니다. 저는 하나님을 위해, 그리고 그분의 명령에 따라 살아갑니다. 신부님을 만나지 못하는 것과 핍박받는 것이 하나님 뜻이라면, 그것에 만족하며 핍박당할 것입니다."

내가 우르술라 수녀회에 도착하자마자, 지난 20년 간 외딴 곳에서 살아온 경건한 신부님이 나를 찾아왔다. 신부님은 나에 대한 환상을 보았다고 했다.

호수에서 어떤 여인이 배를 타고 있는데 제네바 주교가 몇몇 신부들과 함께 배를 가라앉혀서 그 여인을 죽이려 하는 장면을 보았다는 것이다.

"저는 그 장면을 생각하면서 2시간 동안 마음의 고통을 견뎌야 했어요. 이따금 그 부인은 정말 물에 빠져 죽은 듯 얼마 동안 사라졌다가 다시 나타났고, 위험에서 벗어나려고 애썼으나 주교는 그 여인을 끝까지 추격했지요. 그 여인은 줄곧 침착했지만 주교로부터 완전히 자유롭게 되는 것을 보지는 못했어요."

신부님은 환상을 이야기 하다가 화제를 나에게 돌렸다.

"내가 본 것은 부인에 관한 것입니다. 그 주교는 부인을 끊임없이 핍박할 겁니다."

2
혼란 속에도 우뚝 서 계시는 주님

"아무리 작은 일이라도 주님의 뜻을 발견할 때에는 어떤 것에도 얽매이지 않고 그분의 부르심에 순종할 준비가 되어 있어야 한다."

라 콩브 신부님이 떠난 후 핍박은 점점 더 심해졌다. 제네바의 주교님은 나를 정중히 대하면서도 자기가 원하는 것을 내게서 얻어 내고자 애썼다. 다른 한편으로는 프랑스의 상황이 어떻게 진행되는지 알아보면서 나를 반대하는 사람을 자기편으로 만들고 내게 오는 편지를 모두 차단했다.

주교님은 라 모트 신부님에게 편지를 써서 어려움 없이 그를 자기편으로 끌어들였다. 라 모트 신부님은 나를 미워했다. 왜냐하면 내 연금을 자기 앞으로 적립해 놓지 않았고, 자기의 충고를 받아들이지 않는 내가 싫었던 것이다. 나에 대한 나쁜 소문은 그를 통해 널리 퍼졌다.

주교님은 여전히 나를 정중하게 대했다. 그러나 파리에 있는 많은 사람들과 내게 편지를 보내는 경건한 사람들에게 가능한 한 나에 대하여 나쁜 인상을 주는 그런 편지를 보낸 것이다. 나에게 정중하게 대한 것은 교구를 위하여 헌신하며 모든 것을 포기한 사람을 부당하게 대우한다는 책망을 피하기 위함일 뿐이었다.

내가 프랑스에 돌아가지 않기로 결심하자 그들은 나를 더욱 심하게 대했다. 내 신용을 떨어뜨리기 위해 많은 이야기를 꾸며냈다. 하지만 나에게는 이런 사실을 프랑스에 알릴 수 있는 방법이 없었다. 주님께서는 변명 없이 모든 것을 감수하는 마음을 나에게 주셨다. 나는 어떤 복수심도 없었다. 그 후 나는 그곳에서 더 이상 라 콩브 신부님을 만나지 못했다. 그들은 신부님과 나 사이에 스캔들이 있는 것처럼 꾸며 책을 출판하려고 했다. 그때 신부님은 내가 있는 곳에서 720킬로미터나 멀리 떨어진 곳에 있었기 때문에 그것은 명백한 거짓이었다.

나는 그 집에서 딸아이와 함께 살았다. 딸아이는 프랑스어를 잊어버렸고, 산 속의 소녀들처럼 거친 습관이 생겼다. 하지만 여전히 하나님의 은혜 안에 있었다. 딸아이의 재치와 감수성과 판단력은 놀라울 정도로 뛰어났고 성격도 좋았다.

내가 성령을 통한 주님의 지시 이외에는 누구의 지도도 받지 않으며 혼자 지낼 때의 일이다. 어느날 아들이 내 방으로 들어왔다. 주님께서는 아들의 방해를 받아들이라 했다. 주님을 기쁘게 해 드리는 것은 행위 자체가 아니라는 것을 주님께서 친히 알려주셨다. 아무리 작은 일이라도 주님의 뜻을 발견할 때에는 어떤 것에도 얽매이지 않고 그분의 부르심에 항상 순종할 준비가 되어 있어야 한다는 것을 깨닫게 해주신 것이다.

사람들은 자신을 맡길 정도로 사람을 믿는 것을 신중함이라 한다.

사람들은 아무것도 아닌 사람에게 사정을 털어놓고 그 사람이 자신을 속일 리가 없다고 장담한다. 그러나 누군가 전적으로 하나님께 자신을 맡기고 하나님을 충실히 따르면 사람들에게는 속아서 그렇게 포기한 것이라고 말한다.

> 거룩한 사랑이시여! 주님은 당신을 신뢰하는 자녀들을 사랑과 지혜로 인도하기를 원하십니다. 저는 자기를 따르면 결코 잘못되지 않을 것이라고 장담하는 사람들을 보았습니다. 그들은 바로 그 교만 때문에 이미 잘못되었으니 얼마나 슬픈 일인지요!

주님께서는 꿈에 나타난 두 가지 물방울을 통해 영혼들이 선택할 수 있는 두 가지 길을 내게 보여 주셨다. 하나는 비교할 수 없이 뛰어난 아름다움과 맑음과 순수함으로 나타났고, 또 하나는 밝기는 했지만 작은 줄무늬로 가득 차 있었다.

양쪽 물방울 모두 목마름을 해소시켜 주었다. 하지만, 첫 번째 것은 즐거웠고 두 번째 것은 그다지 유쾌하지 못했다. 첫 번째 것은 순수하고 벌거벗은 믿음의 길로 제시되었고 모두 자기애가 제거된 길이었다. 그러나 두 번째 감정과 은사의 길은 그렇지 않았다. 그 은사의 길에는 뛰어난 많은 영혼들이 걸어가고 있었고, 그들은 라 콩브 신부님을 그 길로 끌어당기고 있었다. 그러나 하나님은 신부님을 내게 주셨고, 신부님을 더욱더 순수하고 완벽한 길로 인도하시겠다는 것을 보여 주셨다.

나는 신부님에게 두 개의 물방울에 대한 꿈의 일부를 이야기했다. 그러나 그때 신부님은 내가 말한 첫 번째 길로 들어오지 않았다. 아직 때가 되지 않았던 것이었다.

신부님이 제스에 피정하러 왔을 때, 나는 지난번 꿈에 대한 이야기를 했고, 신부님은 그때를 회상했다. 하나님께서 은혜를 베푸셨기에 신부님은 통회하며 말씀에 압도당했다. 이 사건은 신부님을 내적으로 아주 새롭게 한 계기가 되었다. 신부님은 조용히 기도했고, 마음은 열렬히 타오르는 불꽃과 기쁨으로 가득 찼다. 마침내 신부님이 첫 번째 믿음의 길에 들어선 것이다.

1682년 부활절이 지났을 때 주교님이 토농으로 왔다. 주교님과 이야기할 기회가 생겼을 때 하나님께서는 내게 능력을 주셨고, 주교님은 내 이야기에 동의했다. 그러나 주위 사람들이 주교님을 다시 설득했고, 다시 제스로 돌아온 주교님은 나에게 원장직을 받아들이라고 말했다.

"오직 하나님 만이 결정하실 수 있는 일입니다. 더 이상 강요하지 말아주세요."

나는 주교님에게 간청했다. 주교님은 무척이나 혼란스러워 했다.

"부인께서 그렇게 말씀하시니 더 이상 권할 수가 없군요. 하지만 우리의 소명과 반대로 갈 수는 없는 일입니다. 부인께서 이 집을 위해 좋은 일을 하시길 기도하겠습니다."

나는 그렇게 하겠다고 약속을 했고 연금을 받자마자 그 교구에 있을 때처럼 금화 백 개를 그들에게 보냈다. 주교님은 내게 말했다.

"나는 라 콩브 신부를 사랑하오. 그는 참된 하나님의 종이지요. 그는 나에게 많은 이야기를 했습니다. 나 역시 그의 말에 동의합니다. 하지만, 만약 내가 그렇게 말한다면 사람들은 내가 틀렸다고 할 것이고, 라 콩브 신부는 6개월도 안 되어 미칠 것이라고 말할 겁니다. 또 라 콩브 신부의 사랑과 가르침을 충실히 받아 온 수녀들의 말에도 동의합니다."

나는 말했다.

"나는 모든 것을 다른 사람의 말이 아니라 주님께로부터 오는 가르침과 자신의 양심에 따라야 한다고 생각하고 그렇게 믿습니다."

"저도 부인 말씀에 동의합니다. 부인이 옳아요."

내 앞에서는 나와 같은 의견이었지만 마음이 연약한 탓에 교구로 돌아간 주교님은 마음이 변하여 다시 전과 같아졌다. 그러나 나는 주교님의 충고를 따르기로 결정했다.

※ 당신만의 자리를 준비하신다

내 영혼은 격렬한 폭풍우 가운데서도 하나님께 완전히 맡길 수 있었고 매우 흡족했다. 사람들은 라 콩브 신부님에 대해 이상스런 이야기를 했다. 그러나 그들이 신부님의 위상을 실추시키는 이야기를 할수록 나는 신부님에게 더 큰 존경심을 느꼈다.

"신부님을 다시는 만나지 못할 수도 있지만 나는 신부님을 기쁜 마음으로 변호할 것입니다. 내가 제스에서 원장직을 받아들이지 않은 것은 신부님 때문이 아닙니다. 제 소명이 아니기 때문이지요."

그들은 주교님의 말을 따르라며 내가 속고 있다고 말했다. 그들이 그런 말을 해도 나는 불안하지 않았다. 하나님께서 원하시는 방식대로 인도하도록 나는 모든 것을 그분께 맡겼기 때문이다.

모든 것이 정반대이고 절망적이어서 인간의 감각적 괴로움과 고통이 커질수록 영혼에는 더 큰 평안이 있을 뿐이다. 곧 새로운 생명이 구름과 방해물을 뚫고 솟아오를 것이기 때문이다. 영혼이 하나님께 완전히 넘겨질 때 영혼 안에서는 더 이상 분리나 갈등이 생기지 않는다.

'군대가 나를 에워싼다 할지라도 나의 영혼은 두렵지 않네. 나를 향해 전쟁이 일지라도 나는 그분 안에 숨어 있네.'

사방에서 공격해 올지라도 영혼은 바위처럼 굳건하다. 아무것도 바라지 않고 귀하든지 천하든지, 위대하든지 작든지, 달든지 쓰든지, 명예와 부와 생명에 반대되는 것이든지 아니든지 그분의 명령만을 수행하려는 영혼을 무엇으로 흔들어 그 평안을 뺏을 수 있겠는가?

시련은 영혼에게 반드시 필요하다.

우리는 사도 바울의 고백에서 그것을 발견할 수 있다.

"여러 계시를 받은 것이 지극히 크므로 너무 자고하지 않게 하시려고 내 육체에 가시 곧 사단의 사자를 주셨으니 이는 나를 쳐서 너무 자고하지 않게 하려 하심이니라"고후 12:7

그는 이 가시가 떠나기를 주님께 세 번 간구했다. 그러나 대답은 이것이었습니다.

"내 은혜가 내게 족하도다 이는 내 능력이 약한데서 온전하여짐이라"고후 12:9

그는 이렇게 한탄한 적도 있었다.

"오호라 나는 곤고한 사람이로다 이 사망의 몸에서 누가 나를 건져내랴"롬 7:24

그러나 그는 곧 이렇게 고백한다.

"우리 주 예수 그리스도로 말미암아 하나님께 감사하리로다"롬 7:25

생명을 통해 우리 안에서 죽음을 정복하시는 분은 바로 하나님이시다. 그러므로 이제 더 이상 죽음은 쏘는 것도 없고, 육체의 가시도 될 수 없고, 괴롭히거나 해롭게 할 수도 없다.

시련의 초기 단계에서는 시련이 지속되는 동안 자아의 본성이 자리를 되찾으려고 발버둥친다. 그럴 때에는 아무리 작은 것이라 할지라도 자아의 본성을 허락하지 말고 모든 것이 하나님께로부터 오는 순전한 상태에 이를 때까지 충실하게 본성을 거부해야 한다.

만일 영혼이 자신에 대해 연약하거나 어리석은 연민을 갖지 않고 하나님의 정화 작업에 자신을 전적으로 굴복시키고 맡길 만큼 용기가 있다면 얼마나 아름답고 신속하게 정화될 수 있을까! 그러나 소수의 사람들만이 세상 것을 버리고 자기를 부인한다. 대부분의 사람들은 몇 발자국 전진하다가도 성난 파도가 오면 주저앉아 버리고, 아예 닻을 내리거나 항해하는 것을 포기한다. 자기 자신을 바라보지 않아야만 용기를 잃지 않고 자기애를 거부할 수 있다.

하나님을 많이 경험했고 영적으로 상당히 진보했다고 생각하는 사람은 다른 사람들에게 자신을 나타내 보이며 사람들 안에서 그런 똑같은 완전함을 보고 싶어하기도 한다. 그런 사람은 다른 사람을 아주 낮게 보고 자기는 지나치게 높이 평가한다. 또 그런 사람은 인간적인 사람들과 대화하는 것을 고통스러워하는 경우가 많다.

반면 진정으로 고통을 겪고 자아를 부인하는 영혼은 스스로 선택한 훌륭한 사람들과 대화하기보다는 아무리 바보 같을지라도 하나님의 인도와 질서에 의해 선택된 사람들과 대화하는 것을 더 좋아한다. 그 영혼은 오직 하나님께서 지시하시는 사람과 이야기하기를 갈망한다.

자기가 선택한 왕좌보다는 하나님께서 섭리로 선택하신 자리에 있을 때 – 비록 모든 사람들로부터 비난을 받고 굴욕을 당할지라도 – 거기에서 더 큰 만족을 누리게 된다.

사도의 삶이 시작되는 것은 바로 이 지점이다. 극소수의 사람만이 그럴 수 있다. 모든 사람이 찬사를 보내는 빛과 은사와 은혜와 거룩한 삶의 길이 있다. 이 길을 가는 사람은 가장 순수한 빛은 아닐지라도 빛을 드러낼 것이고, 그러면 그럴수록 더 큰 찬사를 받을 것이다. 그러나 그와 달리 자기를 부인하는 길을 걸어가는 영혼들은 예수 그리스도께서 그러셨듯이 죽을 때까지 거의 드러나지 않는다.

나 역시 이런 상태를 제대로 표현하고 싶다. 하지만 어떻게 표현해야 옳은지 잘 모르겠다.

3
주의 울타리 안에서 제자리를 지키라

"삶의 수많은 고통은 영혼이 제자리에 있지 않고,
하나님의 질서에 만족하지 않는 데서 온다."

　딸이 천연두에 걸렸을 때 사람들이 제네바에서 의사를 불러왔다. 그때 라 콩부 신부님은 딸과 함께 기도했다. 신부님은 딸아이에게 축복 기도를 했고, 얼마 후 놀랍게도 아이는 회복되었다.
　나는 불완전한 사람을 겸손하게 대하는 것에는 어려움을 겪지 않았다. 내가 그렇게 하지 못한 경우에는 안에서 은밀하게 매를 맞은 것처럼 고통을 느꼈다. 반면에 은혜를 받고 어느 정도 영적으로 성장했다고 생각하는 영혼들에 대해서는 겸손한 태도로 대하기가 어려웠고, 그들과는 긴 대화를 나눌 수도 없었다. 어떤 이들은 이러한 대화가 대단히 유익하다고 말하기도 한다. 그 말이 어떤 사람들에게는 맞겠지만 모든 사람에게 해당될 수 있는 것은 아니라 생각한다. 특히 그 대화가 우리의 선택으로 진행될 때는 상처가 될 수도 있기 때문이다.

그 같은 대화가 유익할 수 있는 때도 있다. 그것은 하나님께서 나로 하여금 대화 나눌 사람을 만나게 하셔서 나를 온전히 상대방의 입장에 서게 하실 때이다. 내 의지로 선택한 선한 사람들과 1시간을 같이 있는 것보다 하나님께 순종하여 악한 사람들과 하루 종일 있는 것이 나는 훨씬 낫다고 생각한다.

하나님께서는 당신의 명령과 뜻을 따르는 자를 사랑하신다. 그것은 그들이 단순히 이성적이거나 깨우침을 받은 사람들이기 때문이 아니다. 하나님은 그분 자신을 위해 정결함 속에 영혼들을 보호하시려고 다른 사람들의 눈에 띄지 않도록 그들을 감추신다. 그런 영혼들이 잘못을 저지르는 것은 왜일까? 그것은 그들이 모든 순간 충실하게 자신을 포기하지 않기 때문이다.

자신을 위한 일을 자주 갈망하거나 그것에 충실하다보면 자신도 모르게 여러 잘못을 범하게 된다. 하지만, 그들은 그것을 미리 알 수도 없고 특별히 피할 수도 없다. 그때 하나님께서는 자신을 신뢰하는 영혼들을 내버려두지 않는다. 그들이 하나님께 자신을 충분히 드렸다면 즉시 기적을 베푸셔서 그들이 넘어지는 것을 막으실 것이다. 그러나 그들이 일반적인 의지는 포기했다 하더라도 바로 그 순간에 자기를 전적으로 부인하지 못하기 때문에 실패하게 된다. 하나님의 명령에서 벗어나는 한 그들은 계속 넘어질 것이다. 그러나 그 명령을 지키기 위해 돌아오는 순간 모든 것이 제대로 진행될 것이다.

삶의 가운데에 있는 수많은 고통은 영혼이 제자리에 있지 않고 하나님의 질서에 만족하지 않는 데서 온다. 고통은 바로 그 지점부터 끊임없이 쌓인다. 만약 사람들이 이런 비밀을 제대로 깨닫는다면 하나님께서 정해 놓으신 자기의 위치에 만족할 것이다. 그러나 사람들은 자신이 소유한 것에 만족하지 못하고 갖지 못한 것까지 원하게 된다.

하나님의 빛 가운데 들어간 영혼은 낙원에 있게 된다. 낙원이 의미하는 바가 무엇인가? 영광은 각자 다르다 하더라도 모든 영혼들의 무한한 만족은 하나님의 명령과 질서를 통해 이루어진다. 가난한 사람들 가운데 많은 이들이 만족스러워 한다. 그러나 풍족한 왕자와 권세자는 불행해 한다. 그 이유가 무엇일까? 욕망에 사로잡혀 자신이 소유한 것에 만족할 줄 모르기 때문이다.

하나님의 뜻 안에서 완전히 자신의 뜻을 버린 사람들을 제외하고는 모든 영혼이 다소간 차이가 있을 뿐, 대부분이 강하고 뜨거운 자기의 욕망을 갖고 있다. 어떤 이는 하나님을 위해 순교하기를 원하고, 어떤 이는 이웃이 구원받기를 목말라 하고, 어떤 이는 하나님을 영광 중에 보기를 열망한다.

그러나 하나님의 뜻 안에서 안식하는 사람은 이런 갈망이 없더라도 만족한다. 이는 하나님께 더욱 커다란 영광이 될 것이다.

"제자들이 성경 말씀에 주의 전을 사모하는 열심이 나를 삼키리라 한 것을 기억하더라" 요 2:17

이는 예수 그리스도께서 성전을 더럽히는 자들을 쫓아내실 때 그분에 대해 쓰여진 말씀이다. 이 말씀이 능력을 발휘했던 때는 하나님께서 그렇게 하도록 명령하셨던 바로 그 순간이었다. 예수 그리스도께서는 이전에도 자주 성전에 드나드셨지만, 그때는 그렇게 행동하지 않으셨다. 그리고 종종 '아직 내 때가 오지 않았다'고 말씀하셨다.

❄ 하나님이 인간을 보살피는 방식

라 콩브 신부님은 로마에서 훌륭하다는 평가를 받았고 교리에 따라서 생활한다는 승인까지 얻었다. 신부님은 돌아온 후에도 평소와 같이 기도하고 설교하며 직무를 수행했다. 나는 신부님이 없는 동안 발생했던 일과 고통과 하나님께서 나를 어떻게 돌보셨는지 이야기했다.

한번은 딸아이를 위해 무게가 많이 나가는 짐꾸러미를 파리로 보낸 적이 있었다. 그런데 사람들이 그것을 호수에서 잊어버렸고 다시 찾지 못했다는 소식을 보내 왔다. 나는 상심하지 않았고 언젠가 찾게 되리라고 생각했다. 하지만, 한 달 내내 그 지역을 샅샅이 뒤졌지만 끝내 찾지 못했다. 석 달이 지났을 무렵 기적이 일어났다. 그 짐이 어느 가난한 사람의 집에서 발견되어 내게 돌아온 것이다. 그 사람은 그 짐을 풀어 보지 않았고, 그것을 누가 자기 집에 갖다 놓았는지도 모르고 있었다.

또 언젠가는 내가 1년 동안 쓸 돈을 전부 다른 곳에 보낸 적이 있었다. 돈을 맡은 사람은 그것을 두 개의 보따리로 만들어 말 등에 실었다. 그런데 돈이 있다는 것을 깜박 잊고 다른 소년에게 그 말을 끌고 가라고 맡겼다. 소년은 말에 돈이 실린 것도 모른 채 말을 몰고 가다가 돈 꾸러미를 제네바 시장 한복판에 떨어뜨렸다. 그것도 모르고 소년은 계속 길을 갔다. 놀랍게도 떨어진 돈 꾸러미를 발견한 것은 바로 나였다. 나는 그때 반대편에서 오고 있었다. 내가 마차에서 내려 맨 처음 발견한 것이 바로 그 돈 꾸러미였다. 그곳에 그토록 많은 사람들이 있있는데 돈 꾸러미를 주운 사람이 바로 나라니 이 얼마나 놀라운 일인가!

이런 일들이 내게 많이 일어났다. 이런 이야기들은 하나님께서 나를 지속적으로 보호하셨다는 것을 설명하기에 충분하다.

제네바의 주교님은 끊임없이 나를 핍박했다. 주교님은 나에게는 제스에서 베풀어 준 것에 대해 감사하다며 편지를 통해 정중하게 인사를 했다. 하지만, 다른 사람에게는 내가 그 집에 아무것도 준 것이 없다고 말했다. 또 내가 살고 있던 우르술라 수녀회에 편지를 보내어 나를 라 콩브 신부님이 개최하는 수양회에 참석하지 못하게 하라고 부추기기도 했다. 덕망 있는 수도회 책임자와 원장은 화가 나서 그럴 수 없다고 주교님에게 말했다. 그러자 주교님은 정중하게 사과하며 변명을 했다. 그들은 주교님께 편지를 보내어 내가 고해성사실 외에서는 라 콩브 신부님을 만날 기회가 없다는 것과 나를 통해 깨우침을 받기 때문에 자신들은 나와 함께 있는 것을 기쁘게 생각하며, 하나님의 은혜로 여긴다는 내용을 알려주었다.

주교님은 이곳 사람들이 나를 사랑하는 것을 알고는 내가 사람들을 끌어 모은다 생각하며 자기 교구에서 떠나달라고 말했다. 나는 그 집을 떠나는 것으로는 전혀 고통 받지 않았다. 하나님께서는 내게 모든 것을 똑같이 받아들이게 해주셨다. 타성적인 신앙인은 하나님 안에서 사태를 잘 분별하지 못한다. 가련한 영혼이 교만한 것을 볼 때 나는 그들을 동정한다. 그 영혼이 자기애로 인해 자신을 옳게 보이려고 노력하는 것이 애처롭기 때문이다.

나는 사람들과 대화를 많이 했기 때문에 무척 지쳐 있었다. 휴식이 필요했던 내게 라 콩브 신부님이 피정을 권했다. 사랑을 전하는 일로 하루하루를 보내면서 나는 영적인 어머니의 자질이 나에게 주어진 것을 깨달았다. 주님께서 다른 영혼을 위하여 내게 주신 것은 참으로 귀한 것이었다. 나는 이것을 라 콩브 신부님에게 숨길 수가 없었다.

주님께서는 라 콩브 신부님이 주님을 경외하기 위해 1000명 가운데 선택된 주님의 종이라는 사실을 나에게 보여주셨다. 또한 신부님을 완전한 죽음과 옛사람의 전적인 파괴 가운데로 인도하시리란 것과 신부님이 나를 인도하셨던 바로 그 길로 신부님을 걸어가게 하시기 위해 나를 도구로 쓰실 것도 보여 주셨다.

그것을 위해서 나는 다른 사람들에게 내가 지나온 길을 말해 주어야 할 상황에 처하게 될 것이라고 했다. 주님은 우리를 주님 안에서 하나 되게 하겠다고 말씀하셨다. 당시에는 내가 신부님보다 조금 더 성장해 있었지만 언젠가는 신부님이 담대하고 신속하게 날아 나보다 더욱 성장할 것이라고 하셨다. 그리하여 저는 영적인 어머니로서 매우 기뻐하게 될 것이라고 말씀하셨다.

나는 피정 중에 글을 쓰고 싶었지만 억지로 참았다. 그러다가 마침내 병까지 났지만 나는 여전히 글을 쓰지 않았다. 그것은 억누르기 힘든 은혜로 가득 찬 거룩한 충동이었다. 라 콩브 신부님은 내게 글을 쓰라고 권했다. 나는 첫마디를 어떻게 시작해야 할지 몰랐다. 그러나 막상 시작하니 쓸 말이 풍성하게 흘러 넘쳤다. 글을 쓰면서 마음이 평안해졌고 몸도 좋아졌다. 나는 믿음의 내적인 길을 폭포수와 시냇물과 강에 비유해서 한 편의 글을 썼다.

하나님께서 당시 라 콩브 신부님을 인도하시던 길은 가난하고 미천하고 멸시로 가득 찬 믿음의 길, 바로 십자가의 길이었다. 신부님은 그 길에 복종하는 것이 매우 어렵다는 것을 느꼈다. 신부님의 마음속에 하나님 뜻으로 성전이 지어지기 전에 내가 그 대가를 지불해야 했다는 것을 아는 사람은 누구일까? 아마 단 한 분밖에 없을 것이다.

4
우리의 선택을 존중하신다

"하나님은 인간의 자유를 존중하시기 때문에
우리의 의지로 선택하기 원하신다."

　나는 라 콩브 신부님이 자신에 대해 철저히 죽게 되기를 바라면서 신부님을 위대하고 복된 죽음에 이르게 해줄 모든 십자가와 고통을 간구했다. 신부님이 자아의 죽음을 향한 참된 빛이 아니라 다른 빛으로 사물을 볼 때마다 나는 고문을 당하는 것처럼 고통스러웠다. 전에는 이런 일을 겪어 보지 않았기 때문에 나는 무척 놀랐다. 나는 주님께 불평을 털어놓았다. 주님께서는 이 일에 대해서도 전적으로 그분께 의지하도록 관대하게 나를 격려하셨다. 주님께서 내가 전적으로 주님을 의존하도록 허락하셨기에 나는 새로 태어난 갓난아기와 다름없었다.

하나님께서는 언니가 데려왔던 하녀를 당신 뜻에 따라 인도하시기 위해 내게 맡기셨다. 하지만, 그 역시 나 자신이 못박히지 않고는 불가능한 일이었다. 그들을 영적인 생명으로 이끄시기 위해 그리고 나를 십자가 없는 상태로 남겨 두시지 않기 위해서였다.

하나님께서는 하녀에게 매우 독특한 은혜를 베푸셨다. 그녀는 그 지역에서 상당히 평판이 좋았다. 주님께서는 그녀를 내게 데려오셔서, 그녀가 받은 은사에 포함된 거룩함과 자아의 전적인 파괴 심지어 그 은사 자체와 사람에게 받는 존경심 등을 비롯해 모든 것을 잃어버림으로써만 얻어지는 거룩함 사이의 차이점을 그녀가 깨닫게 하셨다. 주님께서는 내가 라 콩브 신부님에 대해 가졌던 것과 같은 신뢰감을 그녀가 나에 대해서도 갖게 하셨다.

한번은 그녀가 심하게 앓아누운 적이 있었다. 나는 최선을 다해 그녀를 간호했다. 나는 그녀의 마음을 향해 치유되도록 명령 기도를 했다. 결국 그녀의 몸은 명령대로 치유되었다. 그때 나는 말씀으로 명령하는 것과 말씀에 순종하는 것이 어떤 것인지 배웠다. 명령하고 순종하시는 분은 똑같이 내 안에 계신 예수 그리스도였다. 그러나 그녀는 자주 앓았다. 어느날 저녁 나는 식사 후에 그녀에게 말했다.

"일어나라, 그리고 더 이상 아프지 말아라!"

그녀는 일어났고 치유되었다. 수녀들은 몹시 놀랐지만 무슨 일이 일어났는지 깨닫지 못하고 있었다. 다만 아침에 거의 죽을 것처럼 보였던 사람이 걷고 있는 것을 보았을 뿐이었다. 수녀들은 그것이 뛰어난 내 상상력 때문이라고 생각했다.

나는 하나님께서 인간의 자유를 존중하시기 때문에 우리의 의지가 하나님의 의지와 연합되었다 할지라도 우리 의지로 선택하길 원하신다는 것을 경험으로 알고 있었다. 그렇기에 내가 '나으라' 혹은 '네 고통으로부터 자유로우라.' 고 말할 때 그들이 동의하면 말씀이 능력이 되어 치유되었다.

그러나 만일 그들이 '하나님께서 기뻐하시면 나는 치료되겠지, 그분이 원하실 때까지는 치료되지 않을 거야.' 라고 구실을 내세워 의심하며 거부하거나, '나는 치료될 수 없고 상태가 나아지지 않을 거야.' 라며 절망의 상태에 있다면 말씀의 능력은 나타나지 않았다. 나는 하나님의 능력이 나를 통해 나가고 있다는 것을 느끼면서 혈우병을 앓던 여인이 주님을 만졌을 때 했던 말씀이 생각났다.

"내게 손을 댄 자가 누구냐 하시니 다 아니라 할 때에 베드로가 가로되 주여 무리가 옹위하여 미나이다 예수께서 가라사대 내게 손을 댄 자가 있도다 이는 내게서 능력이 나간 줄 앎이로다 하신대"눅 8:45-46

예수 그리스도께서는 나를 통해서 말씀으로 치유하는 능력을 흘러가게 하셨다. 나는 그 능력이 상대방의 동의를 받지 못할 때 근원에서 멈추는 것을 느꼈다. 그것은 또한 내게는 고통이었다. 그런 사람들을 대할 때면 마음이 아팠다. 반면에 거부하지 않고 순전히 받아들일 때 이 거룩한 능력은 충분히 발휘된다. 이런 치유의 능력은 무생물에게까지 미칠 만큼 강했지만, 인간이 자신의 마음안에서 조금이라도 거부하면 그 능력은 순간 완전히 멈추게 된다.

어떤 선량한 수녀가 있었는데 강한 유혹 때문에 무척 괴로워하고 있었다. 그 수녀는 자기를 도울 수 있으리라고 생각한 어느 영적인 자매에게 자신의 이야기를 털어놓았다. 그러나 그 자매는 그 수녀를 멸시하면서 혹독하게 반응했기 때문이었다.

"수녀님은 그런 사람이니까 앞으로는 내게 오지 마세요!"

슬픔에 빠진 수녀는 내게 와서 그 자매의 말 때문에 자신은 완전히 절망하게 되었다고 말했다. 나는 수녀를 위로했다. 주님께서는 그녀를 곧 평안하게 해주셨다.

얼마 후 그 자매가 나를 찾아왔다. 그 자매는 자기가 한 말에 대해 매우 흡족해 했다. 아울러 그 수녀는 혐오스러울뿐만 아니라 유혹에 약한 여자라고 비난하기까지 했다. 게다가 자신은 그런 유혹을 받은 적도, 나쁜 생각을 해본 적도 없다며 자랑스러워했다. 나는 그 자매에게 말했다.

"자매님, 저는 자매님에게 말을 하지 않으려 했습니다. 하지만 우정 때문에 말씀을 드립니다. 저는 자매님이 그 수녀님이 느꼈던 고통, 아니 그보다 더 심한 고통을 느끼게 되기를 바랍니다."

그러자 그녀는 거만한 태도로 말했다.

"만일 부인이 저를 위해 하나님께 그것을 요청하신다면, 저는 하나님께 그 반대의 것을 간구할 것입니다. 저는 적어도 당신보다는 빨리 응답을 받으리라 믿습니다."

나는 크게 확신하면서 대답했다.

"제 자신의 이익을 위해 간구하는 것이라면 저는 응답을 받지 못할 것입니다. 그러나 하나님을 위해서 간구하는 것은 자매님이 깨닫기도 전에 응답받을 것입니다."

바로 그날 밤, 그녀는 누구도 경험해 본 적이 없을 정도의 강한 유혹에 빠졌다. 그 일은 그녀에게 자신의 연약함을 알게 해주었고, 은혜가 없을 때 자신이 어떤 존재인지를 확인할 수 있는 충분한 기회가 되었다. 처음에는 나 때문에 고통을 당했다는 생각에 나를 무척 미워했다. 하지만, 그것은 마치 날 때부터 소경이었던 사람을 눈뜨게 해주기 위해 필요했던 진흙덩이처럼 그녀에게 도움이 되는 것이었다. 그날 이후 그녀는 교만이 얼마나 끔찍한 것인지 잘 알게 되었다.

나는 아주 심하게 앓았다. 이 병은 하나님께서 내 안에서 행하기를 기뻐하셨던 커다란 신비로움을 감추시기 위한 것이었다. 이번 병은 그 어느 때보다 길게 지속되었다.

어느날 꿈에서 라 콩브 신부님이 나를 대적하면서 핍박하는 것을 보았다. 주님께서는 내가 핍박당하는 중에 라 콩브 신부님이 나를 저버릴 것이라는 사실을 알게 해 주셨다. 나는 신부님께 편지를 보냈고 신부님은 크게 불안해 하셨다. 신부님은 자신의 마음이 하나님 뜻에 연합되어 있고, 나를 저버리기에는 나를 돕고 싶은 갈망이 너무나 크다고 생각했기 때문이었다. 그러나 후에 그것은 사실로 나타났다.

신부님의 사순절 설교에 많은 사람이 모였다. 신부님의 설교를 듣고 은혜를 받기 위해 어떤 사람은 24킬로미터 떨어진 곳에서 왔다. 그런데 신부님이 크게 병이 난 것이다. 나는 신부님의 건강이 회복되어 설교할 수 있도록 해달라고 기도했다. 사람들이 신부님의 설교를 듣고 싶어했기 때문이었다. 내 기도는 응답되었다. 신부님은 회복이 되었고, 경건한 수고를 계속 할 수 있었다.

주님은 온전히 그분의 것이 된 영혼들에게는 이 세상의 언어가 아닌 다른 방법으로 대화할 수 있는 길이 있다는 것을 나에게 조금씩 가르쳐 주셨다.

> 거룩하신 말씀이시여, 주님은 깊은 침묵 가운데 계신 것처럼 보이나 영혼 안에서 말씀하시고 행하고 계십니다. 주님의 피조물과도 침묵 가운데 대화하는 길이 있음을 알았습니다.

그때 나는 전에는 알지 못했던 한 가지 언어를 배웠다. 라 콩브 신부님이 들어왔을 때 나는 내가 말을 하지 못한다는 것을 감지했다. 내 영혼 안에는, 하나님을 향해 있었던 것과 똑같은 종류의 침묵이 신부님을 향해서도 있었다. 나는 그날 지금 이 땅에서도 천사의 언어로 말할 수 있다는 것을 하나님께서 내게 보여 주고 싶어하셨다는 것을 알았다. 나는 점차 그분께 침묵을 제외하고는 달리 말을 할 수 없게 되었다.

우리가 하나님 안에서 서로를 이해했던 것은 바로 그때, 말로 할 수 없는 거룩한 교제를 할 때였다. 우리의 영은 서로 이야기했고 어떠한 말로도 표현할 수 없는 은혜를 나누었다. 신부님과 나는 아주 새로운 나라에 있는 것 같았다. 너무도 거룩해서 감히 묘사할 수 없을 정도였다. 처음에는 하나님께서 너무도 순수하고 달콤하게 우리 안으로 들어오시는 것이 현저하게 느껴졌다. 우리는 한마디 말도 하지 않은 채 깊은 침묵 속에서 교제하며 몇 시간을 보낼 수 있었다.

하늘 나라의 말은 영혼을 하나로 만든다는 것과 지금 이 땅에서도 그 순수함에 이를 수 있다는 것을 바로 그때 배웠다. 물론 다른 훌륭한 영혼과도 이렇게 교제를 했지만 이것과는 조금 달랐다.

나는 이 거룩한 침묵 가운데 곁에 있는 영혼들에게 은혜를 전해 주었다. 이 거룩한 침묵은 그들에게 힘과 은혜를 불어넣어 은혜로 가득 채워 주었다. 그러나 나는 그들에게서 아무것도 받지 못했다. 반면 라 콩브 신부님과는 아주 순수한 은혜의 교제를 할 수 있었다.

긴 병석에서 하나님의 강권적인 사랑이 나를 붙드셨고, 그분 홀로 내 마음을 차지하셨다. 마치 나는 아무것도 아닌 것처럼 완전히 그분께 나를 맡겼다. 내 심정은 깊은 겸손함을 통해 이르는 거룩한 바다에서 한 번도 나온 적이 없는 것 같았다. 복된 상실이여! 이것은 십자가와 죽음을 통해서만 이루어지는 더할 수 없는 기쁨의 완성이었다.

그때 예수님은 내 안에 살고 계셨고 나는 더 이상 있지 않았다.

"예수께서 이르시되 여우도 굴이 있고 공중의 새도 거처가 있으되 오직 인자는 머리 둘 곳이 없다 하시더라" 마 8:20

나는 이 말씀을 풍성하게 경험하고 있었다. 내게는 거처가 없었다. 사람들은 나를 거절하고 비난했으며, 친구들마저도 나를 부끄러워하고 배척하여 피할 곳조차 없는 상황이었다. 다른 사람들이 멸시하며 분개할 때 친척들마저 나를 핍박했다. 나는 그들 가운데도 있을 곳을 찾지 못했다. 다윗처럼 탄식이 흘러 나왔다.

"내가 주를 위하여 훼방을 받았사오니 수치가 내 얼굴에 덮였나이다 내가 내 형제에게는 객이 되고 내 모친의 자녀에게는 외인이 되었나이다"시 69:7-8

❋ 광야에서 베푸시는 주님의 긍휼

하나님께서는 당신의 영원한 말씀의 침묵 가운데에서 세상 전체가 나를 향해 분노하는 것을 보여 주셨다. 그리고 내가 십자가로써 많은 자녀를 낳게 해주겠다고 약속하셨다.

나는 그분이 기뻐하시는 것이면 무엇이든지 하시도록 나를 온전히 그분께 맡겼다. 하나님께서는 사탄이 기도를 방해하기 위해 얼마나 엄청난 핍박을 선동할 것인지 보여 주셨다. 또 하나님께서는 나를 얼마나 더 광야로 인도하실 것인지도 미리 알려주셨다. 그리고 거기서 얼마 동안 나를 기르겠다고 하셨다. 그곳까지 나를 보내준 날개는 그분의 거룩하신 뜻에 대한 내 자아의 포기였다. 나는 지금도 감옥 안에서 이 세상과 분리된 채 광야에 있다고 생각한다. 그때 내게 보여 주셨던 것의 일부가 이미 성취된 것을 보고 있다. 나는 하나님께서 내게 쏟으시는 그 긍휼을 표현할 길이 없다. 그 긍휼의 순수함과 무한함, 표현할 수 없는 놀라운 특성 때문에 그분은 언제나 그분 자신 안에 남아 있어야 한다.

나는 이따금 죽음 직전에 이르렀다. 너무 오랫동안 지속된 격한 진통 때문에 기절까지 했었다. 라 콩브 신부님은 우르술라 수녀원장의 요청대로 나를 위해 병자성사를 거행했다. 하지만, 나는 죽는 것에 만족했다.

내 침대 옆에 무릎을 꿇고 있던 라 콩브 신부님은 안색이 변하고 눈이 감기는 나를 보면서 완전히 단념하는 듯 했다. 그때 하나님께서 신부님의 마음을 움직이셨다. 신부님은 손을 높이 들고 방에 있던 모든 사람들이 다 들을 정도의 큰소리로 기도하기 시작했다. 그리고 죽음에게 점령하고 있던 진영을 포기하라고 명령했다. 신부님의 기도가 끝나자마자 죽음의 세력이 멈추는 듯 했다. 놀랍게도 하나님은 나를 다시 일으켜 세우셨다. 하나님께서 그분의 사랑에 대한 새로운 확신을 주신 그 시간 내내 내 육신의 몸은 늘 약했다. 하나님은 죽음 직전에서 내 생명을 회복시키시기 위해 여러 번 당신의 힘을 사용하시길 기뻐하셨다.

내가 병석에 있는 동안 주님께서는 라 콩브 신부님에게 병에 걸린 가난한 사람들을 위해 그 지역에 병원을 세울 마음을 주셨다. 또한 병을 앓고 있어도 생계 수단 때문에 가족을 떠나 병원에 올 수 없는 사람들을 돕기 위해 부인들의 위원회나 회합을 결성할 계획도 주셨습니다. 그곳에는 아직 프랑스에 있는 복지제도 같은 것이 없었다. 신부님의 세획에 나도 기꺼이 동참했다.

우리는 아무런 기금 없이 하나님께만 의지한 채, 어떤 신사가 기증한 방 한 칸으로 시작했다. 우리는 그 병원을 거룩하신 예수님께 올려드렸다. 주님께시는 내 연금을 사용하셔서 침대 몇 개를 사게 하셨다. 또 여러 사람들이 이 사랑에 동참하도록 복을 주셨다. 짧은 시간내에 침대는 열두 개로 늘어났고, 병원에서 아무런 보수 없이 가난한 환자를 돌보는데 헌신할 사람도 세 명이나 주셨다.

나는 연고와 약을 조달해서 도시의 가난한 사람들이 필요한 만큼 무료로 쓸 수 있게 했다. 부인들의 깊은 동정심과 젊은 여인들의 관심으로 병원은 잘 유지되었고, 많은 사람들에게 큰 유익을 주었다. 부인들은 병원에 올 수 없는 환자들을 돕는 데도 동참했다. 나는 그들이 따뜻한 사랑으로 그 일을 지속해 나갈 수 있도록 하기 위해 프랑스에서 준수했던 대로 약간의 규정을 세우고 지키게 했다. 일이 잘 진행된 것은 하나님께서 그들에게 복을 주셨기 때문이었다.

내가 아픈 동안 우르술라 수녀회 수녀들은 베르세이의 주교와 함께 바르나바회의 사제회에 신부들 가운데 찰사와 상담자로서 도와줄 신뢰할 만하고 덕망 있고 경건하고 학식 있는 사람을 추천해 달라고 요청했다. 처음에 주교님은 라 콩브 신부님을 생각했다. 주교님은 그렇게 결정하기 전에 라 콩브 신부님의 의견을 묻기 위해 신부님에게 편지를 보냈다. 라 콩브 신부님은 주교님의 뜻에 따를 뿐 다른 생각도 없다며 명령하신다면 최선으로 생각한다고 답장을 보냈다.

신부님은 내게 이 소식을 전했고, 이제 만나는 것이 어려워질 것이라 말했다. 나는 주님께서 라 콩브 신부님을 잘 알고 올바르게 행동할 주교님 아래서 신부님을 사용하려 하신다는 것을 알고 기뻐했다.

5
우리 모두는 '사도'입니다

"하나님은 우리가 그분만 온전히 의지하도록 하기 위해
그 뜻을 미리 알리지 않으신다."

나는 우르술라 수녀원을 떠나 조그만 집으로 옮겼다. 그곳은 수도원에서 나를 위해 정해 준 집으로 호수에서 멀리 떨어진, 아주 초라한 빈집이었다. 부엌에는 굴뚝도 없고 방에 들어가려면 부엌을 통해서 가야 했다. 나는 가장 큰 방을 딸과 그를 돌보는 하녀에게 주고, 나는 작은 다락방에 짚을 깔고 거기에 묵었다.

그곳에는 평범하고 형편없는 침대 외에는 어떤 가구도 없었다. 그래서 나는 짚으로 된 의자와 흙과 나무로 된 독일 도기를 가져 왔다. 나는 이 작은 토굴 같은 집에서 만족감을 누렸다. 이 동굴은 마치 예수 그리스도의 마음과 같아 매우 평안했다. 나는 이곳에 오래 머물게 되기를 바라며 음식도 들여왔다.

그러나 사탄은 나를 그런 평온함 가운데 오래 놔두지 않았다. 사람들이 창문으로 돌을 던져 내 발에 맞았고, 밤에는 내가 가꾸는 작은 정원에 들어와서 나무 그늘 정자를 부수기도 했다. 어떤 때는 문을 부수고 들어올 것처럼 밤새도록 문을 두들기며 욕설을 퍼부었다. 후에 그 사람들은 그 일을 누가 시켰는지 내게 말해 주었다.

나는 이따금씩 제스에 돈을 보냈다. 하지만, 핍박은 줄어들지 않았다. 그들은 나를 핍박하는데 가담시키려고 어떤 사람을 통해 라 콩브 신부님을 토농에 강제로 머물게 할 허가증을 내주려고 했었다. 그러나 다행스럽게도 우리가 그것을 막을 수 있었다.

그후 나는 그곳에 있는 것이 하나님의 계획이 아니라는 것을 알게 되었다. 주님께서 내가 그토록 달콤하고 큰 만족을 누렸던 그 고독의 장소에서 나를 끌어내려 하신다는 것을 알았기 때문이다.

그리스도께서는 내가 그분처럼 되기를 원하셨다. 사탄은 핍박자들을 선동해서 내가 교구 밖으로 나가기를 원한다는 전갈을 보냈다. 주님께서 내게 행하게 하셨던 모든 선한 일들이 가장 심한 죄악보다도 더 악한 것처럼 정죄를 받았다. 그들은 아무리 큰 죄악도 용서할 수 있었지만 나에 대해서는 참지 못했다.

이런 상황에서도 나는 내가 했던 모든 것에 대해 불안해하거나 후회를 한 적이 없었고 그곳에서 하나님의 뜻을 행했다는 확신에도 변함이 없었다. 나는 모든 것을 공의와 자비로 나에게 십자가를 지우시고 인도하시는 하나님의 손길로 받아들였다.

프뤼나이Prunai의 후작 부인은 왕사보이의 군주의 수석 비서관과 수석 장관의 누이로서, 내가 병석에 있는 동안 튀렝Turin에서 전보를 보내어 함께 머물자고 나를 초청했다. 교구의 핍박에서 벗어나 상황이 좋아질 때까지 와 있으라는 것이다. 상황이 좋아지면 하나님의 뜻에 따라 일하기를 원하는 파리의 친구들과 함께 자신도 그곳에 합류하겠다고 했다. 그러나 나는 후작 부인의 뜻을 따를 수 있는 상황이 아니었다. 상황이 변할 때까지 계속 우르술라 수녀회에 있고 싶었다. 후작 부인은 더 이상 편지를 보내지 않았다.

그 부인은 신앙이 깊은 여인으로서 조용한 생활을 했고, 자신을 하나님께 드리기 위해 화려하고 소란한 궁정 생활도 포기했다. 또한 뛰어난 가문 출신이라는 좋은 조건에도 불구하고 22년 동안 과부로 살았으며 주님께 전적으로 자신을 드리기 위해서 모든 청혼을 거절했다.

부인은 내가 그 동안 어떤 취급을 당하고 있었는지 몰랐지만 우르술라 수녀회를 떠나야만 한다는 것은 알고 있었다. 부인은 라 콩브 신부님을 튀렝에 몇 주간 머물도록 초청하면서 나와 같이 올 것을 요청했다. 내게 피난처를 제공하기 위한 것이었다. 부인은 우리에게 알리지 않고 일을 진행시켰다. 나중에서야 어떤 큰 힘이 그녀로 하여금 원인도 모른 채 그렇게 하게 했다는 것을 알았다.

라 콩브 신부님은 나를 튀렝까지 데려간 후 자신은 베르세이로 가기로 결정했다. 라 콩브 신부님과 둘이만 떠날 경우 오해가 생길 것을 우려해서 덕망 있는 신부님과 함께 갔다. 그 신부님은 14년 동안 신학을 가르친 분이었다. 나는 프랑스에서 같이 왔던 소녀도 데리고 갔다. 그들은 말을 타고 가고, 나는 딸과 하녀를 위해 마차를 빌렸다. 그러나 어떤 세심한 주의도 소용이 없었다. 우리의 여행에 대해 수많은 소문이 나돌았다. 물론 그것은 사람들이 즐기기 위해 꾸며낸 거짓일 뿐이었다.

거짓 소문의 소재를 제공한 것은 바로 나의 오빠 라 모트 신부였다. 설령 그것이 사실이라 하더라도 오빠는 그것을 감춰 주어야 했다. 그러나 그는 오히려 다른 사람보다 훨씬 더 사악한 거짓말을 꾸며내고 있었다. 그들은 내가 라 콩브 신부님과 둘이서 여러 지방을 다닌다며 근거 없는 이야기들을 꾸며냈다. 하지만 우리는 아무런 변명이나 불평 없이 모든 것을 견디었다.

튀렝에 도착한 직후 라 콩브 신부님은 베르세이로 떠나고, 나는 프뤼나이 후작 부인과 함께 튀렝에 머물렀다. 내가 거기서 많은 사람들로부터 받은 비난과 짊어져야 했던 십자가는 어떠했는지 상상을 할 수 있겠는가! 시어머니가 세상을 떠난 후, 큰아들이 나를 찾아왔을 때는 고통이 절정에 이르렀을 때였다. 후견인들이 나와는 아무 상의도 없이 모든 부동산을 팔고 물품을 처리했다는 소식을 아들로부터 들었을 때, 나는 완전히 쓸모없는 존재처럼 느꼈다. 하지만 나는 집으로 돌아가겠다는 생각은 하지 않았다.

우리 일행에게 그토록 따뜻했던 프뤼나이의 후작 부인은 내가 무거운 십자가를 지고 비난당하는 것을 보면서 차가워지기 시작했다. 하나님께서 당시 내게 주셨던 어린애 같은 단순함이 그 부인에게는 바보처럼 느껴졌던 것이다. 내가 누군가를 도와주어야 할 일이 생기거나 하나님께서 내게 요구하시는 것이 있을 때면, 하나님께서는, 어린아이같이 연약한 내게 그 일을 행할 수 있는 분명한 힘을 주셨다.

그곳에 머무는 동안 줄곧 부인의 마음은 내게 닫혀 있었다. 주님께서는 부인과 부인의 딸과 그 집에 살고 있던 덕망 있는 성직자에게 일어날 사건을 나로 하여금 예언하게 하셨다. 그리고 그 일은 실제로 일어났다. 마침내 그리스도께서 내 안에 계신 것을 알게 된 부인은 나를 깊이 사랑하게 되었다.

부인이 내게 마음을 닫았던 것은 스스로에 대한 자기애와 자신도 비난을 받을지도 모른다는 두려움 때문이었다. 더구나 부인은 자신의 영적 상태가 실제보다 훨씬 성숙하다고 믿었다. 사실 자신의 신앙에 대해 검증하지 못한 사람은 이런 착각에 빠지기도 한다. 그러나 그 부인은 곧 내가 말한 진리를 체험하게 되었다.

✼ 하나님의 형상을 회복하라

나는 어디로 가야 할지 몰랐다. 라 콩브 신부님이 있는 베르세이 교구의 주교님이 나를 보호해 주겠다고 약속하면서 그곳으로 오라며 강력하게 설득하는 편지를 보냈다.

"나는 당신을 만나보지 못했지만, 들은 이야기 덕분에 나는 당신을 친형제자매처럼 생각하게 되었습니다. 당신이 이곳에 와서 함께 지낼 수 있기를 진심으로 바랍니다."

그 주교님의 여동생은 나의 특별한 친구 중 하나였다. 그 친구가 주교님과 프랑스의 한 신사 분에게 나에 대한 이야기를 했던 것이다. 그러나 나는 자존심 때문에 그 친절을 받아들일 수가 없었다. 라 콩브 신부님을 따라 베르세이로 가기 위해 튀렝에 왔다는 말은 듣고 싶지 않았기 때문이다.

"주교님, 초청을 해주시는 편지 잘 받았습니다. 하지만 저는 갈 수가 없습니다. 주교님께서는 상관없다 말씀하실지 모릅니다. 하지만 제가 그곳에 가면 주교님의 명성에 흠이 가는 일이 생길지도 모릅니다. 하나님께서는 저를 당신의 종으로 쓰시기 위해 저와 주변 사람에게 고통을 주시곤 하셨습니다. 주교님도 예외가 아니리라 생각합니다."

하나님께서는 우리 모두를 그분의 명령에 철저히 의지하도록 하시기 위해 그 명령을 미리 알게 하지 않았다. 그 거룩한 순간이 우리 앞에 왔을 때야 비로소 알게 하셨다. 이 결정은 오랫동안 자신과 다른 모든

것에 대해서 스스로 십자가에 못박혔다는 확신 속에서 살아 온 라 콩브 신부님에게 커다란 도움이 되었다

내가 튀렝에 머무는 동안 주님께서는 내게 너무도 큰 은혜를 베푸셨다. 나는 매일매일 그분의 형상으로 변화되는 것을 느꼈고, 다른 사람들에 비해 영혼의 상태를 잘 알 수 있는 분별력을 갖게 되었다. 그러나 나는 그 분별력을 사용함으로써 당하게 될 고통을 피하고 싶었다. 내가 다른 영혼의 상태에 대해 라 콩브 신부님에게 이야기하거나 편지를 쓰면, 신부님은 그 영혼이 내가 생각하는 것보다 영적으로 완전하게 성장했다는 의미로 받아들였다. 신부님은 내가 자기처럼 생각하지 않는 것은 교만하기 때문이라고 했다. 신부님은 내게 화를 냈고 내 상태에 대해서 편견을 갖게 되었다.

그러나 나는 주님께서 지시하시는 대로 신부님께 말하지 않을 수 없었다. 이런 이야기를 하기 전까지 신부님은 나를 굳게 신뢰하고 있었다. 하지만 이 문제만큼은 아무리 큰 십자가와 고통이 덮쳐 온다 해도 나의 확신을 꺾지 못했다.

내 생각이 마치 강한 독단에서 오는 편견처럼 보였기 때문에 신부님은 내 생각에 반론을 제기했다. 신부님은 자신의 마음을 드러내지 않고 숨기려 했지만, 나는 신부님이 내게서 얼마나 멀리 떨어져 있는지 느낄 수 있었다. 하지만 그 반대는 점차 줄어들다가 마침내 없어졌고 따라서 내 고통도 멈추었다. 신부님도 역시 같은 것을 경험했다. 신부님은 여러 번 말로 그리고 편지로 나에게 이야기해주었다.

"제가 하나님과 잘 지낼 때는 자매님과도 잘 지냈습니다. 그러나 하나님과 그렇지 못할 때는 자매님과도 불편해진다는 것을 알게 되었습니다."

어떤 미망인이 신부님에게 와서 고해성사를 했었다. 그 여인은 자신

의 영적 상태의 뛰어난 점에 대해서 말했다. 신부님은 내게 하나님께 드려진 영혼을 만났다고 말했다. 그 미망인을 말하는 것이었다. 신부님은 그 여인에게서 많은 감동을 받았다고 하시며 나와의 차이에 대해 이야기했다.

"자매님께서는 나에게 자신의 죽음만을 역사하게 했습니다. 하지만 그 여인은 자매님과는 전혀 달랐어요. 그분은 내게 감동을 주셨습니다. 나는 지금 너무 기뻐요."

처음에는 신부님이 거룩한 영혼을 만났다는 사실에 나도 기뻤다. 하나님께서 영광을 받으시는 것이야 말로 내게는 최고의 기쁨이기 때문이었다. 그러나 주님께서는 내게 그 미망인의 영혼 상태를 명확하게 보여 주셨다. 그 영혼은 새로운 느낌으로 가득 찬, 사랑의 감정과 약간의 침묵이 섞인 헌신의 초보 단계에 있는 사람이었다. 나는 신부님께 이런 사실을 알리지 않을 수 없었다. 신부님은 내가 신부님을 교만하게 바라보고 있다고 생각했다. 신부님의 마음에는 여전히 겸손한 태도에 대한 기존의 고정관념이 있었기 때문이었다.

나는 주님이 인도하시는 대로 어린아이처럼 말하고 행했다. 하늘에 계신 아버지께서 기뻐하시는 곳이면 어디든지 인도하시도록 나 자신을 내려놓았기 때문에 무엇이든지 내게는 다 똑같이 좋았다.

어느날 신부님이 나에게 말했다.

"제가 처음 편지를 읽었을 때는 자매님의 생각이 맞다고 생각했어요. 하지만 다시 읽어보고 나시는 생각이 달라졌어요. 자매님은 사람을 구분하려는 성향이 너무 심해요. 그것은 교만이 자매님의 마음속에 살아있기 때문입니다."

그러나 얼마 지나지 않아 신부님은 나에 대한 신뢰를 회복했다. 그리고 내가 행하는 대로 계속 믿으라고 말했다.

"미안합니다. 자매님, 제가 처음 그 여인을 만났을 때 나는 그 여인의 영적 상태가 대단히 안정적이라 생각했습니다. 하지만 생각과 너무 다른 모습을 보게 되었습니다. 자매님의 생각이 옳았습니다."

사실 나는 신부님에게서 그 여인에 관한 이야기를 들었을 때, 단 한 순간에 그녀의 영적 상태를 분별할 수 있었다.

※ 이웃을 섬기라고 은사를 주신다

어느날 밤 꿈을 꾸었다. 주님께서는 내게 맡기셨던 하녀를 정결케 하고 자아에 대해 진실로 못박히게 하시겠다고 하셨다. 나는 라 콩브 신부님을 위해 그랬던 것처럼 그 하녀를 위해서도 기꺼이 고통을 받아들이겠다고 결심했다. 그 하녀는 신부님보다 훨씬 더 강하게 하나님께 저항했고, 자기애의 힘 아래 묶여 있었다. 하지만 그녀는 어려웠던 만큼 더 자신에게서 정화되었다. 나는 그녀가 자기 자신에 대해 품고 있는 생각 때문에 힘이 들었다.

나는 우리의 부패된 자아가 십자가에서 죽을 때만 사탄이 우리를 해칠 수 없다는 것을 명확히 알았다. 하나님께서는 이 사실을 보게 해주신 것이다. 하나님께서는 내게 영을 분별하는 능력을 주셨고, 이 분별력은 나로 하여금 하나님께 온 것은 무조건 받아들이게 하였다. 물론 다른 것은 무조건 거부하게 만들었다. 영을 분별하는 것은 상식적인 방법이나 외적인 정보에 의해서 이루어지는 것이 아니고 그분의 선물인 내적인 원리에 의해서만 가능한 일이다.

영적인 빛과 열정에 있어서 어느 단계까지는 성장한 사람은 많이 있다. 하지만 그것이 아직은 자신에게 인격화되지 않은 영혼들이 있다. 그들은 종종 자신이 영적 분별력을 소유했다고 생각한다. 사실 이것은 본성에 대한 동정심이나 혐오감에 불과할 뿐이다. 주님께서는 내 안에 있는 여러 종류의 본성적인 혐오감을 모두 파괴하셨다. 영혼은 아주 순수하게 하나님 한 분만을 의지해야 하기 때문에 모든 일을 하나님 안에서 경험해야 한다.

그 하녀가 내적으로 정결케 됨에 따라 내 고통도 줄었다. 그러나 고통은 주님께서 그녀의 상태가 변화될 것이라고 알려 주시고 실제 그렇게 될 때까지 지속되었다. 영혼들 때문에 생기는 이런 내면적인 고통에 비하면 외부적인 핍박은 사실 아무것도 아니다.

제네바의 주교님은 여러 사람들에게 편지를 썼다. 나에게 편지 내용을 전할 만한 사람이면 나에 대해 칭찬을 했다. 하지만 그렇지 않을 사람에게는 나를 아주 나쁜 사람으로 묘사했다. 주교님에게서 편지를 받은 사람들은 서로 편지를 돌려보다가 주교님의 이중성에 충격을 받았다. 그들은 내게 그 편지를 보여주면서 조심하라고 주의를 주었다. 나는 그 편지를 2년 동안 보관했다가 주교님이 해를 받지 않도록 전부 불태웠다.

주교님은 내 이미지를 손상시키기 위해 모든 노력을 기울였다. 이를 위해 대수도원장을 끌어들이기도 했다. 나는 해외에 많이 나가지 않았다. 하지만 주교님이 나에 대하여 많은 말을 했기 때문에 악명높은 사람이 되어 있었다. 그러나 주교님의 말은 궁정의 고위 관직자들에게 그다지 큰 영향력을 발휘하지 못했다.

언젠가 주교님은 왕비에 대한 나쁜 내용의 편지를 왕자에게 보낸 적이 있었다. 그러나 왕자가 죽은 후 그 편지가 왕비의 손에 들어갔다. 이런 일이 있었기 때문에 왕비는 주교님이 나에 대해 나쁜 말을 해도 아랑곳하지 않았고 오히려 커다란 호의를 갖고 있었다. 자신을 만나러 오라는 왕비의 요청에 따라 나는 왕비를 방문했다. 왕비는 내가 자기 통치권 안에 있는 것이 기쁘다면서 나를 보호해 주겠다고 약속했다.

또한 하나님께서는 성직자 두세 명이 회심하는데 나를 사용하셨다. 나는 성직자들이 주는 심한 모욕을 견뎌야 했다. 그들 중 한 사람은 회심 후에도 옛 생활로 돌아가 나를 심하게 비방했다. 그러나 은혜로우신 하나님께서 그를 다시 회복시켜 주셨다.

한편, 나는 딸아이를 튀렝의 방문지에 두어야 할지, 다른 곳으로 보내야 하는지 결정을 내리지 못했다. 그때 기대하지 않았던 라 콩브 신부님이 베르세이에서 오셨다. 나는 기뻐서 신부님과 이 문제에 대해 상의를 하려 했다. 그런데 신부님이 심각한 얼굴로 나에게 말했다.

"자매님, 지금 당장 파리로 돌아가세요. 내일 아침 날이 밝으면 곧장 출발하세요."

그때가 새벽이었는데 이대로 당장 떠나라니 이게 무슨 말인가? 나는 이 갑작스런 이야기에 놀랐다. 이중적인 희생을 요구하는 것이었다. 가족들은 순전히 인간적인 생각과 필요 때문에 그곳을 떠났다 생각하며 나를 경멸했다. 그런데 그런 가족들에게로 돌아가야 한다는 것이다. 그러나 나는 단 한마디 불평도 하지 않았다. 그리고 다른 사람의 안내도 받지 않고 딸아이와 하녀를 데리고 떠나기로 결심했다. 그때 그 지방의 인품 있는 신부님께서 우리에게 왔다.

"아무리 길이 좋다지만 여자들끼리 산을 넘는 것은 좋지 않습니다. 더구나 어린 아이도 있지 않습니까. 라 콩브 신부님께서 함께 가세요."

라 콩브 신부님은 나와 같이 가는 것이 마음에 내키지는 않았지만 순종하는 마음으로 그리고 우리를 보호하기 위해 함께 가겠다고 말했다. 그르노블Grenoble까지만 함께 갔다가 돌아오겠다는 것이었다. 나는 파리에서 어떠한 십자가와 고통을 당한다 할지라도 하나님께서 기뻐하시는 것이라면 무엇이든지 받기 위해 떠나기로 결정했었다.

나는 친구이자 하나님의 훌륭한 종인 한 부인과 2, 3일을 함께 보내고 싶어서 그르노블에 갔다. 내가 그곳에 도착했을 때 라 콩브 신부님과 그 부인은 파리로 가지 말고 거기 머물라고 했다. 하나님께서는 그곳에서 나를 통해 당신 자신을 영광스럽게 하고 싶었던 것이다.

라 콩브 신부님은 베르세이로 돌아갔고, 나는 하나님께서 인도하시는 대로 어린아이처럼 나 자신을 맡겼다.

나는 딸아이를 수녀원에 두고 내 영혼의 절대적 주권자이신 그분께서 나를 완전히 점령하시도록 모든 시간을 드렸다. 나는 그곳에서 전혀 외출을 하지 않았다. 그런데도 내가 도착한 지 며칠 지나지 않아 하나님께 헌신한 신앙 고백자들 몇 명이 내게 왔다. 나는 깜짝 놀랐다. 나는 즉시 그들 각자의 상태에 알맞게 필요한 것을 공급받을 수 있는 은사를 하나님께서 내게 주셨다는 것을 알았다.

나에게 사도직이 주어진 것이다. 나는 사람들의 영혼 상태를 아주 쉽게 분별했고 그들 역시 내 분별력에 놀라워했다. 그들은 자신들이 필요로 했던 것을 나를 통해서 얻었다고 말했다.

🙏 나의 하나님! 이 모든 것을 행하신 분은 바로 하나님이십니다.

그들은 다른 사람들에게도 나에 대해서 알리고 나를 만나도록 보내곤 했다. 찾아오는 사람들이 점점 많아져서 나는 아침 여섯 시부터 밤 여덟 시까지 주님에 대하여 말하게 되었다. 수도자, 성직자, 평신도, 하녀, 부인, 미망인 등 다양한 사람들이 사방에서 무리 지어 모여들었다.

주님은 내게 어떤 연구와 묵상을 하지 않고도 놀라운 방식으로 그들 모두에게 필요한 것을 적절히 채워 줄 수 있는 능력을 주신 것이었다. 나는 그들의 내적인 상태와 고통을 빠뜨리지 않고 바라볼 수 있었다.

❋ 우리를 친히 명예롭게 하신다

그들은 필요하면 언제라도 간단한 기도를 할 수 있게 되었다. 하나님께서는 그들에게 은혜를 충만히 부어 주셨기 때문에 그들이 기적같이 변한 것이다. 이 중에서도 영적으로 더 성숙한 영혼들은 이해할 수는 없지만 어떤 은혜가 침묵 중에 자신들에게 전달된다는 것을 알고 있었다. 어떤 사람들은 내 말 속에서 기름 부음을 발견했고, 자신 안에서 내가 말한 것이 역사하는 것을 보았다.

다양한 수도회 소속의 수도자들과 덕망 있는 사람들이 나를 만나러 왔다. 그리고 주님께서는 주님을 진지하게 찾는 모든 사람들에게 예외 없이 – 늘 그렇게 하셨던 것처럼 – 매번 커다란 은혜를 베풀어 주셨다. 내가 무슨 말을 하는지 단순히 알아보기 위해서 왔거나 내 말에 트집을 잡으려고 온 사람들 앞에서는 단 한마디 말도 나오지 않게 했다. 나는 말을 하려고 애를 써보았지만 소용이 없었다. 하나님께서 말씀하셨다.

"네가 그들에게 말하는 것은 원치 않는다."

한번은 어떤 사람들이 나를 어리석은 바보로 취급하고 돌아가면서 이렇게 말했다.

"저런 부인을 만나러 오다니 사람들이 바보 같군. 저렇게 말도 못하는데, 쯧쯧!"

그들이 떠난 후에 한 사람이 내게 와서 말했습니다.

"저 사람들에게 아무 말도 하지 말라고 부인에게 알리려 했는데 일찍 못왔습니다. 저들은 부인의 말 속에서 꼬투리를 잡아 나쁘게 말하려고 했습니다."

"주님께서 당신의 도움 없이도 그렇게 하셨습니다. 그분께서 이미 나로 하여금 한마디 말도 못하게 하셨거든요."

나는 마치 샘에서 흘러나오는 샘물처럼 말하게 하시는 그분의 도구에 지나지 않는다는 것을 느꼈다. 주님께서는 기쁨 가운데 사도직이 어떤 것인지 알게 해주셨고, 친히 나를 명예롭게 해주셨다. 또한 사도직은 성령님의 순수함 속에서 다른 영혼을 돕기 위해 자신을 가장 잔인한 핍박 가운데 노출시키는 것임을 가르쳐 주셨다.

친구로 지내는 한 부인이 내가 거의 모든 사람으로부터 존경받고 있다는 이야기를 해주었을 때 나는 이렇게 말했습니다.

"제가 하는 말을 잘 들으세요. 부인은 축복의 말을 하는 그 똑같은 입에서 저주의 말이 나오는 것을 보게 될 것입니다."

주님께서는 내가 주님의 모든 상태와 일치해야 한다는 것을 이해하게 하셨다. 만일 주님께서 부모님과 함께 사는 사적인 생활만 계속 하셨다면 결코 십자가에 못박히지 않았을 것이다. 이런 단순한 사실을 깨닫는 데 무던히도 많은 시간을 낭비했다. 또한 주님이 그분의 종 가운데 누구라도 십자가에 못박히게 하셨을 때는 이웃을 섬기는 사역으로 그 종을 불렀다는 사실을 알게 되었다.

하나님으로부터 사도직으로 부름받은 모든 영혼들, 그리고 진실로 사도직을 수행하고 있는 사람들은 심한 고통을 당하는 것이 분명하다. 그런 사람들은 하나님으로부터 개인적으로 부르심을 받은 적이 없고 어떤 사도직의 은혜도, 십자가도 없이 스스로 고통을 자초하는 사람들과는 전혀 다르다. 그들은 어떤 망설임도 없이 전적으로 자신을 하나님께 항복하고, 그분을 위해 전저으로 고난 받기를 기꺼이 원하는 사람들이다.

6

메마른 영혼아, 성령의 단비를 마시라

"제자들이 때때로 발걸음을 잘못 내딛는다 하더라도
주님은 그들 중 누구도 버리지 않으셨다."

주님께서 나를 통해 인도하셨던 영혼들 가운데 어떤 사람들은 마치 정성스럽게 키워야 할 식물처럼 내게 다가왔다. 나는 그들의 상태를 알고 있었지만 다른 영혼과 관계에서 가지고 있었던 권위나 친밀함은 전혀 갖지 않았다.

나는 진정한 모성에 대해 이해할 수 있었다. 어떤 사람은 내게 자녀처럼 다가왔다. 그들 중 몇 사람은 정말로 신실하여 나는 그들을 이해할 수 있었고, 순수한 사랑 안에서 긴밀히 하나될 수 있었다.

신실하지 않았던 영혼들 중에 몇몇은 돌아오지 않으리라는 것도 알고 있었다. 어떤 이들은 곁길로 벗어났다가 돌아오기도 했다. 그들이 자신에 대해 죽을 용기가 부족하여 문제를 회피하고 은혜 받았던 그 좋은 출발선에서 벗어날 때면 나는 큰 슬픔과 고통을 치러야 했다.

지구상에서 주님을 따르는 수많은 사람들 가운데 주님의 참된 자녀는 아주 적다. 제자들이 때때로 발걸음을 잘못 내딛는다 하더라도 주님은 그들 중 누구도 잃지 않기로 결심하셨다.

나를 만나러 왔던 수도자들이 몸담고 있는 수도회 가운데 그 어느 곳보다도 은혜의 선한 능력을 더 많이 체험한 수도회가 있었다. 그러나 이전에는 수도회에 속한 몇몇 수도자들이 거짓된 열정을 진실처럼 가장하여 하나님께 자신을 헌신했던 영혼들을 상상할 수 없을 정도로 핍박한 일이 있었다. 그것도 라 콩브 신부님이 설교했던 작은 도시에서 말이다. 그때 그들은 내면적인 침묵 기도를 완전히 거부했고, 그것에 관한 책을 모두 불살랐다. 또 과거에 악령 든 자들에게 한 것처럼 기도하던 사람들을 절망으로 몰고 갔다. 그런 그들이 이제는 기도에 의해 변화되어 그 행위에 흠도 없고 책망 받을 것도 없게 되었다.

이 수도자들은 그 도시에서 반란을 일으킬 만큼 큰 열정을 발휘했는데, 그 도시에는 웅변술이 뛰어난 유덕한 신부님이 있었다. 그 신부님은 저녁마다 즉흥적으로 기도를 했고, 일요일에는 짧고 열렬한 기도를 했다. 길거리에서 막대기로 매를 맞는 등 핍박에도 불구하고, 마침내 신부님의 기도는 헌신된 영혼들이 자신도 모르는 사이에 신부님과 똑같은 기도를 하는 습관을 만들어 주었다.

나는 이 작은 도시에서 수많은 경건한 영혼들이 경쟁하듯 자신의 온 마음을 하나님께 드리는 것을 보았다. 이것은 내게 큰 위로가 되었다. 그 가운데는 열두세 살 된 소녀들도 있었다. 소녀들은 거의 하루 종일 침묵하며 자기 일에 충실했고, 일하는 가운데 하나님과 교제하는 습관을 습득했다. 소녀들은 두 명씩 짝지어 다니면서 가난하여 글을 배우지 못하는 다른 소녀에게 책을 읽어 주기도 했다. 나는 그곳에서 초대 교회와 같은 부흥의 광경을 보았다.

그 도시에는 세탁소에서 일하던 가난한 부인이 있었는데 그녀에게는 5명의 자녀와 오른쪽 팔이 마비된 남편과 함께 살았다. 남편은 몸보다 마음이 더 심하게 삐뚤어져 있었는데 그의 아내를 때리는 것 외에는 어떤 것도 할 의욕이 없는 사람 같았다. 이 여인은 남편의 구타를 온유함과 인내로 참아 냈고, 자신의 노동으로 남편과 자녀들을 부양했다. 그녀는 놀라운 기도의 은사를 가지고 있었는데 고통과 가난 속에서도 늘 하나님의 임재와 마음의 평정을 지니고 있었다.

또한 그 도시에는 하나님께 무척 사랑받는 상점 주인과 자물쇠 만드는 사람이 살았다. 이들은 친한 친구 사이였는데, 두 사람은 번갈아 가며 세탁소 여인에게 성경을 읽어 주었다. 그들은 그들이 읽어주는 성경 말씀을 그녀가 직접 주님께 가르침을 받아 그것에 대해 말하는 것을 보고 놀랐다.

앞에서 말했던 수도자들이 이 여인에게 와서 기도는 성직자들만 할 수 있는 것이니 기도를 그만두라고 위협했다. 그러나 그 여인은 매우 담대하게 대답했다.

"그리스도께서는 모든 사람들에게 기도하라고 명령하셨습니다. 또 그분은 '내가 너희에게 하는 이 말이 모든 사람에게 하는 말' 막 13:33, 37 참조이라고 하셨습니다. 기도 없이는 자신의 십자가와 가난을 감당할 수 없습니다. 기도를 하지 않았을 때 저는 아주 사악했지만 기도를 시작한 후에는 영혼을 다하여 하나님을 사랑하게 되었지요. 기도를 포기한다는 것은 자신의 구원을 포기하는 것이기에 수도자님의 말씀을 따를 수가 없습니다. 기도하지 않는 사람 20명과 기도하는 사람 20명을 뽑아 이들의 생활을 잘 관찰해 보면 여러분이 기도에 대해 반대해야 할 이유가 과연 있는지 알게 될 것입니다."

수도자들이 그 여인에게 이런 말을 들었을 때 그들이 충분히 납득했으리라 생각될 것이다. 하지만, 그들은 더욱 흥분할 뿐이었다.

"당신이 기도를 그만 둘 때까지 우리는 당신을 용서하지 않을 것이오. 이건 주님의 뜻이오."

그녀는 그들의 말하는 것이 주님의 뜻이 아니라는 것을 알고 있었다. 그렇게 말하는 수도자에게 그리스도께서 그분의 뜻을 전하는 일은 없을 것이라 생각하며 여인이 말했다.

"모든 것은 그리스도께 달려 있습니다. 저는 오직 그분이 기뻐하시는 일만 하겠습니다."

그들은 그녀의 순수함을 거부했다. 그리고 온 마음으로 선하게 하나님을 섬기던 재봉사에게 욕설을 퍼부으며 기도에 대한 책을 하나도 남김없이 광장으로 가져가 직접 불태웠다. 그 다음 그들은 자기들이 한 일에 대해 매우 기뻐했다.

도시 전체가 뒤집히듯 소동이 일어났다. 당국자들은 제네바의 주교님에게 수도자들이 저지른 일에 대해 불평하면서 말했다.

"그 수도자들은 이틀 전에 오셨던 라 콩브 신부님께서 하신 모든 선한 일을 파괴하러 온 것 같습니다."

주교님은 직접 그 도시를 방문하여 설교 석상에 올라가 말했다.

"수도자들의 행동이 너무 지나쳤던 것 같습니다. 다만 하나님에 대한 열정이 너무 많았다고 생각하시고 너그럽게 이해해주시기 바랍니다."

주교님의 말에 수도자들은 주어진 명령에 따른 것뿐이라고 밝혔다.

토농의 외딴 곳에서는 함께 사는 젊은 여인들이 있었다. 그들은 생계를 위해 돈을 벌면서 하나님을 섬기는, 가난한 사람들이었다. 그들 중 한 사람은 다른 사람들이 일하는 동안 시간을 정해 놓고 책을 읽어 주었다. 어느 누구도 연장자에게 허락받지 않고는 밖에 나가지 않았으며, 리본이나 실 짜는 일을 하면서 약한 이를 도우며 살았다. 그런데 그 수도자들은 이 가난한 여인들을 마을 사람들과 분리시키고 교회에서 쫓아냈다.

주님께서 여러 곳에 기도를 세우기 위해 사용하신 사람들이 바로 그 수도회 수도자들이었다. 그들이 들어가는 곳이면 어디든 그들이 태웠던 책보다 더 많은 기도 책을 가지고 갔다. 이런 일이 계속 생기는 가운데 하나님의 손길이 내게 나타났다.

어느날, 의술이 있는 한 형제가 구제를 위하여 모금을 하러 왔었다. 그는 내가 아프다는 소식을 듣고는 나를 진찰하고 약을 처방해 주었다. 그날 나는 대화를 통해 그 사람 안에서 하나님의 사랑을 소생시켰다. 또 그 동안 일로 인해 사랑이 심하게 질식되어 있었다는 것을 스스로 깨닫게 해주었다.

나는 어떤 일이든 하나님을 사랑하는 행위를 방해하면 안 되고, 하나님께 모든 관심을 쏟지 못하게 해서도 안 된다는 것을 이해시켜 주었다. 주님께서는 그에게 많은 은혜를 주셨고, 그를 진정한 자녀 중 하나로 내게 맡기셨다.

이 즈음 나는 하나님께서 죄인들을 품에서 거절하시는 것을 보았다. 아니 그 거절을 경험했다고 하는 것이 좋겠다. 사실 하나님께서 거절하시는 이유는 죄인들의 의지 안에 있다. 아무리 끔찍한 죄를 지었다 할지라도 의지를 하나님께 복종시킨다면 하나님께서는 그를 사랑 안에서 정화시키시고 은혜로 받아들이신다.

그러나 그 의지를 주님께 복종시키지 못하면 계속 거절하신다. 자기의 성향을 억제할 능력이 부족하기에 자아는 쉽게 죄를 범한다. 죄를 범하는 원인, 즉 하나님의 법을 거역하는 악한 의지가 멈출 때까지는 은혜가 안으로 받아들여지지 못한다. 하지만 일단 죄인이 복종하면 하나님은 그가 만졌던 더러움을 씻겨 내심으로써 그 영혼을 물들여 놓은 죄의 영향력을 모두 없애버린다.

만일 우리에게 주님의 방식과 의지대로 주님께서 씻겨 주시고 정결케 하시도록 자신을 내맡길 용기가 없다면, 우리는 결코 이땅에서 순수한 거룩함으로 나아갈 수 없을 것이다. 주님께서는 선한 목적을 위해 그분께 모든 것을 맡기라고 끊임없이 촉구한다.

내가 그르노블에 도착하기 전, 나의 친구인 한 부인이 꿈에서 정직과 순수를 표시하는 옷을 입고 머리에 관을 쓴 수많은 어린이를 주님께서 내게 주시는 광경을 보았다고 한다. 그래서 그녀는 내가 병원의 어린이들을 돌보러 온다고 생각했다.

그러나 나는 그 꿈이 의미하는 것을 알 수 있었다. 그것은 주님께서 영적인 열매로 많은 자녀를 내게 주시리라는 의미였다. 그들은 나와 피를 나눈 자녀는 아니지만 단순함과 정직함과 순수함에 있어서 진정한 나의 자녀였다. 나는 꾸미거나 가장하는 짓을 싫어했다.

❄ 내면에 묻힌 지혜의 보물을 캐내라

앞에서 이야기했던 의시 형제는 나를 믿고 따랐다. 또 주님께서는 그에게 필요한 것을 나를 통해 공급하셨다. 그는 영적인 생활을 하고 있었지만 용기와 충성심 부족으로 충분히 성장하지 못했다.

그는 가끔 동료 수도자들을 데리고 왔다. 주님께서는 그들을 모두 받으셨다. 그들과 같은 수도회의 수도자들이 앞에서 말한 대로 파괴적인 행동을 하면서 권력으로 주님을 방해한 것은 바로 그때였다.

그 사람들이 모든 수단을 동원하여 동료들을 방해하며 핍박하는 동안, 주님께서는 이들에게 그분의 성령을 풍성히 부어 주시면서 회복하기를 얼마나 기뻐하셨는지 나는 감탄하지 않을 수 없었다.

이 선한 영혼들은 그 박해에도 비틀거리지 않았다. 오히려 그것에 의해 더욱 강하게 자랐다. 의사 형제가 속해 있던 수도회의 원장과 책임자는 나를 알지도 못하면서 나의 모든 것을 반대했다. 그들은 한 여자에게 많은 사람이 따르는 것이 원통했다고 말했다.

그들은 주님에 대한 사랑이 아니라 육신의 눈으로 주님을 보며 은혜의 도구로서 이용하여 주어진 은사를 경멸하고 있었다. 이 선한 형제는 마침내 상관의 마음을 움직여 나를 만나러 왔고, 내가 행한 모든 것에 감사했다.

주님께서 그렇게 명하셨기에 그는 나와 대화를 하면서 무엇인가를 발견했고, 마음이 감동하여 주님께 붙들리게 되었다. 마침내 그는 완전히 하나님께로 인도되었다. 얼마 후 그는 이곳저곳 방문하며 없애려고 하는 책을 자신의 돈으로 구입하여 많은 양의 책을 전달했다.

℘ 하나님, 당신은 얼마나 놀라운 분이신지요! 주님의 모든 길은 얼마나 지혜롭고 주님의 모든 행동은 얼마나 큰 사랑으로 가득 찼는지요!

그 수도회에는 수련자들이 많다. 그들 가운데 한 연장자는 자신의 소명 때문에 매우 불안해하며 무엇을 해야 할지 모르고 있었다. 걱정이 너무 많아서 책을 읽고, 공부하고, 기도하는 일상의 일조차 할 수 없을 정도였다.

그의 동료가 그를 내게로 데려 왔다. 우리는 함께 이야기했고, 주님께서 그가 불안해하는 이유와 그 처방을 내게 알려 주셨다. 내가 그것을 그에게 말하자 그는 다시 기도할 수 있었고, 심령의 기도까지 하게 되었다. 그는 놀랍게 변했고, 주님께서는 그를 심히 사랑하셨다. 내가 그의 심령 속에 부어진 은혜에 대해 말하자 그 영혼은 메마른 땅이 촉촉한 빗물을 빨아들이듯 은혜를 마셨다. 그는 내 방을 떠나기 전에 고통에서 해방된 느낌을 받았었다.

그는 꺼려지고 진저리가 났던 모든 의무를 기쁘고 완전하게 수행해 나갔다. 이제는 공부도 기도도 일상적인 의무도 쉽게 할 수 있었다. 그런 변화는 자신에게나 다른 사람에게도 보기 드문 것이었다.

그를 가장 놀라게 한 것은 현저하게 드러난 기도의 은사였다. 전에는 결코 소유해 본 적 없던 은사가 자기에게 주어진 것을 알게 되었다. 그 다음 그는 그것을 위해서라면 어떤 고통이든 감수했다. 이처럼 활기찬 은사는 그의 행동 원칙이 되었고, 일을 수행하기 위한 은혜가 되었다. 그리고 은혜의 내적인 열매를 맺어 모든 선한 일을 가져오게 했다.

그는 점차 다른 수련자들도 내게 데려왔다. 각자 기질에 따라 다르기는 했지만, 그들 모두 은혜에 참여하게 되었다. 이보다 더 번성하는 수련소는 없을 것이라 생각했다.

나의 역할에 대해 모르고 있던 수도원의 책임자와 상관은 수련생의 변화에 감탄하고 있었다. 어느날 그 책임자와 상관이 수련원 모집자에게 그를 높이 평가한다고 말했다. 그러자 그가 대답했다.

"하나님께서 수련생의 변화를 위해 사용하신 도구가 누구인지 신부님께서는 이미 알고 계십니다. 그분은 바로 신부님들이 잘 알지도 못하신 채 반대하셨던 바로 그 부인이십니다."

그들은 매우 놀랐다. 나이가 많은 책임자와 상관은 겸손하게 복종하며 주님께서 내게 쓰도록 감동을 주신 작은 책의 가르침을 따라서 기도

하기 시작했다. 그들은 그렇게 함으로써 큰 복을 거두었다. 상관이 내게 말했다.

"나는 정말 새 사람이 되었습니다. 전에는 사고력도 둔했고 몸과 마음이 지쳤기 때문에 기도를 하지 못했습니다. 그러나 이제는 원할 때마다 기도할 수 있고, 많은 열매가 있어 하나님의 임재가 아주 생생하게 느껴집니다."

책임자도 나에게 말했다.

"저는 40년 동안 수도 생활을 해왔지만, 사실 지금까지 기도할 줄 몰랐던 것 같습니다. 이 책을 읽은 후에 알게 된 그런 하나님을 전에는 알지도 못했고, 맛보지도 못했습니다."

이 밖에도 많은 사람들이 하나님께 돌아왔다. 나는 그들을 나의 자녀라고 생각했다. 하나님께서는 나를 심하게 핍박하는 그 수도회에 속한 세 명의 수도자를 내게 맡기셨다. 또한 많은 수녀들과 덕망 있는 젊은 여인들, 심지어 세상의 남자들을 위해서까지도 나를 사용하셨다. 그 중에 뛰어난 자질을 가진 젊은 남자는 사제직을 위하여 말타Malta의 기사 작위를 버렸다. 그에게는 주교인 친척이 있었고, 승진이 예정되어 있었다. 그러나 이제 그는 주님의 사랑을 받으면서 기도하는 삶을 살고 있다. 이들 외에도 하녀, 부인, 사제, 수도자 등 얼마나 많은 영혼들이 내게 맡겨졌는지 모두 열거할 수 없을 정도이다.

그러나 한 신부 때문에 나는 심한 고통을 겪기도 했다. 그는 자신을 너무도 사랑하여 자아의 죽음을 받아들이지 않았고, 결국 그는 타락하여 부패했다. 나는 그 모습을 안타까움과 슬픔으로 목격해야 했다.

물론 동요하지 않고 확고하게 나아간 사람도 있었다. 사나운 폭풍우가 휘몰아칠 때 약간씩 흔들리기는 했지만 찢겨지지는 않은 사람도 있었다. 이런 사람들은 잠시 옆으로 빗겨갔다가 돌아왔다. 하지만 그때

물살에 휘말려 떠내려간 사람들은 더 이상 돌아오지 않았다.

한 수녀는 8년 동안 한 사람으로 인해 심한 우울증과 불안에 빠져 있었다. 그녀의 지도 수녀는 그녀에게 맞지 않는 처방을 내려 증상을 더욱 심하게 만들었다. 그 수녀원은 너무나 열악했다. 그런 곳에는 발을 디디는 것조차 마음이 허락지 않았기 때문이었다. 다만 하나님께서 보내셨기 때문에 나는 갈 수밖에 없었다.

그러던 어느날 밤이었다. 8시경에 원장이 사람을 보내어 나를 오라고 했다. 나는 무척 놀랐다. 그때는 낮이 무척 긴 여름이었고 수녀원이 가까이 있었기 때문에 원장에게 가는 것은 어려운 일이 아니었다. 나는 원장과 함께 한 소녀를 만났고, 우리는 그 소녀의 이야기를 들었다. 그녀의 상태는 아주 나빴다. 희망이 보이지 않는 삶을 살던 그녀가 내린 결론은 자살이었다. 칼로 목숨을 끊으려는 순간 어떤 사람이 그녀를 발견하여 자살을 막을 수 있었다.

주님께서는 내가 그녀를 만나자마자 그녀의 문제가 무엇인지 알게 해 주었다. 소녀는 8년 동안 주위 사람들 때문에 주님을 거부하고 있었다. 나는 소녀에게 말했다.

"주님께서는 당신 자신을 온전히 주님께 드리기를 바라고 계십니다."

나는 그녀가 자신을 하나님께 드리도록 이끌었던 주님의 도구였다. 그녀는 내 말을 듣고 평안한 낙원으로 들어갈 수 있었다. 순간 그녀의 고통과 괴로움은 즉시 사라졌다. 그후 그녀는 수녀원에서 가장 큰 영적 능력을 지니게 되었고, 공동체 모두의 감탄을 자아낼 정도로 변했다. 주님께서는 그녀에게 위대한 기도의 은사와 그분의 지속적인 임재를 허락하셨고, 모든 것을 행할 수 있는 능력과 기꺼이 하고자 하는 마음을 주셨다. 지난 20년 간 그녀로 인해 고통스러워했던 가족들도 고통으로부터 해방되었다.

원장도 이 소녀의 놀라운 변화와 평안에 매우 놀랐다. 그후 원장과 나는 아주 친한 사이가 되었다. 나는 이 수녀원에서 주님께서 기쁘신 뜻대로 선택하셔서 그분께로 끌어당기시고 특별히 보호하신 다른 영혼들과도 긴밀한 끈을 맺게 되었다.

특별히 나는 성경을 읽도록 감동을 받았다. 그런데 성경을 읽기 시작하자마자 글을 쓰라는 강한 요청을 받았다. 나는 글을 쓰기 시작했고, 글을 쓰기 시작하면서 부담에서 해방될 수 있었다. 상상할 수조차 없었던 영적 탐험이 시작되자 밝은 빛이 비추었다. 그때까지 알지 못했던 지혜와 지식이라는 주님의 보물이 내안에 잠재해 있다는 것을 발견했다. 글을 쓰기 전에는 내가 무엇을 쓰려는 것인지 몰랐고, 쓰고 난 후에도 내가 무엇을 썼는지 아무것도 기억하지 못했다. 영혼들을 돕기 위해 어느 구절을 보아야 할지도 모를 정도였다. 사람들에게 말하려 할 때마다 주님께서는 아무런 연구나 묵상 없이도 그들에게 필요한 말씀을 내게 주셨기에 나는 그들에게 당당하게 이야기해 주었다.

주님께서는 나에게 성경의 거룩한 의미를 설명하게 하셨다. 나는 성경 외에는 다른 책은 없었다. 또 무엇인가를 알기 위해 다른 책을 본 적도 없었다. 구약 성경에 대해 글을 쓸 때는 신약을 인용하여 자연스럽게 설명할 수 있었고, 신약 성경에 대해 글을 쓸 때에는 구약의 구절을 인용했다. 필요한 구절을 찾기 위해 애쓰지 않아도 어디를 인용해야 할지 자연스럽게 찾을 수 있었다.

※ 자비와 징의를 함께 취하라

내가 글을 쓸 수 있는 시간은 하루에 1,2시간 정도밖에 없었고, 그것도 한밤중에나 가능한 일이었다. 주님께서 글쓰는 것을 적극 도와주셨기 때문에 나는 그분이 기뻐하시는 대로 명령하실 때마다 글을 쓸 수 있었다. 물론 글을 쓰지 못하고 중단하는 날도 있었다. 그러면 주님께서는 얼마 후 다시 써야할 말씀을 주셨다.

내가 의도적으로 무엇인가를 쓰려고 하면 꾸지람을 받았고, 계속해서 쓸 수가 없었다. 아무리 시간이 있어도 어떤 느낌이나 기름 부음이 없는 이상 글을 쓰지 못했다.

성령님의 직접적인 간섭하심이 있을 때는 명확하게 그리고 지속적으로 글을 쉽게 쓸 수 있었다. 이것이 바로 하나님의 영과 인간의 자연적인 영의 차이이다. 그때 내가 쓴 글이 지금 그대로 남아 있지만, 만일 임재하시는 하나님의 빛 아래서 그 내용을 교정하라는 명령을 받으면 나는 기꺼이 그렇게 할 것이다.

> 하나님, 제 영혼은 지금까지 주님 뜻을 발견할 때마다 민감하게 반응했고, 주님의 은혜 때문에 어떠한 종류의 굴욕도 기꺼이 받아들였습니다. 이제 존귀한 것이나 천한 것이나 제게는 모든 것이 똑같습니다.

선한 영혼들 가운데 하나님의 정의를 모르는 채 오직 자비하심에만 속해 있는 사람들이 많이 있다. 그러나 하나님의 정의에 속한다는 것은 얼마나 귀하고 위대한 일인지 모른다. 자비는 모든 피조물에게 유리하도록 배려된 것이기 때문이다. 그러나 정의는 피조물이 모든 것을 아무런 망설임 없이 파괴한다.

나의 특별한 친구였던 한 부인은 내게 약간의 질투심을 갖기 시작했다. 그러나 그것은 하나님께서 그녀의 연약함과 인간적인 고통을 통해서 그녀의 영혼을 더욱 정결케 하기 위해 허락하신 것이었다.

어떤 사람들이 내가 자기네 구역을 침범해서 영혼들을 돕는다며 불평하기 시작했다. 그 구역에는 나를 사랑하는 참회자들도 있었다. 이러한 신앙인들의 행위를 통해서 오직 하나님만 추구하는 사람과 자신을 추구하는 사람의 차이를 쉽게 구분할 수 있었다.

전자의 사람들은 내게 왔을 때, 참회자들에게 부어진 하나님의 은혜에 크게 기뻐했고, 도구에는 전혀 주의를 기울이지 않았다. 그러나 후자의 사람들은 은밀히 도시 사람들을 선동하여 나에게 반대하도록 부추겼다. 나는 내가 직접 개입하면 그들이 나를 반대하는 것을 정당화할 것이라는 사실을 알고 있었다. 그래서 나는 주님께서 명령하시는 것 외에는 아무것도 하지 않았다.

그때 나와 논쟁을 벌이기 위해 수도자 두 명이 찾아왔다. 물론 나를 반대하는 사람들이었다. 그 중 한 명은 꽤 학식 있는 위대한 설교자였다. 그들은 내게 어려운 질문을 하기 위해 미리 준비를 한 후 따로따로 왔다. 그들이 나에게 하는 질문은 감히 내가 대답할 수 없는 것이었다. 하지만 주님께서는 마치 내가 평생 그것을 연구라도 한 것처럼 올바르게 대답하게 하셨다. 나는 주님이 나에게 말씀해주시는 대로 그들에게 말했다. 그들은 나의 대답에 매우 만족했을 뿐 아니라 하나님의 사랑에 감동하고 자리를 떠났다.

나는 놀라운 속도로 최대한 빨리 글을 썼지만, 성령께서 나에게 주시는 그 방대한 것을 모두 쓰지는 못했다. 하지만 아무리 부지런한 사람도 내가 하룻밤에 쓴 것을 전부 베껴 쓰려면 닷새는 걸려야 할 정도였다. 내용 가운데 좋은 것은 하나님으로부터 온 것이고, 그렇지 않은 것은 내 마음으로부터 온 것이다. 후자의 경우는 성령께 집중하지 못한 내가 그분의 순수하고 정결한 가르침에 불순물을 섞이 넣은 것을 의미한다.

낮에는 아주 많은 사람들이 나를 찾아왔기 때문에 식사할 시간도 내기 어려울 정도로 바빴다. 내가 사사기에 대해서 쓴 것 중 상당 부분을 잃어버린 일이 있었다. 나는 그 책을 완성시키고 싶은 마음에서 잃어버린 부분을 다시 썼다. 그런데 나중에 사람들이 집을 떠나려 할 때 잃어버렸던 원고가 발견되었다. 나는 두 원고를 비교해 보았다. 나는 깜짝 놀랐다. 두 원고가 완벽하게 일치하고 있었다. 그것을 목격한 지식과 덕망 있는 사람들은 무척 놀라워했다.

하나님의 종인 입법부의 고문관이 찾아온 적이 있었다. 그는 내가 오래 전에 썼던 소책자를 탁자 위에서 발견하고는 그것을 빌려 달라고 요청했다. 그는 그 책을 읽은 후 좋은 느낌을 널리 알리기 위해 읽으면 유익할 것이라 생각되는 친구들에게 그 책을 빌려 주었다.

이후 많은 사람들이 그 책의 사본을 원했고, 그는 그것을 인쇄하기로 결정했다. 하나님의 허락을 받은 후 그 책의 출간을 위한 작업이 시작되었다. 나는 그들의 부탁을 받아 서문을 추가로 썼다. 그리고 마침내 그 소책자가 출간되었다. 그 고문관은 나의 친한 친구이자 신앙의 모범자가 되었다. 그 작은 책이 여섯 번째 출간을 했다. 주님께서는 이 책의 메시지에 크게 축복하셨다. 신실한 수도자들은 그 책을 1500권이나 사들였다.

사탄은 하나님께서 나를 통해 이루신 승리 때문에 나에게 분노했다. 그러나 그런 것은 더 이상 나에게 문제가 되지 않았다.

주님, 사탄으로 하여금 저에게 심한 박해를 일으키게 하십시오. 저는 그 모든 것이 하나님을 영광스럽게 해 드리는 데 사용되리라 믿습니다.

7
말씀은 성령으로 세례를 준다

"내가 경험했던 모든 것이 성경 안에서 발견되었다.
내 영혼 속에서 일어났던 모든 일이 성경에 있음을 깨닫고 감탄했다."

 노동으로 생계를 이어가는 매우 가난한 소녀가 있었는데 그녀는 주님께 큰 사랑을 받고 있었다. 하루는 그녀가 큰 슬픔에 젖어 나를 찾아왔다. 그녀는 어렵게 이야기를 꺼냈다.
 "어머니, 너무나 이상한 광경을 보았어요. 어머니께서 사나운 늑대에게 둘러싸여 어린 양처럼 가만히 계셨어요. 성직자, 수도사, 신사, 숙녀는 물론이고 하녀까지 어머니를 해치려는 듯 곡괭이와 삽과 칼을 들고 몰려들었어요. 그런데 어머니는 화를 내지도 않았고, 자신을 방어하려 하지도 않았어요. 저는 누군가 어머니를 구해 주러 오지 않을까 하고 사방을 둘러보았지만, 아무도 없었습니다."

며칠 후, 질투심을 품은 사람들이 은밀하게 나에 대한 비난을 퍼부었다. 그리고 그 비난은 곳곳으로 퍼져 나갔다. 질투를 느낀 사람들이 나를 알지도 못하면서 나에 대한 비난의 글을 쓴 것이다.

그들은 내가 마녀이기 때문에 마력으로 영혼들을 끌어들이고 있으며, 내 안에 있는 모든 것이 사탄에게서 온 것이라고 했다. 그외에도 내가 돈을 위조해서 자선을 베풀었다는 둥 근거 없는 비난도 있었다. 비난이 더욱 심해지자 어떤 친구들은 나에게 떠나라고 충고했다.

영혼들을 위하여 주님이 나를 통해 하셨던 모든 일은 내가 예수 그리스도와 하나된 연합 속에서 이루어졌다. 이 거룩한 하나됨 안에서 내 말은 다른 영혼들에게 놀라운 영향을 발휘했고, 예수 그리스도의 형상까지도 그들에게 보여 주었다. 나 스스로는 도저히 할 수 없는 일들이었다. 나를 인도하셨던 하나님께서 내 입을 열어 그분 뜻대로 말하게 하신 것이기 때문이다.

어떤 사람에게는 단 한마디 말도 건네는 것이 허락되지 않았다. 그러나 어떤 이들에게는 마치 홍수처럼 은혜가 흘러 넘쳤다. 이처럼 순전한 사랑은 헛된 흥밋거리로는 절대로 허락되지 않았다. 질문을 받더라도 그런 사람들에게 답변하는 것은 소용없는 일이었기에 하나님으로부터 대답할 말씀이 주어지지 않았다.

하나님께서는 인간적인 위로를 추구하는 영혼들에게도 말씀하지 않으셨다. 나는 각각의 사람들에게 합당한 최소한의 말만 했을 뿐이다.

하나님의 말씀에 대해서는 그분에게만 권리가 있다. 설교자들이 성령께서 말씀하고자 하시는 것만을 주의하여 말한다면 듣는 사람들의 생명 안에서 얼마나 많은 열매를 거둘 수 있을까?

나와 진실된 자녀들은 거룩한 언어인 영적 언어와 침묵으로 충분히 의사를 나누었다.

거룩한 동정녀가 엘리자벳에게 다가갔을 때, 예수 그리스도와 세례 요한 사이에 놀라운 교제가 이루어졌다. 세례 요한은 이 일이 있은 후에 큰 충만함으로 광야로 갔다. 세례 요한이 회개하라는 말씀을 선포했을 때 그는 자기가 '말씀'이 아니라 말씀이신 그리스도를 향해 마음의 길을 닦도록 보내심을 받은 '소리'라고 했다. 물로 세례를 주는 것이 그의 임무였다. 물은 흘러서 아무것도 남지 않듯이 소리도 사라지며 아무것도 남기지 않는다.

그러나 말씀은 성령으로 세례를 주신다. 말씀은 자신을 영혼에게 새겨 넣으시고, 그 성령으로 영혼들과 교제하신다. 예수 그리스도의 말씀 중 기록된 것은 어떠한 것도 결코 없어지지 않을 것이다.

> 사랑이시여, 당신께서 침묵 가운데서 말씀하시고 행하셨던 모든 것을 책으로 기록한다면 그 책은 세상을 가득 채우고도 넘칠 것입니다.

내가 경험했던 모든 것이 성경 안에서 발견되었다. 나는 내 영혼 안에서 일어났던 일이 모두 성경에 있음을 깨닫고 감탄을 했다. 나는 너무나도 많은 것에 대해 아무 말도 하지 못하고 그냥 넘어가야만 했다. 그런 것을 도저히 표현할 수가 없었기 때문이었다. 설령 표현했다 하더라도 사람들이 이해하거나 납득할 수 없었을 것이다.

나는 라 콩브 신부님이 하나님께서 당신의 이름을 이방에 전하기 위해 선택하신 그릇이라는 것을 깨달았다. 하나님께서는 당신의 거룩하신 이름을 위해 신부님이 얼마나 많은 고난을 당해야 하는지 내게 보여 주고 싶어 하셨다.

죄로 인하여 하나님에게서 영혼이 분리된다는 것은 죽음으로 인해 몸이 분리되는 것과는 비교도 할 수 없을 정도로 훨씬 더 나쁜 것이다. 나는 어떠한 상태에서든지 계속 하나님께 의지했다. 내 영혼은 그분의 영이 내리시는 어떠한 지시에도 기꺼이 순종하려고 했다.

하나님께서 나같이 가련한 무無의 존재에게 무엇인가를 요구하실 때, 그것이 아무리 가혹하게 보인다 할지라도 나는 그분 뜻을 행하는데 조금도 저항하지 않았다. 왜냐하면 나도 이 세상에서 하나님을 단 한 분의 절대적인 주인으로 모시고 있는 영혼들 가운데 하나이기 때문이다.

> 하나님, 하나님의 뜻이 아무리 엄격한 것일지라도 하나님은 여전히 제 영혼의 생명이시며 기쁨이십니다.

그르노블의 알모네Almoner 주교님은 소란을 진정시키기 위해 얼마 동안 마르세이유Marseilles에 가 있으라고 나를 설득했다. 그곳은 내가 태어난 곳이고 신실한 사람들이 많이 있으므로 환영을 받을 것이라고 했다.

나는 라 콩브 신부님이 동의를 얻기 위해 편지를 보냈는데, 얼마되지 않아 신부님도 동의한다는 답장이 왔다. 그러나 나는 베르세이로 가야 할지도 모른다는 생각이 들었다. 베르세이의 주교님이 그곳으로 오라는 간곡한 편지를 보내 왔기 때문이었다. 그러나 인간적인 관계와 나를 대적하는 자들에 대한 공포심이 그렇게 하는 것을 주저하게 했다.

게다가 프뤼나이의 후작 부인은 내가 떠난 후에 더욱 깊은 깨달음을 얻었고, 내게 매우 깊은 우정과 영의 하나됨을 느끼고 있었다. 어떤 자매들이라도 우리가 하나 된 것처럼 그렇게 깊이 연합될 수는 없을 것이다. 그 부인은 내가 전에 약속했던 대로 돌아오기를 원했다.

나는 베르세이로 가겠다는 결정도 내리지 못했다. 왜냐하면 내가 라 콩브 신부님을 따라간다는 말이 나올 것 같아서였다. 당시에는 내가 라 콩브 신부님을 따라간다고 비난할 만한 근거가 전혀 없었다. 거의 모든 경우에 나는 신부님과 함께 있지 않는 편을 선택했기 때문이다.

내가 그르노블을 떠나기 전 어느날, 신실한 소녀가 울면서 내게 왔다. 소녀는 내가 떠나게 될 것이라 말했다. 나는 내가 떠난다는 사실을 아무에게도 말하지 않았다. 나를 사랑했던 많은 사람들이 내가 떠나는 것을 알면 작별 인사를 하려고 나를 찾아올 것이기 때문이었다.

나는 하녀와 주님께서 무척 사랑하시는 그르노블의 한 젊은 여인과 함께 론Rhone 강에서 배를 탔다. 그르노블의 알모네 주교님과 한 덕망 있는 신부님도 함께 동행하였다. 우리는 도중에 여러 번 사고를 당했지만 그때마다 놀라운 보호가 있었다. 위험을 당했을 때, 다른 사람들은 모두 두려워했으나 나는 오히려 더욱 평안해졌다. 그르노블의 알모네 주교님은 배가 바위에 부딪혔을 때 절망적인 공포심으로 떨고 있었다. 주교님은 절망 속에서 내가 조금도 동요하지 않고 평안해 하는 것을 보았다. 우리 자신의 의지와 상관없이 발생하는 위험한 일 앞에서 대부분의 사람들이 자연스럽게 느끼는 공포를 나는 별로 느끼지 않는다. 나에게는 죽는 것이 사는 것보다 훨씬 더 나았기 때문에 그분의 뜻이라면 기꺼이 죽을 자세가 되어 있었다.

하나님의 종으로 상당히 품위가 있던 한 친구가 내게 말타Malta 기사단 사람에게 편지를 전해 달라는 부탁을 했다. 그 말타 기사단 사람은 처음 만났을 때부터 매우 신실한 사람으로 느껴졌고, 주님께서 그의 거룩한 삶을 통하여 기사단을 장식하고 지원하시기 위해서 그를 지명하셨다는 생각이 들었다. 나는 친구의 말을 전했다.

"기사단 동료들에게 돌아가야 한다고 합니다. 하나님께서 많은 기사들 가운데 주님의 영을 전파하시기 위해 확실히 당신을 사용하시려 하기 때문입니다."

그는 주님께서 그를 첫 번째로 보내시는 곳인 말타로 갔다. 편지를 부탁했던 내 친구는 내가 기도에 관해서 쓴 소책자를 그 기사에게 보냈고, 그르노블에서 그 책을 인쇄했다. 그 친구의 지도 신부는 영적 생명의 길로 가는 것을 몹시 못마땅하게 여겼다. 지도 신부는 그 책을 읽어보고는 잘못되었다며 즉시 정죄하라고 도시를 선동하기도 했다. 내가 마르세이유에 도착한 날 오후, 나를 반대하는 소동이 일어났다. 어떤 사람들은 주교님에게 가서 내가 그 책을 쓴 사람이므로 나를 그 도시에서 추방해야 한다고 말했다.

하나님의 오른손이 붙드신다

그들의 바람과는 달리 주교님은 그 책을 아주 좋아했다. 내가 도착하고 나서 얼마 후, 주교님은 말라발Malaval 씨와 리콜렉트Recollect 신부님에게 나를 만나서 이야기를 해보라고 했다. 또 어디에서 그 큰 소동이 일어났는지 조사하게 했다. 그 소동은 그 신실한 소녀가 예언한 것이 아주 빨리 성취된 것에 불과했으므로 나는 미소를 지었을 뿐 아무런 영향을 받지 않았다. 말라발 씨와 그 좋은 신부님은 나에 대해서 생각한 바를 주교님에게 말했다.

그 일이 있은 후 주교님은 내가 당한 모욕에 상당한 유감을 표했다. 주교님을 만나러 갔을 때, 그분은 매우 정중하게 나를 맞았고, 발생한 소동에 대해 용서를 구했다. 그리고 내가 마르세이유에 머물기를 바라며 나를 보호해 주겠다는 약속까지 했다. 주교님은 내가 어디에 묵고 있는지, 그리로 찾아가도 되는지 묻기도 했다.

다음날, 그르노블의 알모네 주교님이 우리와 함께 왔던 다른 신부님과 함께 그 주교님을 만나러 갔다. 마르세이유의 주교님은 이유 없이 당한 모욕에 슬픔을 느낀다며 그 지역의 특징이라 했다. 그 사람들은 자기들과 뜻을 같이 하지 않으면 누구에게 비난을 퍼붓는 경향이 있다는 것이다. 그들은 그것으로 그치지 않았다. 알지도 못하는 내게 모욕적인 편지를 써 보냈다. 여우는 굴이 있고 새도 둥지가 있으나 인자는 머리 둘 곳조차 없다는 말씀이 마음에 와 닿았다.

마르세이유에 잠깐 머무는 동안 주님께서는 신실한 영혼들을 돕는 데 나를 사용하셨다. 그 중에서도 그때까지 나를 모르고 있던 한 성직자가 있었는데, 그는 교회에서 추수 감사 예배를 마친 후에 내가 나가는 것을 보고는 집에까지 나를 따라와 말했다.

"주님께서 자매님과 대화를 하라는 영감을 주셨습니다. 내적 상태에 관해 마음을 열고 이야기 하라구요."

그는 아주 겸손하면서도 단순하게 말했다. 주님께서는 나를 통해서 그에게 필요한 것을 공급하셨다. 그때부터 그는 하나님을 인정하는 기쁨과 감사로 가득 차게 되었다. 물론 그곳에도 영적인 사람들이 있었고, 그의 가까운 친구 중에도 그런 사람이 있었지만, 그 동안 그는 누구에게도 자기 마음을 열지 못했다. 하지만 이제 그는 하나님의 종으로서 기도의 은사와 함께 하나님의 사랑을 받게 되었다.

내가 무척 사랑했던 한 여인이 있었다. 나는 그녀가 몇 년 동안 끊지 못하고 얽매어 있던 사람들과의 관계에서 벗어날 수 있도록 도와주었다. 그러나 그녀는 다시 치명적인 관계에 사로잡히게 되었다. 그 후 그녀는 내가 관계를 끊어 놓았다며 매우 분노했다. 나는 그녀에게 자유를 주기 위하여 기꺼이 희생했지만 그녀는 그렇게 생각하지 않았다. 오히려 그녀는 그르노블의 주교님에게 내가 자기로 하여금 부당한 행동을 하도록 부추겼다고 말하기까지 했다.

그녀는 고해성사 신부님에게도 같은 이야기를 하며 나를 반대하도록 선동했다. 사람들은 편견에 아주 쉽게 전염되는 경향이 있다. 그녀의 선동은 지역으로 널리 퍼졌다. 오직 나를 이해하고, 하나님을 사랑하는 사람들만이 내 편에 있었다. 그들은 내가 핍박당하는 동안 나를 동정해 주었고, 나와 더욱 친밀하게 하나가 되었다.

그르노블의 주교님께 도움을 구했다면 나에 대한 중상모략은 더 이상 없었을 것이다. 그 여인의 비리에 관해 이야기하면 소란을 종료시킬 수 있었기 때문이다. 그 여인이 관계를 맺던 사람이 누구이며 그 여인의 방종의 열매가 어떤 것인지에 대해 말하기만 하면 되었다. 그러나 그녀와 공범자였던 다른 사람의 이름을 밝히지 않고는 그럴 수 없었기 때문에 나는 말할 수가 없었다. 더구나 이제 그 공범자는 하나님께 받아들여져서 참회하고 있었으므로 나로서는 침묵 가운데 고통을 당하는 것이 최선이라고 생각했다.

그녀에 대해 모든 것을 다 알고 있던 사람이 있었다. 그는 그녀에게 편지를 써서 그녀가 했던 거짓말을 모두 취소하지 않으면 그녀의 사악했던 생활을 글로 밝히고 그녀의 엄청난 죄와 나의 무죄를 알리겠다고 했다. 하지만 그녀는 계속해서 나를 비난했다.

그러나 얼마 후 그녀는 자신의 거짓말을 후회하며 주교님과 사람들에게 자기가 한 말을 취소하겠다는 편지를 보냈다. 그녀는 사람을 통해서 내게도 편지를 보냈는데, 자신이 저지른 일 때문에 심한 절망에 빠져 있다며 하나님께서 자신을 벌하셨다고 했다. 소란이 줄어들었다. 주교님도 자신이 잘못 생각했다는 것을 깨닫고 그 후 나를 매우 정중하게 대했다. 나중에 알게 되었지만 주교님은 '나는 존경받게 행동을 했고 다른 사람은 그렇지 못했다'라고 말을 했다고 한다.

나는 마르세이유를 떠나 어디로 가야 할지, 어떻게 가야 할지 전혀 몰랐다. 그르노블의 수녀원에 딸아이를 두었는데도 그곳으로 되돌아가야 한다는 생각은 들지 않았다. 라 콩브 신부님은 이제는 내가 파리로 가야 한다는 생각을 하지 않는다는 내용의 편지를 보냈다. 나는 파리로 돌아갈 생각만 해도 심한 거부감이 느껴졌고, 마음 한 구석에서도 아직은 돌아갈 때가 아니라는 생각을 하고 있었다.

어느날 아침, 나는 어디론가 가야 한다는 강한 느낌을 받았다. 나는 프뤼나이의 후작 부인을 만나러 가면서 내 상태를 고려할 때 그 부인이야말로 가장 적합한 피난처라고 생각했다. 사람들의 말을 듣고 나는 니스Nice를 거쳐 그녀의 집으로 가는 길을 알 수 있었다.

그러나 니스에 도착했을 때 나는 깜짝 놀랐다. 운송차가 산을 넘을 수 없다는 것을 그제야 안 것이다. 나는 어떻게 해야 할지, 사람들과 헤어져 어디로 가야 할지, 하나님께서 무엇을 요구하시는지 몰랐다. 피난처도 없고 돌아갈 곳도 없이 방랑자처럼 방황할 뿐이었다. 상점에서 보았던 상인들은 머물 장소도 있고 그저 행복해 보이기만 했다. 예절바른 것과 단정한 것을 좋아했던 나로서는 이렇게 방황하는 생활보다 더 어려운 일은 없으리라 생각되었다.

그때 어떤 사람이 와서, 이틀날 떠나는 배 한 척이 있는데 하루면 제노아Genoa에 도착할 것이라고 말했다. 나는 그 배를 타고 사보나Savona에서 내리면 프뤼나이 후작 부인 집까지 혼자 갈 수 있을 것이라고 생각했다. 사실 그것을 제외하고는 다른 방법이 없었다.

다음날 배를 탔다. 도중에 작은 배로 지나가기에는 매우 위험한 폭풍 지역이 있었다. 그러나 성난 파도는 오히려 내 마음에 만족을 주었다. 나는 쉴 새 없이 넘실대는 큰 파도가 내게 무덤을 제공할지도 모른다는 생각에 기쁘기까지 했다. 너무 기쁜 나머지 나는 물살에 매를 맞고 포로로 잡히는 광경을 보는 듯했다. 나와 함께 있는 사람들 중에서 나의 담대함을 눈치 챈 사람도 있었지만, 내가 어떻게 그렇게 담대할 수 있는지 그 이유는 알지 못했다.

나는 모든 피조물들과 떨어져서 살 수 있는 조그만 바위틈이라도 달라고 주님께 간구했다. 그러면서 나는 모든 수치와 치욕이 매장될 무인도에서 실패 없이 주님의 뜻이 행해질 상황을 상상하고 있었다. 그러나 주님은 바다의 파도보다 더 성난 세파로 나를 깨뜨리시려고 나를 보존하셨다.

배는 심한 폭풍 때문에 뒤로 밀려 제노아까지 한나절이면 될 것을 무려 열하루가 걸려 도착했다. 그토록 심한 소동 가운데서도 내 마음은 평안했다. 배는 사보나까지 가지 못하고 제노아까지만 갔다. 나는 부활절을 한 주 앞두고서야 그곳에 도착할 수 있었다.

제노아에 있는 동안 나는 주민들에게 모욕을 당했다. 그들은 최근의 폭격으로 황폐화되었는데 그로 인해 프랑스 사람들에게 증오심을 갖고 있었기 때문이었다.

도제Doge, 베니스(1697 - 1797)와 제노아(1339 - 1797, 1802 - 1805) 두 공화국의 총독가 다시 밖으로 나갈 때 모든 마차를 다 이끌고 갔다. 그래서 나는 마차를 한 대도 빌려 탈 수 없었고, 어쩔 수 없이 비싼 경비를 들여 그곳에서 여러 날 머물러야만 했다. 사람들은 우리에게 너무나 엄청난 비용을 요구했다. 그것은 파리의 최고급 식당에서 한 단체가 먹을 수 있는 만큼 큰 액수였다. 내게 남아 있는 돈은 얼마 되지 않았다. 그러나 하나님 안에 있는 나의 금고는 결코 고갈되는 법이 없었다.

나는 부활절을 프뤼나이 후작 부인의 집에서 보내기 위해 아무리 비싼 값이라도 지불할 각오로 탈 것을 보내 달라고 간청했다. 그때가 부활절 사흘 전이었다. 하지만 사람들에게 내 심정을 이해시킬 방도가 없었다. 너무 간청을 하니까 사람들은 절름발이 노새가 끄는 수레를 가져왔다. 이틀 정도면 베르세이까지 도착할 수 있다며 어마어마한 돈을 요구했다.

하지만 그들은 프뤼나이 후작 부인의 집까지는 데려다 주려고 하지 않았다. 그곳 지리를 몰랐기 때문이었다. 나는 그때 너무도 고통스러웠고 어떻게 해서든지 베르세이에 가고 싶었다. 강요와 폭정이 진행되는 나라에서 돈은 부족했고, 부활절은 점점 다가오고 있었으므로 달리 방도가 없었다. 나는 그 수레를 타고 베르세이로 가기로 결정했다.

노새몰이꾼은 아주 거친 사람이었고, 나의 심적 고통은 점점 커져만 갔다. 나는 베리세이에서 사람들이 나를 보고 놀라는 것을 막기 위해 함께 왔던 신부님을 베르세이로 먼저 보냈다. 신부님 역시 가는 도중 프랑스인을 미워하는 사람들에게 아주 거친 대우를 받았다고 했다 어떤 곳에서는 탈 것을 안 태워 주어 걸어갈 수 밖에 없었다. 결국 나보다 하루 먼저 떠났음에도 불구하고 겨우 몇 시간 일찍 도착했다. 우리를 데리고 갔던 사람은 여자들만 있는 것을 보고 아주 무례하게 대했다.

도둑이 들끓는 숲을 지날 때의 일이다. 노새몰이꾼은 도둑을 만나면 살해될 지도 모른다고 했다. 그들은 누구든 살려 두는 법이 없다는 말도 했다. 그 사람의 말이 채 끝나기도 전에 무장한 네 명의 남자가 우리 앞에 나타나 수레를 세웠다.

  하나님, 모든 절박한 위험 가운데서, 그리고 굴러 떨어질지도 모르는 그 벼랑 끝에서 제가 넘어지는 순간에 저를 다시 붙드시고 건지셨습니다. 저는 주님께서 제가 살아 있는 것을 기뻐하셨기 때문에 삶을 견디었습니다.

도둑들이 마차 가까이 다가왔다. 그러나 그들은 그저 자기들끼리 밀치며 티격태격하다가 내게 정중하게 인사를 하고는 예의바른 태도로 물러갔다. 그들의 마음을 움직인 것은 하나님의 오른손이었다. 나는 그것을 분명하게 확신한다.

8
완전의 시작은 하나됨이다

"완전함은 세상이 말하는 최고를 추구하는 것이 아니라
예수 그리스도와 하나 되는 것으로 이루어진다."

　이런 저런 사건을 겪으며 우리는 베르세이에 도착했다. 우리가 묵게 된 여관은 서비스가 좋지 않았다. 나는 라 콩브 신부님을 부르러 사람을 보냈다. 앞서 출발했던 신부님을 통해 라 콩브 신부님은 내가 온 것을 이미 알고 있으리라 생각했다. 하지만 그 신부님 역시 불과 몇 시간 전에 도착했다. 차라리 그 신부님과 함께 왔더라면 오는 길이 훨씬 수월했으리라는 생각이 들었다. 그 나라에서는 성직자와 함께 다니는 여성을 명예롭고 경건한 사람으로 받아들여 정중하게 대하기 때문이다. 라 콩브 신부님은 내가 온 것에 대해 불안해했다.

"이곳 사람들이 오해를 하면 어떻게 하지요? 자매님께서 저를 따라 이곳에 왔다고 생각한다면 우리는 곤란을 겪게 될 거예요.

라 콩브 신부님은 나를 냉정하게 대했다. 신부님의 마음은 이해가 되었지만 신부님이 나를 대하는 태도를 보며 나는 이중으로 괴로웠다.

"신부님께서는 제가 돌아가기를 원하시나요?"

나는 불안한 마음을 숨기며 물어 보았다. 만약 그렇다고 대답을 하면 어떻게 해야 할까?

"베르세이 주교님께서 자매님이 온 것에 대해 어떻게 생각할지 모르겠어요. 자매님께서는 베르세이 주교님의 제안을 계속 거절했기 때문에 그분은 더 이상 자매님을 만나고 싶어 하지 않으십니다."

나는 피난처를 잃고 지상에서 쫓겨난 것 같았다. 나는 그날 밤 어디로 가야 할지 몰라 잠을 이루지 못했다. 원수들에게 핍박을 당하고 친구들에게조차 수치스런 존재가 되었다. 라 콩브 신부님은 내가 도착했다는 사실을 주교님께 알려야 할지 말아야 할지 고민하고 있었다. 그런 신부님의 고통을 보면서 나 역시 매우 괴로웠다.

주교님은 내가 도착했다는 소식을 듣자마자 자신의 여조카를 보내 그녀의 집에 묵게 했다. 하지만 이 일은 그저 예의상 이루어진 것이었다. 주교님은 한 번도 만난 적이 없는 나를 계속 초청했지만 나는 그 제안을 세 번이나 거절했다. 주교님은 예상치 않았던 이번 나의 방문을 어떻게 받아들여야 할지 몰랐다.

주교님은 일을 다 마친 후 니를 만나기 위해 조카의 집으로 왔다. 대화를 나눈 후 주교님은 흡족해 했다. 내게 무관심하던 이전의 태도에 비해 지금은 훨씬 나를 좋아하는 것 같았다. 주교님은 나를 마치 누이동생처럼 친근하게 대했다. 주교님은 업무로 바빴지만 하나님에 대해 나와 함께 이야기하는 것을 기뻐했다.

주교님은 자신의 교구에 나를 붙들어 둘 수 있는 방법을 찾고 있는 듯 했다. 나는 프뤼나이의 후작 부인을 만나러 가야 한다고 말했다. 하지만 주교님은 오히려 그 부인에게 편지를 보냈다. 자신의 교구로 와서 나와 함께 지내라는 내용의 편지를 보낸 것이다. 또 주교님은 그 부인에게 라 콩브 신부님을 보내어 우리가 다 함께 모여 살 수 있는 공동체를 세우겠다는 소식을 전하게 했다.

그러나 내가 그곳에 정착하는 것은 하나님의 뜻이 아니었다.

나는 여행의 피로로 인해 앓아누웠다. 내가 그르노블에서 데려온 소녀도 병이 났다. 돈 욕심이 많은 그녀의 친척들은 그 소녀가 나를 섬기다가 죽으면, 내가 그녀의 재산을 가로채려 한다고 믿고 있었다. 사실 나는 다른 사람의 재산에는 관심조차 없었다. 그녀의 오빠는 그녀가 아프다는 소식을 듣고 즉시 달려왔다. 그리고 그녀가 회복되자 유서를 작성하자고 했다. 소녀의 오빠는 소녀를 데리고 갈 생각이었지만 소녀는 오빠의 제안을 거절했다. 나는 그녀에게 오빠의 뜻을 따르라고 말했다.

그는 내가 라 콩브 신부님을 따라왔다는 이야기를 꾸며 소문을 퍼뜨렸다. 주교님은 이 문제를 수습하기 위해 고심했다. 주교님은 하나님을 사랑했고, 하나님을 사랑하려는 사람과 똑같이 행동했다. 주교님이 나를 생각하는 우정은 날마다 커져갔다. 주교님은 내가 건강이 좋지 않다는 것을 알고는 시간 날 때마다 과일과 선물을 가지고 방문하곤 했다.

주교님의 친척들이 나를 질투했다. 그들은 내가 주교님의 돈을 프랑스로 빼돌리고 주교님을 파멸시키러 왔다고 수군거렸다. 내 마음과 전혀 다른 이야기를 그들은 너무도 쉽게 하였다. 주교님은 라 콩브 신부님을 매우 높이 평가하고 있었다. 하나님께서는 여러 공무원과 병사들을 회심시키는 데 라 콩브 신부님을 사용하셨다. 결국 그들은 경건하게 변화된 사람으로서의 모범을 보였다. 어떤 수도자들은 라 콩브 신부님을 본받아 영적인 완전함을 얻었다.

당시 내 건강은 더욱 나빠졌다. 주교님은 그런 내 상태를 보고 가슴 아파하면서 의사들에게 진찰을 의뢰했다. 주교님은 공동체 계획까지 포기하면서 내 건강을 위해 나를 보내려 했다. 나는 주교님이 공동체를 제안했을 때, 좋은 생각이라 생각했었다. 하지만 잘 될 것이라는 느낌은 들지 않았다. 나는 주님이 나에게 일을 맡기지 않으실 것이라는 사실을 알고 있었다. 하지만 내가 그 일을 했던 것은 주교님이 베푼 여러 특별한 성의에 보답하고 싶은 마음 때문이었다. 주교님은 나를 보내야 한다는 사실을 받아들이며 말했다.

"자매님은 제네바로 가기를 원하셨지요. 그곳 사람들은 당신을 핍박하고 거절했습니다. 나는 자매님이 이곳에 머물기를 진정으로 원했지만 잡을 수가 없군요."

주교님은 내가 3월쯤 날씨가 허락되는 대로 제네바로 갈 것이라고 라 모트 신부에게 편지를 보냈다. 주교님은 나는 보내더라도 라 콩브 신부님만은 곁에 머물러 있게 하려고 했다. 총회장 신부님이 죽지 않고, 그래서 그 총회장 신부님이 바뀌지만 않았다면, 아마도 라 콩브 신부님은 계속 거기에 있었을 것이다.

내가 요한계시록에 대해 글을 쓰며 하나님의 충실한 종들이 핍박을 받으리라는 사실을 확신한 곳이 바로 이곳이었다. 또한 이곳에서 나는 프뤼나이의 후작 부인에게 아주 간단한 편지를 썼다. 그 편지는 주님께서 그녀에게 요구하신 첫 번째 기초가 되었고, 주님께서는 그녀를 그분의 길로 인도하시기 위해 나를 사용하셨다. 나는 그녀와 하나가 되었고, 그녀를 통해서 다른 사람들과도 연합되었다.

얼마 후 베르세이 주교님의 친구였던 바르나바회의 총회장 신부님이 세상을 떠났다. 신부님이 세상을 떠나자 라 모트 신부는 총장 대리에게 편지를 썼다. 후임자가 라 콩브 신부님을 돕기 위해 파리로 가겠다는 라 모트 신부의 요청을 수락할 때까지는 그는 총장 대리 임무를 수행했다.

라 모트 신부는 내가 병 때문에 프랑스로 돌아가야 한다는 소식을 듣고 라 콩브 신부님에게 나와 함께 파리로 오라는 명령을 내렸다. 그것은 긴 여행에 드는 비용을 가난하게 된 파리의 자기 수도회가 부담하지 않도록 하기 위함이었다. 겉으로 드러나지 않은 그 속셈을 알아채지 못한 라 콩브 신부님은 그 제안에 동의했다.

❈ 하나님과의 이별은 없다

나는 날씨가 좋은 사순절에 출발했다. 나는 마음이 아팠다.

주교님은 라 콩브 신부님과 내가 떠나는 것을 몹시 슬퍼했다. 주교님은 우리를 튀렝까지 배웅했고, 자신의 경비를 들여 한 신부님을 나와 동행시켜 여행길의 보호자 역할을 하게 했다.

라 콩브 신부님이 나와 함께 프랑스로 간다는 결정이 내려지자, 라 모트 신부는 내가 라 콩브 신부님을 프랑스로 오게 했다는 소문을 사방에 퍼뜨렸다.

길은 비록 험했지만 좋은 친구인 프뤼나이의 후작 부인을 만나 보지도 않은 채 그대로 떠날 수는 없었다. 산을 넘어야 하기 때문에 마차를 타고 가기로 결정 했다. 그녀는 나를 보자 무척 기뻐했고 우리는 깊은 우정을 나누었다. 그녀는 내가 말했던 모든 일이 실제로 일어났음을 인정했다. 우리는 연고와 고약을 함께 만들었다. 나는 처방 비법을 그녀에게 가르쳐 주며 그녀가 병원을 세우도록 격려했다. 우리가 그곳에 있는 동안 병원이 세워졌다. 나는 적은 돈이나마 헌금을 했다. 그것은 훗날 하나님의 섭리에 의해 설립된 모든 병원에게 축복이 되었다.

내가 프랑스로 가야 한다는 결정이 내려지자, 주님께서는 보다 더 커다란 십자가가 지워질 것을 알게 하셨다. 라 콩브 신부님도 그것을 느꼈다.

"하나님께서 천사들과 사람에게 보이시기 위해 우리를 그 커다란 도시에서 사용하려 하신다면 하나님께 큰 영광이 되지 않겠습니까?"

나는 주님을 기쁘시게 하는 것이라면 희생의 영으로 어떠한 고통이라도 기꺼이 받아들이겠다는 마음으로 출발했다. 길을 가는 동안 마음 속에서 사도 바울의 말이 계속 생각났다.

"보라 이제 나는 심령에 매임을 받아 예루살렘으로 가는데 저기서 무슨 일을 만날는지 알지 못하노라 오직 성령이 각 성에서 내게 증거하여 결박과 환난이 나를 기다린다 하시나 나의 달려갈 길과 주 예수께 받은 사명 곧 하나님의 은혜의 복음 증거하는 일을 마치려 함에는 나의 생명을 조금도 귀한 것으로 여기지 아니하노라" 행 20:22-24

내가 이 사실을 가까운 친구들에게 말하자, 그들은 내가 파리로 가는 것을 만류했다. 그들은 그곳에 나를 정착시키기 위해 자신들이 가진 모든 것을 기꺼이 내놓으려고 했다. 그러나 나를 위해 생명을 버리신 그분을 위해 나 자신을 희생해야 하는 것이 너무나 당연하다는 것을 나는 알고 있었다.

※ 하나님은 진실을 아신다

파리에 도착하자마자 나는 라 콩브 신부님과 나에 대한 검은 음모가 있음을 느꼈다. 라 모트 신부는 앞으로는 음모를 숨기면서 뒤로는 날카로운 칼을 들이대고 있었다.

라 모트 신부와 그 공범자들은 이익을 위해 내 자녀들의 후견인 지위를 획득했을 뿐만 아니라, 내 영향력을 약화시키기 위해 내가 태어난 몽타르기스Montargis로 가라고 나를 설득했다. 나에 대한 라 모트 신부와 가족들의 핍박은 모두 그들의 이익과 관련이 있었고, 라 콩브 신부님에 대한 핍박은 분개와 복수심과 질투에서 나온 것이었다.

나는 1686년 막달레나 축일 전야에 파리에 도착했다. 내가 파리를 떠난 지 정확하게 5년 된 날이었다. 라 콩브 신부님은 그곳에서 많은 환대를 받았다. 나는 그때 라 모트 신부가 라 콩브 신부님을 질투한다는 사실을 알았다. 하지만 사태가 그렇게 심각해질 것이라고는 생각하지 못했다.

바르나바 수도원의 회원 상당수와 그 이웃들은 수도회와 관련된 여러 이유로 설득당하여 라 콩브 신부님을 반대하는 편에 가담했다. 그러나 그들의 중상모략과 사악한 시도는 신부님이 보여 준 경건함으로 인해 전복되었다. 그리고 신부님의 수고로 선한 열매가 많이 수확되었다.

나는 한 수녀에게 입회비로 받은 약간의 돈을 라 콩브 신부님에게 맡겨 놓았다. 그 여인은 나 때문에 뉴 가톨릭 공동체를 떠나야 했다. 이 여인은 제스의 사제가 애정을 얻으려고 했던 바로 그 젊은 여인이었다. 그녀는 정숙하고 아름다운 여자였다. 하지만, 아름다움은 두려움의 근원이 될 수도 있는 것이었다.

라 모트 신부는 그 돈마저 소유하고 싶어했다. 그는 라 콩브 신부님에게 수도원 벽을 재건축하겠다며 돈을 달라고 했다. 성품이 곧았던 라 콩브 신부님은 양심상 그렇게 할 수 없다고 거절했다.

라 모트 신부는 증오심에 불탔고, 복수를 하기 위해 계략을 세웠다. 그 목적으로 고용된 사악한 사람은 라콩브 신부님의 명예를 훼손하는 비방문을 작성하여 돌렸다. 그 내용은 2년 전 프랑스에 널리 알려진 이교 몰리노스 의 논제 Miguel de Molinos가 바로 라 콩브 신부님의 생각과 동일하다는 것이었다.

비방문은 지역 사회 전체에 널리 전달되었다. 비방문에는 라 콩브 신부님이 거의 대부분 우리 집에 머물러 있는데, 그것 또한 잘못이라는 내용도 있었다. 사실상 나는 고해성사를 하는 시간 외에는 라 콩브 신부님을 거의 만날 수가 없었다. 그런데도 그들은 그런 어처구니 없는 거짓 이야기를 꾸며 낸 것이다.

그들은 내가 마르세이유에 머물렀던 사실을 알고는 또다른 계략의 근거를 발견했다고 생각했다.

라 모트 신부는 내가 마르세이유에서 라 콩브 신부님과 함께 있었다는 사실을 시인하라며 이렇게 말했습니다.

"너에 대해 마르세이유 주교가 보낸 편지가 있다. 내용이 아주 충격적이어서 말을 하는 것조차 불경스럽구나. 너는 거기서 라 콩브 신부와 큰 스캔들에 빠졌더군! 여기 명백한 증거가 있어."

나는 미소를 지으며 침착하게 대답했다.

"그것은 거짓입니다. 신부님이 언제 마르세이유에 가신 적이 있는지는 모르겠지만, 내가 거기 있는 동안에는 베르세이에서 집무하고 계셨습니다."

"그게 사실이라면 증거를 대."

그는 조금은 당황스러운 표정으로 말했다. 나는 즉시 라 콩브 신부님에게 가서 마르세이유에 간 적이 있느냐고 물었다. 신부님은 한번도 간 적이 없다고 대답했다. 그들은 마르세이유가 아니라 세이젤 Seisel이라고 순간적으로 말을 바꿨다. 그러나 세이젤이란 곳에는 신부님과 내가 한번도 가 본 적이 없는 곳이었다.

내가 잘못된 교리를 가르쳤고 부도덕하게 살다가 도망갔다고 비난하는 협박과 위조 편지와 나를 반대하는 청원서 등 상상력을 총동원한 갖가지 음모가 나를 위협하기 위해 사용되었다. 그러나 모든 시도가 실패하자 라 모트 신부는 내게 말했다.

"지금은 네가 도망갈 길을 찾아야 할 때야. 너는 더 심한 죄악을 뒤집어쓰게 될 거야. 서둘러라. 어서."

나는 조금도 동요하지 않고 침착하게 대답했다.

"내가 만일 그런 죄악을 저질렀다면 벌을 받는 것이 당연하겠지요. 그렇기 때문에 나는 도망가거나 길을 피하지 않겠습니다. 나는 하나님께 나 자신을 전적으로 헌신하겠다는 신앙 고백을 했습니다. 내가 너무도 사랑하고 세상의 사랑을 받으시도록 하고 싶은 그분을 거슬렀다면 벌을 받겠습니다. 세상 모든 사람에게 표본이 되겠어요. 만약 내게 죄가 없다면 도망치는 것은 나의 결백을 주장하는 길이 아닙니다."

라 콩브 신부님을 파멸시키기 위해서도 비슷한 음모가 꾸며지고 있었다. 신부님은 왕에게 아주 나쁜 사람으로 소개되었고, 왕은 그를 체포하여 바스티유 감옥에 투옥시키라는 명령을 내렸다. 라 콩브 신부님은 그런 시련을 당하면서도 어떤 악의도 품지 않았다. 그들은 신부님에게서 정죄할 아무런 근거도 발견하지 못했지만, 신부님에 대한 종교관에 대한 기사를 통해 상당히 위험한 인물인 것처럼 믿게 했다.

결국 신부님은 바스티유의 감옥에 갇혔다. 그 감옥의 대장은 라 콩브 신부님을 존경하는 사람이었기 때문에 신부님에게 친절하게 대해주었다. 신부님을 음해한 사람들은 그 사실을 알고 신부님을 훨씬 더 나쁜 환경의 감옥으로 옮겼다. 나는 하나님께서 이 모든 것을 보고 계시리라 믿었다. 하나님께서는 각자 행한 대로 모든 것을 갚아주리라 생각했다. 나는 라 콩브 신부님이 전적으로 하나님께 자신을 포기했기 때문에, 현재의 상태에 대해 만족하고 있다는 것을 내면적인 의사소통을 통해 알고 있었다.

모든 사람들이 나를 악명 높은 인간으로 취급했을 때, 은혜로우신 하나님께서는 감사하게도 내 영혼의 평안을 더 크게 하시려 했다. 어느 날 등 뒤에서 사람들이 소리를 지르는 것을 들었다. 어떤 사제들은 나를 교회 밖으로 쫓아내야 한다고 말했다.

하나님을 위해서 모든 것을 잃는 것이 내게는 최선의 것을 얻는 것이다. 반면 모든 것을 얻었다 해도 하나님이 제외되었다면 그것은 가장 끔찍한 상실일뿐이다. 비록 이 시기에 나를 반대하는 목소리가 커졌지만, 그것은 하나님께서는 많은 영혼을 얻으시려고 나를 사용하셨기 때문에 일어난 일이다. 핍박이 더욱 심해지고 거세질수록 주님은 내게 더 많은 자녀들을 맡기셨고, 그들에게 더 큰 사랑을 베푸셨다.

❄ 주의 종을 함부로 판단하지 마라

우리는 아무런 근거 없는 비방을 듣고 하나님의 종을 판단해서는 안 된다. 예수 그리스도께서도 고통 속에서 돌아가셨다. 그분을 닮는 것은 너무도 어려운 일이다.

완전함은 인간이 최고라고 평가하는 것을 추구하는 것이 아니라 예수 그리스도와 하나 되는 것으로 이루어진다. 그것은 영 안에서 하나님과 참된 친구가 된 사람들만 가능한 일이다. 예수 그리스도 외에 하나님을 기쁘시게 하는 것은 아무것도 없고, 예수 그리스도만이 하나님의 모습과 성품을 지니고 계신다.

대주교님은 내게 파리를 떠나지 말라는 명령을 내렸지만, 사람들은 내게 도피하라고 했다. 내가 도피하면 나와 라 콩브 신부님의 죄를 정당화시킬 수 있었기 때문이었다. 그들은 나를 어떻게 하면 공식적으로 재판관의 손에 넘길 수 있을까 고민했고, 끊임없이 그 방도를 찾았다. 그들이 나의 죄를 고발하려면 다른 재판관 앞에 세워야만 했다. 나의 무죄를 아는 재판관 앞에서는 증인들이 위험에 처할 것이기 때문이었다. 그들은 끔찍하다 생각되는 거짓 죄악을 퍼뜨렸다.

그들은 왕에게 내가 이교도이며 몰리노스와 문서 교환을 했고 위험한 책을 썼으므로 나를 수녀원에 가두어 조사할 필요가 있다고 했다. 그러나 나는 가제트Gazette 가문의 사람들이 말해 주기 전까지는 몰리노스란 사람이 이 세상에 있는지조차 몰랐다. 내가 위험한 인물이므로 누구와도 접촉하지 못하게 하는 것이 합당하다는 주장이었다. 또한 내가 잘못된 집회를 계속 열고 있다고 했다. 이 계략을 뒷받침하기 위해 편지가 조작되었다. 이번에는 나의 필체를 위조하기까지 했다.

그들은 위조된 편지를 왕에게 보여 주었고, 그 편지를 본 왕은 나를 감옥에 가두라고 명령했다. 나는 큰 통증과 열에 시달리고 있었다. 5주 동안 지속된 통증으로 나는 혼수상태에 빠졌다. 가슴이 아팠고 심하게 기침을 했다. 나는 곧 죽을 것이라는 생각에 병자성사를 2번이나 했다.

한 친구가 라 콩브 신부님에게 유리한 심리 증명서를 내게 보내 왔다. 그것을 안 라 모트 신부는 내가 병중에 있을 때 나를 찾아왔다. 그리고 무척 친근하고도 부드러운 태도로 말했다.

"라 콩브 신부님의 일이 아주 잘 진행이 되었다. 아마 곧 출감하게 될 거야."

그러면서 그 증명서를 내 놓으라는 것이었다. 그것만 있으면 석방된다는 것이었다. 나는 결정을 내리기가 어려웠다.

"네가 가지고 있는 것만 내놓으면 신부님을 구할 수 있는데 무엇을 고민하는 것이냐? 라 콩브 신부가 이대로 파멸하게 놔둘 작정이야?"

나는 그 증명서를 라 콩브 신부님에게 전해 달라고 라 모트 신부에게 주었다. 그러나 라 모트 신부는 서류를 숨긴 채 잃어버렸다고 했다. 나는 그 서류를 다시 받으려 했지만 불가능했다. 그때 나는 죽음의 문턱에 있다는 생각이 들 정도로 허약했었다. 그럼에도 불구하는 라 모트 신부는 나를 모욕했고, 다른 사람들에게도 그렇게 하라고 부추겼다. 그들 중의 한 명이 어느날 나에게 말했다.

"우리는 당신이 빨리 회복되기만을 바랍니다. 그래야 감옥에 쳐넣을 수 있거든요. 하하!"

그들은 그 어떤 심한 말도 서슴지 않고 했다.

"그녀의 교만은 극에 달하고 있어요. 그러니 신부님의 지도를 받지 않으려 하지요. 그것은 미쳤다는 증거이기도 합니다. 어서 감옥에 가두어야 합니다."

이런 일은 내 고통이 극에 달했을 때 매일 벌어졌던 진수성찬의 말잔치였다. 원수들의 핍박과 중상모략으로 친구들은 나를 부끄럽게 여겼고, 나를 외면했다. 원수들은 나를 삼키기 위해 포효했다. 그래도 나는 이 모든 것들에 대해 침묵을 지켰고, 주님께서도 모든 일을 나에게 맡겼다.

어느날, 내가 교회에 실려 가서 의자에 앉아 있을 때의 일이었다. 사람들은 내가 교회의 성직자와 이야기를 해야 한다고 말했다. 그것은 라 모트 신부와 내가 묵고 있던 수도회 참사 회원들이 쳐놓은 올가미였다. 나는 그곳 성직자에게 아주 간단하게 말했고, 그는 내가 말한 것에 수긍했다.

그 일이 있은 후에 그들은 내가 그 성직자에게 많은 이야기를 했고, 많은 사람을 정죄했다는 소문이 퍼졌다. 그때부터 그들은 나를 미끼삼아 자신들이 싫어하는 사람들을 추방하기 시작했다. 나는 그 사람들을 본 적도, 그들에 대한 이야기를 들은 적도 없었다. 더구나 추방된 사람들의 대부분은 매우 존경받는 사람들이었다.

그들 중 한 사람은 내가 쓴 소책자가 좋다는 말을 했기 때문에 추방 당했다. 그러나 이상하게도 서두에 추천의 말을 쓴 사람에 대해서는 아무런 처벌이 없었다. 이런 상황이면 당연히 책 또한 불태워졌어야 정상이겠지만 그런 일은 없었다. 오히려 내가 감옥에 있는 동안 소책자는 재판再版되었고, 대주교 관저와 파리 전역에 광고 포스터까지 붙었다. 다른 책의 경우에는 출판이 금지되고 책을 쓴 사람은 자유롭게 해주었지만 내 경우에는 그 반대였다. 책은 승인 받아 배포되고 판매되는데, 나는 그 책 때문에 감옥에 갇혔던 것이다.

사람들이 추방당한 날, 나는 성 안토니오 성당 구역에 있는 성 마리아 수녀회로 가라는 편지를 받았다. 편지를 전달한 사람은 편지를 읽는 침착한 내 모습을 보고 매우 놀랐다. 그는 추방당한 사람들의 슬픔을 지켜보면서 감당하기 힘들어 했다. 그때마다 매우 슬퍼하며 눈물을 흘렸다. 그는 나를 즉시 데려오라는 명령을 받았지만 저녁이 되서야 나를 수녀회로 출두하게 했다.

그날 많은 친구들이 나를 방문했다. 나의 상태를 잘 알고 있던 사람들은 매우 밝은 내 모습을 보고 무척 놀랐다. 나는 매일 밤 열이 났고, 너무 힘이 없어 서 있을 수도 없었기 때문이었다.

9
지금은 '성령의 순교자' 시대다

"하나님의 매를 사랑한다면,
하나님께서 매로 사용하시는 손을 미워할 수는 없는 일이다."

1688년 1월 29일, 나는 성 마리아 수도회에 갔다. 그곳에서 나는 딸과 나를 도와줄 하녀도 없이 빈방 안에 혼자 갇혀 있어야 한다는 것을 알았다. 내게서 딸을 빼앗아 갔을 때의 아픔이란 말로 표현할 수 없었다. 그들은 딸아이를 그 수도회에서 살지 못하게 했고, 누구도 내게 딸아이 소식을 전해 주지 못하게 했다. 나는 딸아이를 포기해야만 했다.

그 집 사람들은 나를 몹시 두려워했고 혐오스럽게 생각해서 나를 엄격하게 다룰 것이라 생각되는 수녀를 간수로 지명했다.

간수인 수녀는 나를 괴롭혔다.

"당신은 이교도 맞지요? 미치광이에 위선자에 이교도가 분명해요."

그녀가 내게 어떤 고통을 겪게 했는지 하나님만이 다 아실 것이다. 그녀는 항상 내 말꼬투리를 물고 트집을 잡으려 했다. 그래서 나는 언제나 말을 조심해야 했다. 그러나 사태는 더욱 나빠질 뿐이었다. 무심결에 하는 말은 그녀에게 트집잡을 기회를 줄뿐이었으며, 그 때문에 마음의 고통이 더욱 커졌다. 그녀는 원장에게 거짓 보고를 했다. 나는 설령 내가 교수형에 처해진다 해도 하나님 안에 머물겠다고 결심하면서 사태가 진행되는 대로 나 자신을 맡겼다. 그렇게 마음을 먹자 나는 평온을 되찾을 수 있었다.

공직자인 샤론Charon 씨와 소르본느Sorbonne의 박사가 네 번이나 나를 심문하러 왔다. 주님께서는 제자들에게 약속하셨던 은혜를 내게도 베푸셔서 그들의 질문에 현명하게 대답할 수 있도록 해주셨다. 마지막으로 그들은 조작된 편지에 대해서 심문했다. 그들은 그 편지를 읽은 후 나도 읽게 했다. 나는 그 편지의 필체가 내 것이 아니라고 말했다. 그들은 그것은 복사본이고 원본은 다른 곳에 있다고 했다. 나는 그 원본을 보고 싶었지만 불가능한 일이었다. 나는 그 편지를 쓴 적이 없고 편지를 받았다고 말하는 그 사람도 전혀 모르는 사람이라고 말했다. 그러나 그들은 내 말을 믿지 않았다. 편지를 읽고 난 후 그 공직자는 나를 보면서 말했다.

"부인, 아시겠지만 이 편지 하나만으로도 부인을 감옥에 가두기에 충분한 근거가 됩니다."

"제가 그것을 썼다면 그렇겠지요."

나는 그들에게 그 편지는 거짓이라는 말과 석연치 않은 점에 대해 이야기했지만 소용이 없었다.

그 두 사람 중 한 명이 나를 다시 만나러 오기 전까지 나는 두 달 동안 그곳에 갇혀 있었고, 혹독한 취급을 했다. 그때까지도 나는 내가 무죄라는 사실이 알려지면 나를 정당하게 대우할 것이라는 희망을 항상 가지고 있었다. 그러나 그들은 내가 무죄인지 유죄인지를 밝히려 하지 않았다. 어찌되었든 나를 죄인으로 만들고 싶어할 뿐이었다.

공직자가 내게 말했다.

"다른 질문을 한 가지 하겠소. 성경에 대해 쓴 글이 어디에 있는지 말하시오. 그리고 더 이상 이곳에서 글을 쓰지 마시오. 이것은 명령입니다."

나는 그의 물음에 이렇게 대답했습니다.

"그 글을 누구에게 맡겼는지는 말씀드리지 않겠습니다. 그리고 제가 감옥에 있는 이상 글 쓰는 것을 포기하지 않을 거라는 말씀을 드리고 싶네요."

성 요셉 축일은 내게 기념할 만한 날이었다. 그날 나는 말로 표현하지 못할 만큼 하늘에 속한 듯한 느낌을 받았다. 그날 이후 상황이 달라졌다. 그때까지 즐겼던 여러 은혜가 멈추고 새로운 고통이 뒤따라왔다. 나는 나 자신을 새롭게 희생해야 했고, 더욱 쓴 고통을 받아야 했다.

하지만 나는 나를 핍박하는 사람들에 대해 어떤 원망도 하지 않았다. 예수 그리스도와 그의 성도들은 자기들을 핍박하는 사람들은 하늘로부터 허락을 받지 않고는 그렇게 핍박할 권한이 없다는 것을 알고 있었다. 요 19:11 참조 하나님의 매를 사랑한다면, 하나님께서 매로 사용하시는 손을 미워할 수는 없는 일이다.

며칠 후 공직자가 와서 수도원을 나가 집으로 돌아갈 자유를 주겠다고 말했다. 그들은 내 딸을 종용해서 결혼을 하게 할 계획이었다. 그러나 그 결혼은 내 딸을 파괴시키는 것이었다. 그들은 결혼을 성사시키기 위해 내 딸을 그 상대와 관계있는 곳에 데려다 놓았다. 그러나 그 남자는 하나님과 전혀 상관없는 사람이었으며, 삶의 원리나 도덕도 포기한 사람이었다. 나는 하나님께서 그 일이 성사되지 않도록 하실 것이라는 것을 알고 있었다.

그들은 내가 딸을 포기하고, 결혼을 승낙하면 나를 석방시켜 주겠다고 약속했다. 그러나 거절하면 계속 감옥에 갇혀 있을 것이고, 결국 죽게 될 것이라 위협했다. 하지만 나는 그들의 약속이나 위협에 상관없이 결혼에 반대했다.

얼마 후에 공직자와 박사는 나를 더 밀폐된 곳에 가두라고 원장에게 말했다. 원장은 그들에게 내가 있던 방을 보여 주었다. 아주 조그만 방으로 빛과 공기에 노출시켜서 태양빛을 하루 종일 한쪽 벽만 쬐게 해도 7월 같은 때에는 사람을 그 자리에서 바로 죽게 할 수 있는 곳이었다. 하지만, 그들은 눈 하나 깜짝하지 않았다.

원장은 왜 더 깊은 곳에 감금해야 하는지 물었다. 그들은 지난달에도 내가 그 수도원에서 끔찍한 일을 저질러 수녀들을 떠들썩하게 했다고 말했다. 원장은 오히려 그 반대라고 항의했다. 공동체 전체가 나에게 큰 감동을 받았고, 내 인내와 절제에 탄복하지 않을 수 없었다고 말했다. 그러나 그런 말은 전혀 소용없었다. 원장은 사실과 너무도 거리가 먼 이번 사태를 안타깝게 생각하여 눈물을 흘렸다.

그들은 내게 와서도 같은 말을 했다. 나는 물었다.

"내가 무슨 나쁜 일을 했나요?"

그들은 대답이 없었다.

"상관없습니다. 나는 하나님을 기쁘게 해드릴 수만 있다면 기꺼이 고통을 당하겠습니다. 당신들이 아무리 조작을 한다 해도 하나님께서는 모든 것을 알고 계십니다. 유일한 증인이시지요."

"아직도 당신의 죄를 반성하지 않는군요. 당신이 하나님을 언급하는 것 자체가 바로 죄악이오. 알겠소?"

박사가 말했다.

"당신들은 하나님에게 의지하려는 나를 막을 수 없어요."

나의 감금 상태는 훨씬 더 폐쇄적이 되었다. 나는 죽음의 문턱까지 이르는 높은 열에 시달리며, 어떠한 도움도 허락되지 않는 밀폐된 곳에 있었다.

구약 시대에 하나님을 위해 고난당했던 주님의 순교자들이 몇 명 있었다. 초대 교회 때도 순교자들이 십자가에 못박힌 예수 그리스도의 진리를 주장했기 때문에 피를 흘렸다. 지금은 성령의 순교자들이 있다. 그들은 성령께 의지하고 영혼 안에서 성령 통치를 주장하며 하나님 뜻을 이뤄드리는 도구가 되기 위해 고난을 받는다.

성령의 순교자들은 비난과 굴욕의 순교자들이다. 사탄은 이제 그들의 신앙이나 믿음에 반대하는 것이 아니라 직접 성령의 영역을 공격하여 영혼 안에서 일어나는 성령의 천상적 움직임에 반대한다.

> 사랑의 영이시여, 주님의 뜻에 저를 종속시기십시오. 바람에 따라 움직이는 잎사귀처럼 나를 주님의 거룩하신 숨결에 따라 흔들리게 하십시오. 강한 바람이 저항하는 모든 것을 부수듯이 주님의 나라를 반대하는 모든 것을 깨뜨리십시오!

※ 핍박하는 자들을 위해 기도하라

나는 나를 핍박한 사람들을 원망하지 않고 싶다. 오히려 그들을 사랑하고 그들을 위해 기도할 것이다. 하나님께서 친히 나를 변호해 주시고 그들의 손에서 구출해 주시도록 그분께 의탁했기 때문이다. 하나님께서 나에게 모든 것을 진지하게 기록하도록 명하신 것과 이로 인하여 그분의 이름이 영광스럽게 되리라는 것을 나는 믿는다.

1688년 8월 22일, 나는 감옥에서 풀려날 것 같은 조짐을 받았다. 하지만 주님께서는 그들이 새로운 덫을 놓고 있다는 것을 또한 느끼게 해주셨다. 그날은 내가 40살 되는 날이었다. 나는 예수 그리스도께서 자신에게 대적하려 논의하는 유대인들을 보면서 고통스러워하고 계시다는 느낌을 받으며 잠에서 깨어났다. 나는 오직 하나님만이 나를 감옥에서 풀려나게 할 수 있다는 것을 알고 있었다. 비록 어떤 방법으로 하실지 모르지만, 어느날엔가 그분의 방법으로 그리고 그분의 오른손으로 그렇게 하실 것이라 생각하며 하루하루 만족스럽게 생활하고 있었다.

하나님의 섭리로 내 소식이 맹트농Mainteno 부인에게 알려졌다. 그 부인은 내 석방을 가능하게 해주었다. 그리고 며칠 후 나는 페넬롱Fenelon 대수도원장을 처음 만날 수 있었다.

나는 성 마리아 수도원에서 나와 미라미옹 부인의 공동체 집으로 갔다. 그곳에 도착하자마자 나는 심한 고열로 3개월 동안 침상에 누워 있었다. 눈에는 농양이 심해 눈을 뜨는 것도 힘이 들었다. 이런 상황임에도 그들은 내가 사람들을 모아 모임을 하고 있다는 의심을 했고, 꾸준히 비난을 했다. 내 딸은 그 집에서 보Vaux의 백작인 니콜라스 푸케Nicholas Fouquet 씨와 결혼을 했다. 딸아이가 너무 어렸기 때문에 나는 딸의 집으로 옮겨서 2년 6개월 동안 함께 살았다.

나는 비밀리에 내가 태어난 곳인 몽타르기스에 있는 베네딕트 수녀원으로 떠나려는 계획을 세웠다. 그러나 그것이 세상에 알려졌고, 친구들이나 원수들의 방해를 받아야 했다.

딸아이가 결혼한 가문에는 페넬롱 대수도원장과 친분 있는 사람들이 많았기 때문에 나는 집에서 그 원장님을 만날 기회가 많았다. 페넬롱 원장님은 영적 생활에 대해서 나와 대화를 나누는 동안 여러 번 내 경험에 대해 반박했다. 나는 그의 반박에 평소와 같이 응답했는데, 그는 내 대답에 탄복했다.

당시는 몰리노스 사건으로 세상이 떠들썩했기 때문에 평범한 이야기조차도 조심해야 했다. 신비주의 작가들이 쓰는 용어는 삼가야 했기 때문이다. 하지만 나는 그에게 모든 것을 아주 분명하게 설명했고, 그의 모든 반박에 대해 충분히 해명했다. 그는 내 말을 이해할 수 있었다. 그런데 그것이 원장님이 핍박을 받게 된 이유가 되었다.

나는 조그만 집을 얻었다. 은퇴를 생각해야 하는 시기이기도 했다. 그 집에서 나는 가족과 특별한 친구들을 만나는 기쁨도 누렸다. 한번은 성 키릴로스St. Cyr. 수도회의 젊은 여인들이 나와 이야기를 한 후에 하나님께 더욱 가까이 가게 되었다고 맹트농 부인에게 편지를 보냈다. 그러자 맹트농 부인은 계속 그들을 가르치라고 나를 격려했다. 부인은 나에게 매우 정중했고, 그 후 3년 동안 나는 부인에게서 여러 모로 존경과 신뢰를 받았다.

그러나 그후 내게 가장 냉혹한 핍박이 닥쳐왔다. 지위와 신앙심에 있어서 남달랐던 궁정의 젊은 여인들이 나를 신뢰하고 내가 그들을 자유롭게 만날 수 있었던 것이, 나를 핍박하는 사람들에게는 부담스러웠던 것이다. 지도자급 사람들은 그 사실에 분개하여 내가 몇 년 전에 소란을 일으켰었다는 소문을 퍼트렸다. 그들은 키릴로스 수도원장 그리고 샤르트르Chartres 주교와 합세하여 내가 이상한 행동으로 그 수도원 질서를 해치고 있다고 맹트농 부인에게 보고한 것이다. 또한 수도원의 젊은 여인들이 내 말에 너무 빠져 들어서 상관의 말은 더 이상 듣지 않는다고 했다.

나는 더 이상 키릴로스 수도회에 가지 않았다. 그리고 내게 편지를 보낸 젊은 아가씨들에게만 봉하지 않은 채 답장을 보내 주었다. 그나마 그것도 맹트농 부인의 손을 거쳐야만 가능했다.

얼마 지나지 않아서 나는 다시 앓아눕게 되었다. 의사들은 일상적인 치료를 해주었지만 아무 소용없었다. 그들은 나에게 부르봉Bourbon의 물가로 가라고 했다. 그때 내 하인은 내게 독약을 먹이라는 유혹에 넘어가 있었다.

어렵게 부르봉에 도착한 후 나는 하인이 준 물을 토했다. 그런데 입을 통해 나온 그것이 포도주 빛처럼 달아올랐다. 나는 부르봉의 의사가 말해 줄 때까지 내가 독약을 마셨다는 사실을 상상조차 못했다. 부르봉의 물도 거의 효과가 없었고, 독약 때문에 나는 이후 7년이 넘게 고생을 해야했다.

사악한 사람들의 핍박이란 덕망 있는 교회의 종들이 가하는 핍박에 비하면 정말 아무것도 아니다. 이들은 자기만 옳다고 생각하여 아주 열정적으로 박해를 가한다. 덕망 있는 사람들까지 포함하여 아주 많은 이들이 조작된 거짓 음모에 말려들어 이용당하고 나와 대적하도록 강요받았다. 나는 그들의 눈에 가증스럽고도 이상한 인간으로 비쳐지고 있었던 것이다.

주님, 핍박으로 제 가슴이 가장 쓰라릴 때조차도 사람들의 비난보다 제 양심의 비난 소리가 더욱 두렵습니다. 제가 주님을 닮은 모습, 주님을 기쁘게 하는 모습으로 변하기를 원합니다.

10
기름부음과 임재하심이 있는 인생을 살라

"하나님의 사랑과 은혜는 우리의 가장 쓰라린 아픔조차
달콤한 것으로 바꾼다."

이 즈음에 나는 모Meaux의 주교님과 처음으로 만났다. 나의 친한 친구였던 슈브뢰즈Chevreuse 공작을 통해 주교님을 소개받았던 것이다. 나는 주교님에게 내 과거의 삶을 이야기했다. 주교님은 다른 책에서는 거의 찾아볼 수 없는 기름 부음을 내가 쓴 책에서 발견했다는 것과 그 책을 읽는 사흘 동안 줄곧 마음속에 하나님께서 임재하심을 느꼈다고 고백했다.

주교님은 지나간 세대의 교회사를 검토한 후에, 하나님께서는 영혼들을 가르치고 감동시키고 영적 완전함으로 나가도록 하기 위해서 때

때로 평신도와 여자들을 사용하기도 하셨다는 것을 인정했다. 하나님께서 그렇게 행하신 이유 중 하나는 그 영광이 그분 외에는 아무에게도 돌려지지 않도록 하기 위함이라고 생각한다. 이 목적 때문에 그분은 약한 자를 택하셔서 강한 자들을 부끄럽게 하신다. 고전 1:27

맨 처음 내 삶의 이야기를 쓴 것에는 내 실수와 죄만을 열거했을 뿐 하나님의 은혜에 대해서는 자세하게 말하지 않았다. 그런데 그후 나는 그 글을 불태워 없애고 다시 쓰라는 명령을 받았다. 내게 있었던 일은 아무것도 빼놓지 말고 자세히 쓰라는 명령이었다. 그래서 나는 명령대로 자세히 쓰게 되었다. 왕의 비밀을 알리는 것은 죄이다. 그러나 하나님의 은혜를 선포하고 그분의 자비하심을 크게 드러내는 것은 좋은 일이다.

나를 비난하는 외침이 점점 더 격해지자 맹트농 부인 역시 마음이 변하여 내게 적대적이 되었다. 가장 친한 친구이자 후원자였던 푸케 씨는 세상을 떠났다. 나는 그를 잃은 것이 매우 슬펐지만, 그러면서도 그의 충실함 때문에 기뻤다. 그는 하나님의 참된 종이었다.

나는 누구에게도 해를 끼치고 싶지 않았기 때문에 몇몇 친구들에게 편지를 써서 마지막 작별 인사를 전했다. 당시 나는 40일 동안 열이 심하여 회복될 수 있을지 의문스러웠기 때문이었다. 나는 인쇄된 내 성경 주석 두 권을 그들에게 보냈다. 또한 그들의 명령에 따라 그들의 시간과 수고를 덜어 주고 그들이 쉽게 조사할 수 있도록 한 편의 글을 썼다. 그것은 인정된 작가들의 많은 글을 모아 놓은 것으로 내 글이 거룩한 기자로 쓰임 받았던 사람들의 글과 일치된다는 사실을 보여 주기 위함이었다.

나는 세 명의 위원들에게 글을 보여 주기 위해 필사본 세 권을 만들었다. 그리고 모호한 부분들을 명확하게 고치는 작업을 했다. 내가 그것을 쓴 때는 몰리노스 사건이 터지기 전이어서 내 글이 나쁜 의미로 통용되리라고는 꿈에도 생각지 못했기 때문에 나는 내 생각을 표현하는 데 전혀 조심하지 않았다. 나는 그 요약한 글을 '칭의 The Justification'라고 이름 붙였다. 그 글은 50일 동안 쓰여 졌고 문제를 해명하기에 충분한 것 같았다. 그러나 모의 주교님은 그것을 읽으려 하지 않았다. 나의 무죄가 드러날수록 나를 범죄자로 만들려는 이들의 노력은 더욱 심해지는 것 같았다.

나는 모의 주교님에게 그의 구역에 있는 어느 수도회든지 가서 조용히 시간을 보내면서 조사하면 나를 더 잘 알게 될 것이라고 제의했다. 그는 모의 성 마리아 수도원을 제안했고 나는 그 제안을 받아들였다.

그때는 한겨울이었다. 수도원으로 가는 도중 마차가 눈 속에 빠져서 4시간이나 지체하게 되었다. 나는 눈 속에 그대로 파묻혀 죽을 것만 같았다. 하녀와 함께 간신히 마차 밖으로 빠져 나온 후 눈 위에 앉아서 하나님의 자비를 바라며 죽음을 기다리고 있었다. 체온 때문에 눈이 녹아 몸에 달라붙었고, 그 물이 다시 얼어붙었다. 하지만 나는 이때처럼 평안한 적이 없었다. 이런 기회는 우리가 정말 하나님께 온전히 맡겨졌는가 그렇지 않은가를 잘 판가름해 준다.

구조를 기대할 수 없는 상황이었다. 가련한 하녀와 나는 그 상태로 밤을 지새운다면 분명 죽게 될 것을 알고 있었다. 그래도 하나님께 모든 것을 맡겼기 때문에 마음은 평안했다. 얼마 후 마부들이 와서 아주 어렵게 우리를 눈에서 끌어내 주었다.

그 소식을 들은 주교님은 깜짝 놀랐다. 주교님은 내가 자신의 명령에 순종하기 위해 생명의 위협까지 받으면서도 자만을 품지 않았다는 것은 인위적이고 위선이라며 비난했다. 내게 지나친 면이 있었던 것은 사실이었다. 그러나 하나님의 사랑과 은혜는 가장 쓰라린 아픔조차 달콤한 것으로 바꾸어 놓았다. 그분의 보이지 않는 손이 나를 받쳐주고 있었다. 그 밖에도 나는 여러 가지 이유로 집행 유예 상태에 놓이게 되었다. 이따금 나는 나 자신에게 이렇게 말하곤 했다.

"주의 폭포 소리에 깊은 바다가 서로 부르며 주의 파도와 물결이 나를 엄몰하도소이다"시 42:7

"활을 당기고 나로 과녁을 삼으심이여 전동의 살로 내 허리를 맞추셨도다"애 3:12-13

❋ 보이지 않는 손이 우리를 지키신다

주교님은 내가 하나님의 말씀과 육체로 오신 그리스도를 믿지 않는다는 것을 내 손으로 직접 쓰기를 원했다. 나는 주교님에게 말했다.

"하나님의 은혜로 내가 어떤 고난을 당할지, 어쩌면 죽음까지도 당할 수 있다는 것을 알고 있습니다만 그러한 거짓에는 서명할 수 없습니다."

이 대화를 듣고 있던 여러 수녀들이 주교님의 계략을 알아차리고 내 선한 행실과 신앙의 타당성을 증명하기 위해서 원장과 함께 힘을 모았다.

며칠 후에 주교님은 내게 신앙을 고백하게 하며, 내가 쓴 책을 교회에 제출할 것을 요청했다. 그렇게 하면 준비해 놓은 증명서를 내게 주겠다고 약속했다. 책을 제출했지만 주교님은 증명서를 주지 않았다.

여러 피난처들이 제공되었다. 그러나 나는 어떤 것도 받아들일 수 없었다. 친구나 가족 혹은 나를 도우려는 사람들을 곤경에 처하게 할 수 없었기 때문이었다. 만약 내가 그들의 도움을 받았다면 그들이 대신 고통당했을 것이다.

나는 파리의 한 장소에 하녀들과 계속 남아 있기로 결정했다. 하녀들은 세상의 시선으로부터 나를 숨겨 줄 만큼 신뢰할 만했고 진실했다. 나는 그렇게 5-6개월을 살았다. 혼자서 책을 읽고 기도하고 일하며 시간을 보냈다.

1695년 12월 21일, 결국 나는 체포되었다. 나는 여전히 병약한 상태였지만, 빈센느Vincennes 감옥으로 보내졌다. 감옥으로 가기 전까지 나는 나를 체포했던 그레즈Grez 씨의 보호 하에 사흘을 보냈다. 그는 나를 감옥에 보내는 것에 찬성하지 않으며 수도원으로 보내는 것만으로도 충분하다고 여러 차례 말했다. 그러자 그들은 더욱 심한 중상모략으로 왕을 속였다. 그들은 왕의 눈에 검게 보이도록 나를 물들여서 왕 스스로가 나에게 선과 정의를 베푸는 것을 꺼리도록 만들었다. 결국 왕은 나를 빈센느 감옥에 넣는 것에 동의했다.

나는 여러 종류의 감옥에서 보낸 10년 간의 생활과 아직도 끝나지 않은 긴 추방 생활 동안 내가 겪어야 했던 십자가와 중상모략과 갖가지 고난과 오랜 박해에 대해서 더는 말하지 않을 것이다. 많은 사람들이 저지른 너무나 끔찍한 사건들이 있지만 사랑은 나로 하여금 이 모든 것을 덮어 두도록 하기 때문이다. 나는 그토록 길고도 쓰라린 낙담과, 억압적이고 고통스러운 병을 아무런 위안 없이 견디었다. 또한 여러 달 동안 내적으로 엄청난 고독 속에 있었기에 나는 이 말밖에는 할 수 없었다.

"나의 하나님, 나의 하나님, 왜 저를 버리시나요!"

어쩌면 여러분은, 내가 지금까지 나의 십자가에 대해 그토록 자세하게 말하고서 이제 생애 중 가장 어렵고 고통스러웠던 십자가에 대해서는 언급하지 않는 것을 이상하게 생각할 지도 모르겠다. 나는 젊은 시절의 십자가에 대해 말하는 것이 적합하다고 생각했다. 그것은 하나님께서 나를 취하셔서 십자가에 못박으셨던 모습을 보여 주기 때문이다. 내가 빈센느의 죄수로 있는 동안 드 라 렌느De La Reine 씨가 나를 심문하러 왔다. 당시에도 나는 깊은 평안 속에서 시간을 보내고 있었다. 하나님의 뜻이라면 내 남은 생을 그곳에서 다 보낸다 해도 흡족했을 것이다. 나는 기쁨의 찬송을 불렀고, 시중들던 하녀는 내가 즉석에서 만든 찬송을 외우기도 했다.

    오 하나님, 저희는 함께 하나님을 찬양합니다. 감옥의 돌들은 제 눈에 보석처럼 보였고, 헛된 세상에서 빛나는 것들보다 더 귀히 보였습니다. 저는 그토록 무거운 십자가 한가운데서 주님이 사랑하는 자들에게 주시는 기쁨으로 가슴이 벅차오릅니다.

1709년 12월.

* 잔느 귀용은 이후에도 7년을 더 살았지만 부인의 이야기는 여기서 끝나고 있다. 그녀는 블로와Blois에서 1717년 6월 9일, 70세의 나이로 잠들었다.